결국 회복하는 힘

THE END OF TRAUMA
How the New Science of Resilience is Changing How We Think About PTSD

Copyright © 2021 George A. Bonanno
Korean Translation Copyright © 2024 by Gilbut Publishing Co., Ltd.

Korean edition is published by arrangement with Basic Books, an imprint of Perseus Books, LLC, a subsidiary of Hachette Book Group Inc., New York, New York, USA through Duran Kim Agency. All rights reserved.

- 이 책의 한국어판 저작권은 듀란킴 에이전시를 통한 Perseus Books 와의 독점계약으로 (주)도서출판 길벗(더퀘스트)에 있습니다.
- 저작권법에 의하여 한국 내에서 보호를 받는 저작물이므로 무단전재와 무단복제를 금합니다.

결국 회복하는 힘

The End of Trauma

조지 A. 보나노 지음 | 조용빈 옮김

역경의 끝에서 삶의 의미를 되찾는
회복탄력성의 새로운 과학

더퀘스트

이 책에 쏟아진 찬사

우리가 최악의 사태에 대응하는 방식과 트라우마에 관해 알고 있는 모든 것은 잘못되었다. 단 한 권의 책으로 이를 바로잡을 수 있다면 바로 이 책이다. 세계 최고의 회복탄력성 전문가가 쓴 강력하고 중요하고도 매력적인 이 책은 우리와 같은 사람들이 여러 가지 문제를 극복하고 싸워 이기는 방법을 상세히 다룬다.

대니얼 길버트 | 하버드대학교 심리학 교수, 《행복에 걸려 비틀거리다》 저자

트라우마에 관한 이해와 회복탄력성이라는 지혜를 찾아가는 길을 영리하고 빛나게 밝혀주는 책이다. 이 책은 삶의 가장 어려운 시기에 대한 우리의 이해를 변화시킬 것이다.

대커 켈트너 | UC버클리대학교 심리학 교수

회복심리학 분야의 대가인 조지 보나노는 이 책에서 끔찍한 사건을 겪은 후 그 트라우마를 극복하는 비법을 알려준다. 그의 통찰력이 가장 돋보이는 책이다.

애덤 그랜트 | 와튼스쿨 조직심리학 교수, 《히든 포텐셜》 저자

보나노는 뛰어난 이야기꾼이다. 이 책은 완벽한 과학적 지식과 서스펜스 소설 같은 줄거리로 기존의 상식을 완전히 뒤엎는다. 당신의 소중한 사람이 지금 엄청난 고통으로 힘들어한다면 적극 추천한다.

리사 펠드먼 배럿 | 노스이스턴대학교 심리학 교수, 《이토록 뜻밖의 뇌과학》 저자

보기 드문 연구자인 조지 보나노는 자신의 분야를 체계적이고 심도 있게 연구해서 명료하고 따라 하기 쉬운 안내서로 만들어내는 재주가 있다. 이 책은 40년 노력의 결실이다. 기다린 보람이 있을 것이다.

패트리샤 왓슨 | 미국 국립 PTSD 센터 심리학자

최근 읽은 책 중 가장 흥미롭고 잘 쓰인 임상서다. 인간은 우리가 생각하는 것보다 충격적인 사건에 훨씬 더 잘 대처한다는 사실이 밝혀졌다. 끔찍한 경험을 극복하고 견뎌낸 개인들의 이야기를 풀어내며 책은 절정에 이른다. 모두를 위한 진정으로 훌륭한 책이다. **로버트 L. 리히** | 미국 인지치료연구소 소장

단숨에 PTSD 과학의 고전 반열에 오를 책이다. 예리한 통찰력, 풍부한 섬세함, 설득력 있는 문장으로 회복탄력성이 타고난 특징이 아니라 유연성과 효과적인 관리의 지혜가 필요한 과정인 이유를 납득시킨다. 보나노는 역경과 트라우마에 직면한 모든 사람이 회복탄력성의 문을 열 수 있도록 자신의 지혜를 나눠준다.
데이비드 데스테노 | 노스이스턴대학교 심리학 교수

손에 땀을 쥐게 하는 환자들의 경험담과 감동적인 일화, 최신 과학 연구로 가득 찬 《결국 회복하는 힘》은 트라우마의 원인과 유행에 관해 다시 생각할 기회를 준다. 저자의 노고가 깃든 이 책을 통해 우리는 마음의 유연성을 이해하고 더욱 회복탄력적인 삶을 영위할 수 있을 것이다.
소냐 류보머스키 | 《하우 투 비 해피》 저자

이 놀라운 책은 사람들이 삶이 파괴되는 경험을 하면서도 어떻게 심리적으로 상처받지 않는 방법을 발견하는지를 능숙하게 그려낸다. 보나노는 재능 있는 서사적 추진력을 통해 트라우마를 극복한 사고·전쟁·테러 생존자들의 극적이고 영감 가득한 이야기를 들려주며, 특정 정서조절 기술을 어떻게 실용적이고 유연하게 적용하여 회복탄력성을 기를 수 있는지 보여준다.
리처드 J. 맥널리 | 하버드대학교 심리학 교수이자 임상교육 책임자

옮긴이 | 조용빈
서강대학교 영문학과를 졸업했다. 현대자동차에 근무하면서 해외영업, 상품, 마케팅, 내부감사, 캐나다 주재원 등의 경력이 있다. 글밥아카데미를 수료한 후 바른번역 소속 번역가로 활동하고 있다. 옮긴 책으로 《싸우지 않고 이기는 기술》《승자독식사회》《정상이라는 환상》《나만을 위한 레이 달리오의 원칙》《오늘도 플라스틱을 먹었습니다》《변화하는 세계질서》 등이 있다.

역경의 끝에서 삶의 의미를 되찾는
회복탄력성의 새로운 과학
결국 회복하는 힘

초판 발행 · 2024년 12월 10일

지은이 · 조지 A. 보나노
옮긴이 · 조용빈
발행인 · 이종원
발행처 · (주)도서출판 길벗
브랜드 · 더퀘스트
출판사 등록일 · 1990년 12월 24일
주소 · 서울시 마포구 월드컵로 10길 56(서교동)
대표전화 · 02)332-0931 | **팩스** · 02)323-0586
홈페이지 · www.gilbut.co.kr | **이메일** · gilbut@gilbut.co.kr
대량구매 및 납품 문의 · 02) 330-9708

기획 및 책임편집 · 박윤조(joecool@gilbut.co.kr) | **편집** · 안아람, 이민주 | **제작** · 이준호, 손일순, 이진혁
마케팅 · 정경원, 김선영, 정지연, 이지원, 이지현 | **유통혁신팀** · 한준희 | **영업관리** · 김명자, 심선숙
독자지원 · 윤정아

교정교열 및 전산편집 · 이은경 | **표지 디자인** · 유어텍스트 | **CTP 출력 · 인쇄** · 정민 | **제본** · 경문제책

- 더퀘스트는 ㈜도서출판 길벗의 인문교양 · 비즈니스 단행본 브랜드입니다.
- 잘못 만든 책은 구입한 서점에서 바꿔 드립니다.
- 이 책에 실린 모든 내용, 디자인, 이미지, 편집 구성의 저작권은 (주)도서출판 길벗(더퀘스트)과 지은이에게 있습니다. 허락 없이 복제하거나 다른 매체에 실을 수 없습니다.

ISBN 979-11-407-1181-9 03180
(길벗 도서번호 040219)

정가 21,000원

독자의 1초까지 아껴주는 길벗출판사

(주)도서출판 길벗 | IT교육서, IT단행본, 경제경영서, 어학&실용서, 인문교양서, 자녀교육서 **www.gilbut.co.kr**
길벗스쿨 | 국어학습, 수학학습, 어린이교양, 주니어 어학학습, 학습단행본 **www.gilbutschool.co.kr**

페이스북 **www.facebook.com/thequestzigy**
네이버 포스트 **post.naver.com/thequestbook**

이 책에는 트라우마를 유발할 수 있는 끔찍한 사건을 극복한 용감한 사람들의 실제 경험담이 포함되어 있다. 제드 맥기핀Jed McGiffin과 마렌 베스트팔Maren Westphal 외에는 신상 보호를 위해 이름을 비롯한 신상정보를 변경했음을 밝힌다.

서문

왜 나는 괜찮았을까?

제드를 처음 만난 것은 내가 재직 중인 컬럼비아대학교 교육대학원의 임상병리학 박사과정 후보자 면접 자리에서였다. 그가 다른 지원자들과 마찬가지로 깔끔하게 차려입고 내 연구실로 '걸어' 들어오는 모습을 보고 내심 놀라지 않을 수 없었다. 끔찍한 사고를 당해 거의 죽을 뻔했다고 들었기 때문이다. 다시 걸을 수 있을지 불확실했다고 했다.

다른 나눌 말이 많아서 제드는 사고에 대해서 별말을 하지 않았다. 그 뒤로 얼마 지나지 않아서 사고의 전체적인 이야기를 듣게 되었다.

지금으로부터 5년 전, 제드는 뉴욕에서 음악가로 먹고살기 위해 발버둥쳤지만 쉽지 않았다. 그가 말했듯이 "말이 뮤지션이지 실상은 웨이터였다". 제드는 그린위치 빌리지의 레스토랑에서 일하며 반전의 기회를 모색했다. 얼마 전에는 간호사 지망생인 여자친구 메건과 살림도 합쳤다. 오래전부터 심리학에 관심이 있었던 제드는 시티 칼리지에서 수업을 몇 개 들었는데 자신과 잘 맞아서 다음 학기부터 본격적으로 공부를 해볼 생각이었다.

12월 21일 밤, 근무를 마친 그의 머릿속은 미래에 관한 생각으로 복잡했다. 레스토랑은 새벽 1시 반에 문을 닫았다. 지하창고로 내려가 가족에게 줄 크리스마스 선물로 소믈리에가 추천해준 와인 네 병을 골라 가방에 넣고 길을 나섰다.

그날 밤은 살을 에는 듯 몹시 추웠다. 후드를 깊이 눌러쓰고 웨스트 8번가로 접어들어 신호가 바뀌길 기다렸다. 신호등의 파란불이 얼어붙은 도로에 반사되어 반짝거렸고, 그는 횡단보도를 건너기 시작했다. 그런데 모퉁이를 돈 청소차가 빠른 속도로 그를 덮쳤고 순식간에 제드는 차 밑으로 사라졌다.

"전부 기억나요, 아주 생생하게." 나중에 그가 말했다. "범퍼에 부딪힌 후 앞바퀴 밑으로 빨려 들어갔어요. 왼쪽으로 빗겨 부딪히면서 다리가 끼인 거죠."

앞바퀴가 그의 왼쪽 다리를 으스러뜨렸다. 그러고는 잠시 조용했다.

1초.

2초.

이번에는 덤프트럭 뒷바퀴가 그를 덮쳤다.

"25톤짜리 육중한 트럭이 말 그대로 내 위를 밟고 지나간 거예요."

신기하게도 배낭에 있던 와인 네 병은 멀쩡했다. 하지만 제드의 다리와 골반은 으스러져 온몸이 피범벅이었다. 그는 고통에 비명을 질렀다.

맨 먼저 소방서 구급대원들이 도착했다. 사고 발생 후 5분이 채 지나지 않았으니 엄청 빨리 온 셈이다.

에이드리언 월시Adrian Walsh 소방위가 그의 손을 꽉 잡았다.

제드는 자신이 얼마나 큰 위험에 빠졌는지 생생하게 기억하고 있었다.

"삶과 죽음의 기로에 서 있었죠. 하지만 의식은 또렷해서 한참 동안 죽어라 소리쳤어요."

그런데 그를 세인트빈센트 병원으로 이송할 구급차가 늦어진다는 소리가 들렸다. 병원은 여섯 블록밖에 떨어져 있지 않았는데 교통체증에 발이 묶였다고 했다. 기다림에 피가 말랐다.

"더 겁이 났어요. 소방대원들이 거리를 완전히 차단했어요. 청소차가 또렷이 보였죠. 꼼짝도 못 하는 채로 소방대원들이 길을 통제하는 걸 보았어요. 생생하게 기억나요."

구급차가 오기 전까지 어떤 조치도 취할 수 없는 상황이었다. 도대체 구급차는 어디쯤 온단 말인가?

"고함 소리가 엄청 크게 들렸어요. 월시 소방위였어요. 어떻게든 나를 빨리 병원에 데려가려 했죠. 구급대원들 모두 날 걱정했어요. 소방위가 자기 차를 가리키며 소방대원들에게 소리쳤어요. '이 차로 세인트빈센트 병원까지 후송하면 안 될까요?'"

시간이 갈수록 제드의 상태는 더욱 위중해졌다. 피를 너무 많이 흘렸다. 월시 소방위는 뒷날 제드가 누워 있던 아스팔트 바닥이 꽁꽁 얼어 있어서 그나마 지혈이 된 것 같다고 증언했다. 그렇다고 하더라도 이미 출혈이 너무 많았다. 구급대원들은 제드에게 일반적인 수혈량의 다섯 배에 맞먹는 50팩을 수혈했다.

25분이 지나서야 구급차가 도착했다. 제드는 그 시간이 영원처럼 느껴졌다. 그러나 기다리는 것 외에 다른 도리가 없었다.

"아스팔트 위에 누워 있는데 호흡을 따라가며 멍해지더군요. 제가 뭘 하고 있는지 몰랐어요. 쇼크 상태에 빠졌죠. 주변이 엄청나게 소란스러웠어요. 사람들이 소리쳤어요. '버스 좀 빨리 오라고 해요!' 이 사람들은 구급차를 버스라고 부르더군요. 친절한 월시 소방위는 내 손을 잡아주며 나를 진정시키려고 애썼어요. 난 거의 무아지경인 상태에서도 정신을 붙잡으려고 노력했죠."

마침내 구급차가 도착해 잠깐 안도감을 느꼈지만 곧 무거운 현실이 다가왔다. "나를 움직이면 끔찍할 거라는 걸 알았어요. 그냥 알 수 있었어요. 나는 움직일 수 없었고, 구급대원들은 정말 아픈 부위를 움직이려고 했으니까요. 곧 이 사람들이 나를 이리저리 움직이더니 들어 올렸어요."

제드는 이 모든 과정을 다 기억했다. "정말 죽을 만큼 아팠어요. 눈앞이 새하얘지는 거 있잖아요. 병원에 도착할 때까지 얼마나 울부짖었는지 몰라요. 고통 때문인지 의식이 희미해지기 시작했어요." 병원까지는 거리가 얼마 되지 않아 구급차는 말 그대로 '날아갔다'. 제드는 진통제를 놓아달라고 소리쳤지만 아무런 조치도 받지 못했다. 그럴 시간이 없었다.

"구급대원들이 병원에 도착하면 뭐라도 해줄 테니 조금만 참으라고 했어요."

마침내 병원에 도착하자 의사들이 그를 둘러싸더니 질문을 쏟아냈다. 그들은 상황을 자세히 파악해야 했다. 하지만 제드는 딱 잘라 대답했다. "우선 진통제부터 놓아주면 대답할게요."

정신이 오락가락했지만 한 가지는 또렷이 기억했다. 여자친구 메건이 사고 소식을 듣자마자 브루클린의 아파트에서 병원으로 달려온 것이다. "메건이 걱정스러운 눈으로 나를 보았죠. 마음이 너무 아팠어요. 메건은 엄청 초조해 보였고, 눈물을 흘렸어요. 어떻게든 괜찮을 거라고 달래주고 싶었지만 아무것도 해줄 수 없었어요. 수술실로 옮겨지며 나는 엄청난 확신이 들었어요. 그래서 메건에게 말했죠. '나와서 봐.' 그러고는 수술실 문이 닫혔어요."

그것이 그날 밤 제드의 마지막 기억이었다.

수술실에서도 출혈은 멈추지 않았다. 정형외과 전문의들은 그의 망가진 다리를 살릴 방법을 궁리하고 있었다. 그때 혈관외과 전문의가 들어오더니 곧바로 정형외과 전문의들을 내보냈다. 제드가 뒷날 기억의 조각을 맞춰봤을 때, 혈관외과 전문의는 이런 뜻의 말을 했던 것 같았다. "너희가 그렇게 우왕좌왕하면 이 환자는 죽어. 출혈부터 멈춰야지." 제드의 기억에 따르면 그 혈관외과 전문의는 정형외과 의사들을 그야말로 '발로 차듯' 쫓아냈다.

제드의 상태는 심각했다. 회복하는 데 얼마나 걸릴지 가늠조차 되지 않았다. 다리를 살릴 수 있을지도 불확실했다. 제드가 정신을 잃은 사이 의사는 그의 부모와 메건에게 부상이 매우 심각하며 살지 못할 수도 있다고 설명했다.

외상치료센터에서의 첫날 밤, 제드는 몇 시간에 걸쳐 대수술을 받았다. 의료진은 그를 살리려 백방으로 노력했다. 부상의 심각성으로 볼 때 여러 차례 수술이 필요했고, 안전을 위해 약물을 주입해 혼수상태를 유도하기로 결정했다. 사고 3일째, 다리를 살리기 어렵다는 최종 결론이 났다. 고관절을 포함해 왼쪽 다리 전체를 절단했다. 그러고도 추가 수술이 필요했다. 한동안 제드는 혼수상태로 지내야 했다.

약물로 유도하는 인위적 혼수상태medically induced coma는 사고로 인한 혼수상태, 곧 머리의 부상으로 뇌가 부풀어오르거나 뇌의 산소 부족으로 오는 혼수상태와는 다르다. 인위적 혼수상태는 주로 펜토바르비탈pentobarbital이나 프로포폴propofol 같은 바르비투르산염 마취제를 적정량 주입해 의도적으로 유도한다. 바르비투르산염은 두뇌의 신진대사를 감소시키고 일시적으로 마취상태와 유사한 깊은 의식상태를 유도한다.

두뇌의 활동이 저하되기는 하지만 인지 과정은 유지된다. 혼수상태에 있을 때 환자들은 종종 끔찍한 꿈을 생생하게 꾼다. 때로는 주위의 소리나 의료행위, 몸을 만지거나 옮기는 감각 경험과 꿈이 결합되기도 한다.

제드가 생생하게 꾼 꿈 중 하나는 추락하는 꿈이었다. 정신이 육체에서 빠져나가는 느낌이고 무게가 느껴지지 않았다. 끝없이 추락하는 느낌은 당연히 썩 유쾌하지 않았다.

"정신이 비행기처럼 생긴 오픈카에 들어 있었어요. 몸이 아니라요. 폭포 옆을 수직으로 낙하했어요. 폭포를 따라 나란히 떨어졌죠. 나는 거랑은 완전히 달라서 전혀 통제할 수 없었거든요. 그게 뭔지 확실하지는 않았지만 어쨌든 감정적으로든 육체적으로든 가장 뚜렷하게 느껴지는 감각은 끝없는 추락이었어요. 끔찍했죠.

얼마나 떨어졌는지 모르겠어요. 그냥 계속 추락했어요. 아주 오랫동안 떨어진 것처럼 느껴졌어요.

그러더니 퍽! 소리와 함께 땅에 닿았죠.

엄청 세게 부딪혔지만 상관없었어요. 마치 '아, 내 몸 안으로 다시 들어왔구나. 더는 추락하지 않겠구나. 내 몸을 찾았구나' 하는 느낌이었죠. 끝난 거죠. 뭐랄까, 불확실한 상태에 있다가 다시 내 몸으로 돌아온 느낌.

그다음에는, 좀 미친 소리처럼 들리겠지만, 한증막 같은 데서 주술사의 목소리가 들렸어요. '너는 저주에 걸렸어' 아니면 '네 가족은 저주에 걸렸어' 같은 소리였어요. 그러더니 '하지만 이제 빚은 갚았어. 다 괜찮아질 거야'라고 말했어요."

제드는 주술사를 떠올리며 웃었고, 이런 꿈들을 '자신만의 이상한 심령술적 꿈'이라고 불렀다. 또 다른 꿈에서는 저명한 요리사 마리오 바탈리가 동업자 조 바스티아니치와 함께 자신을 보러 왔다. 제드는 그들을 알았다. 자기가 일하던 레스토랑의 공동 소유주였으니까. 실제로 이 두 사람은 제드가 혼수상태에 빠져 있을 때 문병을 왔었다. 어머니가 이들이 왔다고 말하는 것을 분명히 들은 기억이 났다. 하지만 약물에 찌든 제드의 뇌 속에서 그들이 찾아온 장소는 소독된 무균 병실이 아니라 '버지니아 같은 남쪽 지방의 봄기

운이 완연한 푸른 들판'이었다. 무슨 이야기를 나누었는지는 기억나지 않고, 오직 그들이 왔다는 것과 평화로운 전경만 기억이 났다.

목가적인 풍경은 제드의 꿈에 단골로 등장하는 배경이었다.

"안락한 장기입원 병동 주변으로 꿈과 같은 풍경이 보였어요. 완만한 언덕 위에 정자가 있고, 햇빛이 반짝였어요. 따뜻하고 평화로웠죠."

정자는 그가 자란 자그마한 고향 마을에 있던 것과 비슷했다. 다른 꿈에서도 자주 등장했다. 메건과 결혼하는 꿈도 여러 번 꾸었는데, 간혹 꿈이 매우 이상했다. 제드가 회상했다.

"첫 번째 꿈은 정말 이상했어요. 지금은 결혼한 여동생의 남자친구, 그러니까 매제가 한국의 어느 온라인 쇼핑몰에서 메건에게 선물할 빈티지 드레스를 찾고 있었어요. 비틀스가 활동했던 시기인 1960년대식 드레스였죠. 그러더니 차를 타고 산을 빙빙 돌아 올라 정자가 있는 언덕 꼭대기까지 갔어요. 우리는 다 함께 빨간색 컨버터블 스포츠카를 타고 있었어요. 메건이 아주 좋아했어요. 모든 게 1960년대 초반의 빈티지풍 결혼식이었죠.

결혼식에 관해 자세한 건 기억이 나지 않지만, 한 번 더 해야 했던 건 기억나요. 장인어른이 결혼식에서 뭔가가 마음에 안 들었나 봐요. 그래서 처음부터 다시 했어요. 결혼식을 두 번 한 거죠."

병원에서 꾼 꿈은 대개 이상했고, 어떤 꿈은 몹시 불쾌할 정도였다. 잘못한 일에 대해 일종의 벌을 받는 편집증적인 꿈이었다. 그는 이런 꿈을 '뒤틀린 꿈'이라고 불렀다.

"한번은 2주 동안 잠수함에 갇혀 요리만 하는 꿈을 꿨어요. 내가 요리사였죠. 무언가 잘못을 저질러 벌을 받는 것 같았어요."

또 다른 꿈에서는 간호사한테 강제로 면도를 당했다. 수술 때문에 실제로 제모를 했기 때문에 이런 꿈을 꾼 것 같다. 그러나 꿈에서 제드는 멀찍이 떨어져 모든 광경을 지켜보고 있었다. 그는 자기 자신이 심한 고통 속에서 제모당하는 걸 바라봐야 했다. 간호사가 일부러 아프게 면도하는 모습이 보였다.

"이상한 꿈이었죠. 내가 나쁜 짓을 해서 벌을 받는 꿈이었어요. 사람들이 무슨 말을 했는지 기억나지 않지만 화가 나서 벌주는 건 확실했어요."

또 다른 기분 나쁜 꿈은 농장에 관한 것이었다. "그곳은 안락한 요양병원이 아니었어요. 농장이었는데, 말하자면 건강관리원이랄까요? 끔찍했어요. 배경은 역시 남쪽 지방의 평화로운 곳이었지만 환자들의 살이 침대 위에서 줄줄 흘러내리고 있었어요. 다들 흉측할 정도로 뚱뚱했죠. 마치 인간 푸아그라 농장 같았어요. 끔찍했죠. 다들 정맥주사로 영양분을 공급받으며 누워 있었고 나도 마찬가지였어요. 몸집이 거대해 침대 밖까지 살이 흘렀어요. 사육당하고 있던 거죠."

*

이처럼 끔찍한 악몽을 꾸게 되는 기전에 대해서는 놀랍게도 별로 알려진 것이 없다. 아울러 인위적 혼수상태에서 얼마나 자주 이런 꿈을 꾸는지에 대한 연구도 거의 없다. 그러나 인위적 혼수상태에 빠진 다수의 환자가 이런 환각 같은 기이한 꿈을 꾸는 사례를 보

고한다.[1]

환자들은 자주 꿈이 괴상하고 충격적이라고 털어놓는다. 어떤 환자는 사악하거나 어두운 기운을 가진 "존재"에 둘러싸여 "온갖 장소"에 끌려다니며 "끔찍한 경험"을 한다고 설명했다. 인위적 혼수상태에서 꾸는 악몽은 끝날 기미가 보이지 않기 때문에 더욱 불안하고 기분 나쁜 경우가 많다. 인위적 혼수상태 자체가 오래 유지되기 때문이다. 게다가 우리가 보통 밤에 꾸는 꿈과 달리, 혼수상태의 꿈은 수면과 각성의 사이클이 개입하지 못한다. 어떤 환자는 그 꿈을 "깨어날 수 없는 악몽이 계속되는 것"과 같다고 했다. 또 다른 환자는 "영원히 계속될 것 같은 악몽이었고, 끔찍한 상황에서 또 다른 끔찍한 상황으로 끝도 없이 이어졌다"라고 표현했다.

꿈이 계속 이어지기 때문에 "믿을 수 없을 만큼 생생하고 자세"해 거의 현실처럼 느껴진다. 인위적 혼수상태를 경험한 많은 환자가 혼수상태에서 깨어나고 나서도 꿈에서 겪은 일들이 실제가 아니었음을 깨닫는 데 며칠씩 걸린다고 보고했다. 설상가상으로 의식이 돌아온 뒤에도 꿈이 계속되어 트라우마 경험과 마찬가지로 잊히지 않는 기억으로 남는다.

어떤 환자는 이렇게 말했다. "혼수상태에서 꿨던 꿈을 아직도 꿔요. 그때나 지금이나 너무 생생해요."

어떤 사람들은 애당초 부상 때문에 혼수상태로 유도됐지만, 부상보다 꿈이 더 힘들었다고 보고했다. "부상에서 회복하는 것보다 악몽에서 벗어나는 게 '훨씬' 힘들었어요. 시간도 더 많이 걸리고요."

혼수상태에서 깨어나고도 지속되는 기억이 어떻게 만들어지는지는 명확하지 않다. 아직 체계적으로 연구되지 못했기 때문이다. 우선 끔찍한 꿈을 꾼 사람들의 사례를 수집하기가 쉽지 않고, 모든 환자가 이런 기분 나쁜 꿈을 꾸는 것도 아니다. 혼수상태에 있을 때 무슨 꿈을 꾸었는지 전혀 기억나지 않는다는 환자들도 있다.

그렇기는 하지만 최근의 한 연구에서 중환자실에 입원한 적이 있는 환자들이 놀라울 만큼 유사한 경험을 보고했다. 중환자들은 환각을 매우 흔하게 경험한다. 부분적으로는 향정신성 약물의 영향 때문이다. 이런 현상을 가리키는 '중환자실정신증ICU psychosis'이라는 용어가 따로 있을 정도다.[2] 연구에 따르면 조사 대상 환자의 88퍼센트가 중환자실에 입원했을 때 환각과 악몽 등 기분 나쁜 경험을 했다. 간호사가 환자를 좀비로 만들어버리기도 하고, 총에서 피가 쏟아지거나 새들이 서로 비웃는 등 악몽은 다양했다. 또 퇴원한 지 몇 개월이 흘러도 악몽이 사라지지 않았다.

∗

이 모든 것이 제드에게는 반갑지 못한 소식이었다. 그는 몹시 끔찍한 사건을 겪었을뿐더러 모든 것을 상세하게 기억했다. 다리를 으깨고 지나간 바퀴, 비명, 낭자한 피, 차가운 아스팔트 바닥, 엄청난 고통, 눈물 흘리던 메건의 모습. 여기에 더해 혼수상태일 때 꿨던 '뒤틀린' 꿈들이 그에게 지울 수 없는 기억이 될 수도 있었다. 게다가 의료진이 언젠가는 그를 혼수상태에서 깨울 것이고, 그럼 엉덩이 밑부터 다리 전체가 깨끗하게 사라진 사실을 알게 될 것이다.

제드의 가족은 걱정에 빠졌다. 제드는 무려 6주간 혼수상태였다. 그동안 그의 몸은 이리저리 처치되고, 재배열되고, 합쳐졌다. 그는 20여 종류의 수술을 견뎌냈다. 다리 절단술 외에도 기관절개술을 받았고 대장의 경로를 바꿨다. 그가 의식을 회복하면 어떤 반응을 보일까? 어디까지 기억할까? 다리를 절단했다는 사실을 어떻게 받아들일까? 그에게 어떻게 알려야 하나? 이런 끔찍한 시련과 트라우마를 과연 극복할 수 있을까?

그러나 놀랍게도 그는 다리가 절단되어 없다는 것을 이미 알고 있었다. 어떻게 알았는지 확실하지 않아도 여하튼 알았다. 혼수상태에서 의료진이 하는 이야기를 들었을 수도 있고, 부상이 너무 심한 것을 알기에 결과를 예상했을 수도 있다. 제드가 회상했다.

"도로에 누워 있을 때 다리가 엉망이 됐다고 느꼈어요. 상태가 심각하다는 걸 알았죠. 죽음의 문턱에 있었어요. 그래서 어느 정도는 알았어요. 이유는 몰라도 깨어날 때 당연히 다리가 없다고 생각했어요. 전혀 놀라지 않았어요."

환자가 인위적 혼수상태에서 깨어나려면 보통 며칠이 걸린다. 정신을 가다듬고 두뇌가 몸의 통제권을 되찾는 데 걸리는 시간이다. 이 시간은 또한 낯선 곳에서 깨어나는 충격을 줄여주는 역할도 한다. 제드는 깨어났을 때 주변을 '조각조각' 붙여가며 파악하기 시작했다. "아, 내가 지금 중환자실에 있구나' 하는 식으로 생각한 적은 한 번도 없어요. 전혀요. 좀 더 단계적이에요. 천천히 하나씩 깨달아가죠. 다리가 없다는 걸 깨달았고, 그다음엔 아래를 보고 복부에 구멍이 뚫린 것을 알았고, 이어서 온갖 종류의 튜브와 흉터가 눈에 들어왔죠."

그다음에는 부작용과 싸워야 했다. "처음 깨어났을 때는 말을 할 수 없었어요. 기관절개용 튜브를 제거하기 전까지는 말할 수 없다고 누가 귀띔해주더군요."

깨어난 지 닷새가 지나서야 말을 할 수 있었다. 그때까지 몸짓이나 짧은 메모로 의사소통을 했다. 기관절개용 튜브를 삽입하면 기도가 극도로 건조해진다.

"깨어나서 가장 힘들었던 건 갈증이었어요. 목구멍이 뼛속까지 바짝 말랐지만 물 한 모금 먹지 못하게 했어요. 음식물을 삼키려면 우선 불순물을 제거해야 한다고 하더군요. 그러고 나서야 먹을 수 있었어요."

제드는 의식을 되찾은 뒤 가장 먼저 메건을 만나 위로를 받고 싶었다. 그는 '메건의 존재가 자신에게 얼마나 위안이 되는지'를 떠올렸다.

그러나 곧이어 고통스러운 기억이 그를 괴롭혔다. 어떻게 다리를 잃었는지 떠오르기 시작했다. 며칠 동안은 사고 당시의 기억이 머릿속을 가득 채웠다.

"아직 말을 못 할 때였어요. 사고의 기억이 저를 때려댔어요. 사고 장면이 계속 떠올랐죠. 이런 기억들은 감정가valence(특정 사건이 감정적 반응을 일으키는 정도 - 옮긴이)가 커요. 깊은 트라우마를 남기죠. '이야! 이걸 내가 다 처리해야 한다니!'라는 생각이 들었어요."

동시에 혼수상태의 기억도 그를 괴롭혔다. 이 역시 사고의 기억만큼, 아니 그보다 더 그를 힘들게 했다.

"꿈에서 본 것들을 되도록 생각하지 않으려고 했어요. 너무 생생했거든요. 편집증, 폭력, 체벌, 주변에 대한 불신 같은 것들요. 너무 강렬했어요."

그런데 놀랍게도 모든 것이 갑자기 멈춰버렸다.

그를 괴롭히던 장면들이 천천히 잦아들더니 어느 순간 사라졌다. 사고에 관해서는 모두 생생하게 기억이 났다. 꿈도 마찬가지였다. 하지만 며칠이 지나자 이 기억들이 더는 의식에 끼어들지 않았다. 플래시백flashback(과거의 트라우마와 관련된 상황에 접했을 때 당시의 감각이나 심리 상태 등이 그대로 재현되는 현상-옮긴이)도 없었다. 그를 뒤쫓는 무서운 이미지들도 사라졌다. 마음먹으면 언제라도 떠올릴 수 있었지만, 원한다면 떠올리지 않을 수도 있었다.

"처음 며칠은 그 기억들이 머릿속을 가득 채웠어요. 그런데 서서히 줄어들더니 갑자기 사라졌어요. 정말 갑자기요. 기억이 서서히 희미해지면서 처음 깨어났을 때 경험했던 격렬한 반응이 더는 나타나지 않았어요. 느낌이 정말 이상했죠."

이 변화가 제드에게 끼치는 영향은 엄청났다.

"질문이 꼬리에 꼬리를 물었어요. 내가 더 엉망이 되지 않은 이유가 궁금했어요. 의아했어요. 사람들은 모두 PTSD(외상후스트레스장애)를 겪는다고 하는데 나는 왜 괜찮을까? 그게 제 질문이었어요. 나는 왜 괜찮았을까요?"

*

제드는 왜 괜찮았을까?

어떻게 그렇게 끔찍한 경험을 하고도 괜찮을 수 있을까?

이 심오한 질문에 대답하기란 어렵다.

제드가 심리적으로 아무 탈이 없는 이유를 정확하게 알 수는 없다. 물론 답이 없는 것은 아니다. 일부는 그가 오랫동안 혼수상태에 있었기 때문에 설명할 수 없지만 나머지는 제드뿐 아니라 비슷한 역경에 처한 사람들의 사례를 통해 이해할 수 있다.

이야기는 우리가 트라우마를 사고하는 방식에서 시작된다. 전통적인 심리학 관점에 따르면 제드는 심리적으로 엄청난 충격에서 헤매야 정상이다. 지금 잠시 문제가 없는 건 착각에 불과하며, 마음 깊이 숨어 있는 심각한 심리적 상처를 일시적으로 부정하고 있을 뿐이다. 그러나 지난 반세기 동안 우리의 생각을 지배했던 이런 관점에는 안타깝게도 문제가 많다.

최근까지도 우리가 트라우마에 관해 알고 있는 지식은 대다수 외상후스트레스장애post-traumatic stress disorder, PTSD처럼 매우 극단적인 반응을 연구함으로써 얻었다. 물론 우리는 심각한 트라우마를 제대로 이해하기 위해 힘써야 한다. 문제는 이 목표물에만 너무 집중한 나머지 그다지 심각한 반응을 보이지 않는 사람들의 경험을 무시할 때 발생한다. 어떤 어려움을 겪는지에 관한 지식만 쌓여가고 어떻게 괜찮아질 수 있는지에 관해서는 별로 아는 것이 없게 되는 것이다. 그 결과 안타깝게도 트라우마성 스트레스traumatic stress는 반드시 장기적인 트라우마와 PTSD를 남기며 무조건 어려움을 겪게 만든다는 믿음을 공고히 한다.

이런 식의 논리가 바로 본질주의essentialism다. 이런 관점은 트라우마 사건traumatic event이 일종의 '자연종natural kind'(인간의 관심이나 지각과 상관없이 존재하는 실체 – 옮긴이)으로서, 변하지 않고 보이지 않는 '본질essence'이 있기 때문에 특정한 방식으로 느끼고 행동할 수밖에 없다는 믿음에 뿌리를 둔다.³ 우리는 PTSD를 이런 식으로 바라본다. 개념을 본질화하는 관점을 따르면 어떤 대상은 발명되거나 창조된 것이 아니며, 늘 존재하던 것을 사람들이 발견했을 뿐이다. 본질주의자들의 시각이 꼭 틀린 것은 아니다. 개는 고양이와 다르고 돌은 물과 다르다. 그러나 특히 정신적 상태에 관해서 몇몇 본질주의적 개념은 틀린 점이 많다. 또 곧 살펴보겠지만 PTSD에 관한 전통적 관점에는 광범위한 오류가 있다. 트라우마나 PTSD는 고정불변의 범주가 아니라 경계가 모호하며 시간에 따라 전개되고 변화하는 역동적인 상태다.

물론 PTSD나 적어도 이와 유사한 증상이 발생하는 것은 맞다. 또 안타깝게도 증상이 나타나면 피해가 심각한 것도 사실이다. 그러나 PTSD처럼 극단적인 반응은 트라우마를 유발할 수 있는 사건에 노출되었다고 해서 곧바로 생기지는 않는다. 폭력적이거나 목숨을 위협받는 사건을 겪은 사람들 대다수가 어떤 형태로든 트라우마성 스트레스를 겪는다. 예를 들어 멍해지거나 불안감을 느끼고, 괴로운 생각·장면·기억을 극복해보려고 애쓴다. 이러한 반응은 사람이나 사건에 따라 다양하고, 보통은 몇 시간이나 며칠, 길어야 몇 주 정도로 짧게 지속된다. 이렇듯 일시적인 트라우마성 스트레스는 지극히 자연스러운 반응이지만, PTSD는 아니다.

PTSD는 트라우마성 스트레스가 사라지지 않고 곪아 커져갈 때, 고통이 계속되는 상태로 굳어질 때 생긴다. 그러나 생각하는 것만큼 자주 이런 결과로 이어지지는 않는다. 지난 수십 년간 시행된 연구조사에 따르면 폭력적이고 목숨이 위협받는 사건에 처했던 사람 중 대다수가 PTSD 증상을 보이지 '않았다'는 사실에 반박의 여지가 없다. 사건 그 자체가 본질적으로 트라우마가 되지는 않는다는 뜻이다. 사실상 어떤 사건도, 심지어 폭력적이거나 목숨을 위협하는 사건이라 해도 본질적으로 반드시 트라우마를 유발하지는 않는다. 단지 '트라우마를 유발할 가능성'이 있을 뿐이다. 나머지 절반의 가능성은 우리에게 달려 있다.

이 '나머지'는 트라우마에 관한 일반적인 생각보다 훨씬 다양하다. 대다수가 PTSD를 겪지 않지만 몇몇은 다른 방식으로 고통받는다. 예를 들어 수개월이나 그 이상 트라우마성 스트레스에 시달리다가 서서히 증상이 감소하기도 하고, 처음에는 약한 스트레스 반응을 보였다가 점점 심해지기도 한다. 그러나 어떤 패턴을 보이든 절대다수가 트라우마성 스트레스를 합리적인 방식으로 잘 극복해나갔다. 잠재적 트라우마 사건potentially traumatic event, 곧 트라우마를 유발할 가능성이 있는 사건을 겪은 대다수가 장기적인 어려움을 '전혀' 겪지 않고 상대적으로 빨리 정상 생활로 돌아갔다. 다시 말해 사람들에게는 회복탄력성resilience이 있다는 뜻이다. 내가 진행한 연구에서도 같은 결과를 여러 차례 보여주었다. 다른 학자들의 연구에서도 마찬가지다. 매우 끔찍한 사건이나 잠재적 트라우마 사건에 관련된 모든 연구로 범위를 넓혀도 '회복탄력성'이 가장 빈번한 결괏값이었다.

하지만 사람은 회복탄력성이 강하다는 경험적 사실을 확인했다고 하더라도 '왜?'라는 더 큰 질문이 남는다. 왜 우리는 끔찍한 일이 생기더라도 잘 견딜 수 있는가? 왜 탈탈 털어버리고 일상으로 돌아갈 수 있는가? 우리가 이토록 쉽게 회복하는 이유는 무엇인가?

아이러니하게도 이 부분에서 트라우마에 대한 전통적 관점의 한계가 가장 선명하게 드러난다. 만약 단순히 트라우마 사건 때문에 PTSD가 발생한다면, 같은 논리로 사람들이 트라우마에서 잘 회복하는 이유는 회복탄력성이 있기 때문이다. 다시 말해 전통적인 관점에 따르면 회복탄력성이 높은 사람들에게 근본적인 무언가가 있기 때문에 그런 사건에서 영향을 받지 않는다고 설명할 수밖에 없다.

우리가 접하는 회복탄력성에 관한 대다수 설명은 이런 정적이고 본질주의적인 논리로 무장되어 있다. 본질주의자들은 회복탄력성이란 그에 대응하는 자질, 이를테면 회복탄력성이 높은 사람들의 다섯 가지 또는 일곱 가지 특징을 가졌는지의 문제라고 말한다. 그런 특징 몇 가지를 가진 사람은 회복탄력성이 있고, 없는 사람은 회복탄력성이 없다. 이런 식의 접근방식은 간편하고 간단명료하기에 확실히 호소력이 있다. 게다가 이런 특징을 개발하기만 하면 회복탄력성을 가질 수 있다는 희망적인 가능성을 심어주기도 한다.

그러나 조금만 들여다보면 논리적 오류가 발견된다. 회복탄력적 특징이 몇 개나 있느냐는 핵심이 아니다. 나는 연구에서 회복탄력성과 관련된 특징을 여럿 찾아냈다. 장담컨대 앞으로도 계속 나올 것이다. 개수는 상관없다. 문제는 누구에게나 적용할 수 있는 '회복 가능성 체크리스트'에 매달리다 보면 그 리스트를 완벽하게 만족시킬 사람은 결코 찾을 수 없다는 것이다. 나는 여기에 '회복탄력성의 역설resilience paradox'이라고 이름 붙였다. 우리는 회복탄력성과 상관관계가 있는 통계적 특징, 곧 회복탄력성이 높은 사람들이 가지는 특징을 알아낼 수는 있다. 그러나 역설적이게도 실제로 고통스러운 사건이 일어났을 때 누가 회복탄력성이 높고 누가 낮을지는 이 상관관계로 예측할 수 없다.

왜냐하면 트라우마와 마찬가지로 회복탄력성도 고정되어 있지 않기 때문이다. 잠재적 트라우마 사건으로 발생한 스트레스는 시간이 흐름에 따라 다르게 전개된다. 스트레스는 극복하려고 노력하는 과정에서 이리저리 변화한다. 또 이런 사건은 일상생활에 영향을 끼치기 때문에 보통 새로운 스트레스와 문제를 유발한다. 예를 들어 몸이 다치거나 일시적으로 직장이나 살 곳을 잃을 수 있다. 이런 변화에 적응하기 위해서는 시간이 필요하다. 단순히 몇 가지 자질로 쉽게 극복할 수 있는 것이 아니다.

사실 수많은 연구를 통해 회복탄력성에 관한 한 가지 자질, 심지어 여러 가지 자질이 있더라도 항상 트라우마를 극복하는 데 효과가 있지는 않다는 사실이 밝혀졌다. 뒤에서 더 보겠지만 말 그대로 우리가 생각할 수 있는 모든 특성, 모든 행동에는 그에 따른 이득과 손실이 모두 존재한다. 쉽게 말해 특정 시점, 특정 상황에서 긍정적으로 작용했던 특징이 다른 시점, 다른 상황에서는 도움이 되지 않거나 오히려 방해될 수도 있다. 예를 들어 감정 표현하기나 다른 사람들에게 도움 요청하기처럼 일반적으로 유용하다고 알려진 특징이나 행동조차 항상 도움이 되지는 않는다. 반면에 감정 억제하기처럼 보통 문젯거리라고 여겨지는 자질이나 행동이 어떤 상황에서는 유용할 수 있다. 따라서 우리는 곤경 속에서 사실상 매 순간 최선의 해결책을 찾아야 하며, 흘러가는 상황에 맞춰나가야 한다. 한마디로 유연해야 한다는 뜻이다.

이런 유연성flexibility은 언뜻 간단해 보이지만 톺아볼 지점이 많다. 유연성은 역경을 극복하는 데 핵심 역할을 한다. 따라서 이 책의 상당 부분을 유연성을 설명하는 데 할애할 생각이다. 먼저 유연성은 수동적 과정이 아니라는 점을 짚고 가겠다. 잠재적 트라우마 사건은 고통스럽고 괴로우므로 우리 대부분은 그 사건을 머릿속에서 지우고 싶어한다. 그런 사건에 제대로 적응하려면 동기를 가지고 내가 무엇을 왜 겪고 있는지에 관해 적극적이고 체계적으로 사고해야 한다. 이것이 내가 '유연성 마인드셋flexibility mindset'이라고 부르는 자질이다.

일단 유연성 마인드셋을 가지고 상황 판단에 대한 확신이 서면 문제를 극복하기 위한 핵심에 접근할 수 있다. 이런 일련의 단계를 나는 '유연화 단계flexibility sequence'라고 부른다. 이 단계를 거치면서 우리에게 어떤 일이 일어났는지, 이를 극복하려면 무엇을 해야 할지 이해하게 된다. 그다음으로는 선택한 전략이 옳았는지 아니면 다른 방법을 시도해야 하는지를 결정하는 중요한 수정 단계가 있다. 각자가 가진 자질·태도·자원이 무엇이든 관계없이 이 모든 단계는 우리가 가진 자원을 유연하게 활용하고, 상황에 효과적으로 적응하고, 앞으로 나아갈 수 있게 한다. 이것들이 희귀한 능력이 아니라는 점도 짚고 넘어가겠다. 그저 저평가된 인간의 능력 중 하나이며 얼마든지 개발하고 발전시킬 수 있다.

　대중 앞에서 이런 내용으로 강의를 하면 으레 누군가가 나서서 트라우마에 대한 일반적인 통념이 잘못되었다는 말이 믿기 어렵다고 말한다. 이 책을 읽는 당신도 그렇게 생각할 수 있다. 크게 놀라운 일은 아니다. 지금까지 말한 내용은 우리가 평생 들어온 이야기와 다르니까 말이다. 물론 전통적 관점에 전혀 근거가 없다는 뜻은 아니다. 전통적 관점, 특히 PTSD의 개념은 트라우마에 관한 이해로 나아가는 데 필수적이었다. 그러나 우리는 이 단계를 이미 한참 전에 벗어났다. 곧 보겠지만 그동안 얻은 통찰과 증거를 종합했을 때 PTSD에 대한 전통적 관점이 더는 유효하지 않다는 데에는 의심의 여지가 없다.

　이어지는 장에서는 흩어진 지식을 한데 모아 새롭고 더욱 일관성 있는 이론체계를 구성할 것이다. 누군가는 회복하지만 다른 사람은 PTSD를 겪듯이 서로 다른 트라우마의 결과 자체뿐만 아니라 결과에 차이가 나는 원리까지 설명할 것이다. 새로운 관점으로 이어지는 질문과 아이디어를 깊이 탐구하고 배경이 되는 몇몇 연구도 살펴볼 것이다. 물론 제드의 이야기도 잊지 않고 책의 여러 곳에서 다룰 것이다. 그 밖에 엄청난 역경을 딛고 일어선 다른 사람들의 이야기도 들어볼 것이다. 그러나 이 모든 것에 앞서 우리는 시작점으로 돌아가야 한다. 인류가 처음으로 트라우마가 무엇인지 알아내려 했던 시절로 말이다.

차례

서문 왜 나는 괜찮았을까요? 8

1부 | 우리 중 3분의 2

1장. PTSD의 발명

트라우마 이전의 시대 38 | 트라우마를 찾아서 42 | 셸 쇼크의 등장 43 | 진짜 무서운 것 46 | PTSD 발명하기 49 | 임의적이고 확장되는 진단 53 | PTSD로 넘쳐나는 시대 56

2장. 회복탄력성을 찾아서

극복할 수 없는 사건들 62 | 사별의 연구: 애도의 패턴 64 | 세상이 무너지던 날: 테러 이후 67 | 몇몇 PTSD 증상이 있다는 것의 의미 69 | 엇나간 예측: 회복탄력성 맹점 75 | 왜 맹점이 생기는가?: 추단법과 분포 이야기 80 | '회복탄력성 궤적'이 존재한다 86 | 새로운 질문: 그들은 어떻게 회복하는가? 91

| 2부 | 사례와 예측 |

3장. 보이는 것이 전부가 아니다

9월 11일의 윌, 레이나, 에바 이야기 98 | 예측: 누가 잘 이겨냈을까? 120

4장. 회복탄력성의 역설

역설의 본질: 언제나 맞는 답은 없다 133 | 아름다운 공작과 빠른 치타 138 | 좋은 전략, 나쁜 전략, 추한 전략 141 | 좋은 것도 한두 번이다 145 | 위협 인식의 유용성 148 | 유연성: 시의적절한 행동 154

| 3부 | 유연성의 세계로 |

5장. 유연성 마인드셋

초기 단서들 163 | 낙관주의: 마렌의 경우 165 | 동기부여 175 | 낙관주의의 단점도 있을까? 179

6장. 시너지 작용

해결에 대한 확신과 도전지향성 185 | 세 요소의 합 이상 191 | 프리다 칼로의 경우 194 | 빨간 부츠 이야기 202 | 재창조 과정 205 | 마인드셋 너머 209

4부 | 유연성의 작동

7장. 유연화 단계

폴 이야기 216 | 1단계: 맥락 민감성 222 | 2단계: 대응목록 229 | 3단계: 피드백 모니터링 237 | 기억하고 재창조하기 246

8장. 유연해진다는 것

문제의 이면 257 | 의식적이거나 무의식적이거나 260 | 악몽이 되돌아올 때 270

5부 | 따라 해보세요

9장. 우리 자신에게 말 걸기

유연성 마인드셋 강화하기 288 | '자기대화' 전략 291 | 다시 제드 이야기: 희미한 빛 297 | 뉴 노멀: 새로운 일상 305 | 순환하며 앞으로 나아가기 310

10장. 그리고 세계적 팬데믹이 있었다

주석 334

1부

우리 중 3분의 2

The End of Trauma

1장

PTSD의 발명

사람들은 더 이상 트라우마를 숨기지 않는다. TV 드라마나 온라인 게임 제목에 당당하게 들어가기도 하며 웹페이지와 블로그의 주제가 되기도 한다. 전문기관이나 학술지의 이름에도 들어간다. '트라우마'라는 단어는 우리 생활의 한 부분이 되었으며 점점 존재감이 커져간다.

뉴욕 자연사박물관의 '인류의 기원'관에는 섬뜩한 입체 모형이 하나 있다. 허락만 된다면 사람이 들어가 안을 걸어다닐 수 있을 정도로 거대하고 진짜처럼 잘 만들어놓았다.

일부러 조명을 어둡게 해둬서 눈이 적응하는 데 조금 시간이 걸린다. 가장 먼저 유리창 가까이 인간과 비슷하게 생긴 모형 하나가 눈에 들어온다. 인류의 초기 조상의 모습인데 벌거벗은 채 웅크리고 있다.

몇백만 년 전인 홍적세Pleistocene era(지질시대 신생대 제4기 전반의 시대 – 옮긴이)의 호모에렉투스Homo Erectus를 묘사한 입체 모형이다. 시냇물 위로 몸을 숙여 두 손을 모아 물을 떠 마시려는 모습이다. 몸에는 털이 무성하고 아무것도 걸치지 않은 채 경계를 풀고 있다. 해 질 녘 산에서 흘러내려온 시냇물은 시원했을 것이다.

어둠에 적응하면서 다른 것들도 눈에 들어온다. 동물 무리 같다. 하이에나다. 이놈들은 귀를 쫑긋 세우고 조심스럽게 우리의 조상 뒤로 다가간다. 좀 더 자세히 보니 하이에나는 공격 자세를 취하고 있다. 또 다른 하이에나가 보인다. 이놈은 훨씬 더 가까이서 잔뜩 움츠린 채 주둥이를 내밀고 있고, 귀는 뒤로 향해 있다. 곧 먹잇감을 덮칠 기세다. 선사시대의 하이에나는 몸집이 크고 무시무시한 포식자였다. 인류의 조상은 곧 닥칠 일을 전혀 모르는 것 같다. 무기도 없고 경계도 하지 않는다. 곧 끔찍한 최후를 맞이할 것 같다.

그가 어찌어찌해서 살았다고 치자. 자신을 덮치는 짐승의 모습과 으르렁대는 이빨, 몸싸움, 도망, 피, 고통 등의 기억으로 힘들어했을까? 또다시 하이에나를 마주칠까 봐 늘 노심초사했을까? 괴로운 기억으로 힘들어하고 악몽에 시달렸을까?

지금으로서는 알 길이 없다. 우리가 홍적세에 대해 가진 단서라고는 화석과 몇몇 고고학적 자료, 이를 종합해 추측해본 선사시대의 삶이 전부다. 문자나 미술작품도 없고 생각이나 사건에 대한 기록도 없다.

인류가 자신의 경험을 작은 조각상이나 동굴벽화로 표현하게 된 것은 그로부터 한참 뒤로, 지금으로부터 약 4만 년 전이다. 가장 흔하게 그린 대상은 동물, 사냥꾼 무리, 무기였다. 당시 인류의 머릿속에는 이런 것들이 전부였다. 인류는 약했고 삶은 위험했다. 그런데 이 시기를 전후로 인류는 판세를 뒤집는다. 자기 자신을 지킬 수 있게 되었고 생존율이 높아졌으며, 먹잇감에서 포식자로 서서히 위치가 바뀌었다.

그때도 정신적 트라우마가 있었을까? 사냥과 무기에 항상 위험이 도사린다는 것은 분명한 사실이다. 그런데 동굴벽화로 이것을 어떻게 표현할까? 무기나 사냥, 습격 따위는 그릴 수 있다. 하지만 트라우마는 심리적인 반응이어서 말이나 글을 통해 전달되므로 한참 뒤까지 기다려야 한다. 인류가 문자를 발명한 것은 지금으로

부터 약 5천 년 전이다. 지속적인 심리적 트라우마를 언급한 자료가 최소한 이 정도 시기에 등장한다고 예상해볼 수 있다. 5천 년 전이 아니어도 그로부터 얼마 뒤에는 보여야 한다.

그러나 약 5천 년에 이르는 인류의 기록유산을 살펴보면 매우 이상한 점을 알게 된다. 심리적 트라우마라는 개념이 놀랍도록 근대적인 발상이라는 사실이다.

트라우마 이전의 시대

최초의 문자 기록 사이에서 심리적 트라우마에 대한 언급이 나올 만한 작품은 호메로스Homeros가 트로이전쟁에 관해 쓴 서사시《일리아드Iliad》일 것이다. 이 시는 오랜 기간 구전으로 내려오다[1] 기원전 1000년경 처음 문자화되었다. 이 이야기는 많은 부분이 신화에 기반을 두는데, 그 뿌리는 그보다 수세기 전에 '트로이인'으로 알려진 히타이트인과 미케네인 사이에 실제 벌어진 전쟁이다.《일리아드》는 표현에 거침이 없다. 전투 장면이 매우 생생하고 자세하게 묘사되어 있다. 전사들은 부상당하고 불구가 되며 살육된다. 공포와 비통함, 두려움과 용기가 곳곳에서 읽힌다. 양측 모두 심각한 손상을 입고 처절하게 눈물을 흘린다. 미친 듯이 울부짖고 한탄한다. 적군이 아무리 가까이 있어도 병사들은 고문만큼 쓰라린 애도를 숨기려 하지 않는다.

심리학자 조너선 셰이Jonathan Shay는《일리아드》가 묘사한 전투 장면이 현대 베트남전쟁에서 '끔찍한 전투 경험'을 한 군인들의 이야기와 놀랄 만큼 비슷하다는 점을 발견했다.[2] 그렇지만 그도 지적했다시피 호메로스는 전쟁이 끝난 후 양측의 군인들이 느꼈을 심리적 트라우마에 대해서는 전혀 언급하지 않았다.[3] 애도의 감정은 묘사되어 있다. 전우를 잃은 군인의 비통함, 돌아오지 않는 친구와 가족에 대한 애도가 곳곳에 나타난다. 그러나 악몽이나 떠올리고 싶지 않은 기억 같은 전쟁 후의 트라우마 반응에 관해서는 전혀 언급하지 않았다.

역사책에는 오늘날 당연히 트라우마를 남겼을 것이라 생각되는 끔찍한 사건들을 다룬 내용이 많다. 그런데 역시나 '트라우마'나 '트라우마성' 같은 단어를 사용하지 않는다. 오늘날의 PTSD 비슷한 증상에 대한 묘사도 전혀 없다. 위험하거나 충격적인 사고가 오랫동안 정신적 고통을 유발할지도 모른다는 발상은 어디에서도 찾아볼 수 없다. 이러한 증상에 대한 묘사는 비교적 최근에 와서야 기록에 등장하기 시작한다.

심리적 트라우마를 비슷하게라도 다루는 역사적 작품은 얼마 되지 않는다. 그중에서도 가장 유명하면서 아마도 최초로 트라우마를 다룬 작품은 16세기경에 셰익스피어가 쓴 《헨리 4세 Henry IV》일 것이다. 한 짧은 구절에서 퍼시 부인이 전쟁으로 인한 악몽과 후유증으로 힘들어하는 남편의 정신상태를 걱정하는 장면이 묘사된다. 이를 순수한 PTSD 증상이라고 단정하기는 어렵다. 이 부분 외에는 어떤 장면에서도 이 문제가 다시 언급되지 않는다.

당사자가 직접 쓴, 비교적 덜 모호한 묘사는 17세기 영국 귀족

새뮤얼 피프스Samuel Pepys의 일기에 처음 나타난다. 피프스는 지성인이었으며, 찰스 2세와 막역한 사이였고 아이작 뉴턴Isaac Newton의 친구였다. 방대한 서적을 수집했을 뿐 아니라 여러 업적을 쌓으며 이름을 떨쳤다. 그러나 오늘날 그가 유명한 이유는 주로 그의 일기 때문이다. 사건 사고가 많았던 10여 년 동안 그는 자신의 생각과 활동, 친구들에 대한 관찰, 궁에서 일어난 일, 그날의 주요 사건 등을 일기에 충실히 기록하고 따로 보관했다.

그러니 다른 문서와 달리 그의 일기에만 트라우마 반응에 대한 기록이 남아 있는 것도 놀랍지 않다. 그는 일기를 공개하지 않았다. 고대 영어로, 그것도 속기로 암호화해서 일기를 적었으며 살아생전에는 한 번도 누군가에게 보여준 적이 없다. 그의 사후 그가 모은 엄청난 양의 서적이 일기와 함께 케임브리지대학교에 기증되었다. 일기는 이후 한 세기 이상 그곳에 그대로 있다가 마침내 발견되어 해독 후 출간되었다.

피프스의 일기에서 가장 중요한 내용은 1666년에 발생한 런던 대화재에 관한 것이다. 그는 한밤중에 멀리서 이글대는 불길의 기운에 잠이 깼으나 대수롭지 않게 생각하고 다시 잠들었다. 화재는 밤새 계속되며 집 수백 채를 태워버렸다. 이튿날 사실을 뒤늦게 알고 크게 충격받은 피프스는 우선 런던탑 전망대에 올랐다. 그 뒤로 배를 타고 다니며 피해 상황을 점검하고는 불길이 잦아들 기미가 보이지 않자 서둘러 궁에 들어가 이 사실을 알렸다.

비상 상황 동안, 피프스는 17세기 귀족이 겪을 법한 고생이란 고생은 다 겪었다. 잠은 거의 자지 않았으며 음식도 먹는 둥 마는 둥 했다. 모아둔 살림과 귀한 서적은 물론 금도 안전한 곳으로 옮겨야 했다. 살펴야 할 일이 산더미라 바쁘게 움직이는 와중에도 사업가이자 공무원으로서 화재 상황을 주기적으로 점검해야 했다. 가능하면 배를 이용했지만 주로 직접 걸어 다니면서 확인했다.

그는 이렇게 불평했다. "뜨거운 숯덩이 사이를 헤집고 걸어서 마을을 살피느라 발이 타는 것 같았다."

일기를 차분하게 써내려갔지만 대재앙 앞에서 느낀 절망감을 표현할 때는 가감이 없었다. 눈물을 흘리기도 하고 공포에 사로잡히기도 했다. 한번은 이렇게 적었다. "밤하늘이 온통 불꽃에 휩싸이니 정말 무서웠다. 불꽃이 우리를 향해 덤벼드는 것 같았고 하늘이 타버리는 것 같았다. 우리는 모두 어쩔 줄 몰라 하며 극도의 공포를 느꼈다."

장장 닷새에 걸쳐 타오르던 불길이 마침내 수그러들었지만 그의 기억은 사라지지 않았다. 불이 완전히 꺼진 날 밤 피프스는 "푹 잤는데도 가슴 한구석에는 여전히 화마에 대한 공포가 남아 있다"라고 적었다. 그로부터 몇 달이 지난 뒤에도 여전히 "거의 매일 밤 화재에 대한 공포에 시달리고 있으며 아직도 벗어나지 못하고 있다"[4]라고 적었다. 6개월이 지난 뒤에도 밤만 되면 화재 생각이 떠나지 않아 놀랍다고 기록했다. "정말 이상하게도 오늘날까지 화마의 공포에서 벗어나지 못하고 있다. 오늘도 새벽 2시까지 불안해서 잠을 이룰 수 없었다."[5]

트라우마를 찾아서

사실 피프스는 한 번도 '트라우마'라는 단어를 쓴 적이 없다.《옥스퍼드 영어사전Oxford English Dictionary》에 따르면 이 단어는 17세기부터 통용되기 시작했으나, 처음에는 의학에서 극심한 육체적 고통을 묘사할 때에 한해 사용했다. 육체적 트라우마라는 용례도 19세기 중반까지 거의 보이지 않는다. 산업혁명의 절정기인 19세기에는 심각한 부상을 야기하는 산업재해가 크게 늘었다. 당시 사고를 당한 환자들을 치료했던 의사들은 설명하기 어려운 이상한 증상을 종종 보고했다. 그러나 그때만 해도 이런 증상이 원인을 알 수 없는 신체적인 이유로 발생한다고 생각했다.

19세기 사람들의 트라우마에 대한 인식을 가장 잘 보여주는 사례는 덴마크의 외과 의사인 존 에릭 에릭센John Eric Erichsen이 발표한 '철도 척추railway spine'라는 개념이었다.[6] 당시 철도망이 서유럽 전체로 급속도로 퍼져나갔는데, 초창기 철도 교통은 한마디로 매우 형편없었다. 기차는 더럽고 시끄러웠으며 무엇보다 위험했다. 엄청난 사고가 자주 발생해도 승객을 보호할 만한 장치는 거의 없었다. 나무로 만든 객차는 조잡하고 안전장치도 없어서 사고가 나면 끔찍한 결과로 이어졌다.

경미하게라도 철도 사고를 겪은 사람들은 기억장애, 식욕감퇴, 악몽, 인지기능 저하, 불안감, 원인 모를 피로감과 초조함을 포함해 심리적인 증상을 의사에게 호소했다. 게다가 당황스럽게도 아무런 신체적 외상이 없는데도 이런 증상이 나타났다. 에릭센은 이에 관해 말도 안 되는 설명을 내놓았다. 척추에 미세한 병변, 곧 너무 작아 감지할 수 없는 찰과상이 발생했고, 이것이 뇌의 신호를 교란해 일상에서 느끼는 감정을 뒤죽박죽으로 만든다는 것이었다.

그의 주장을 두고 격렬한 논쟁이 벌어졌다. 하지만 에릭센이 일부 환자는 철도회사로부터 보상을 받아내기 위해 꾀병을 부리는 것일 수도 있다고 인정하는 바람에 회의적인 의학계를 설득하기는 더 어려워졌다. 우연의 일치인지 이때쯤 손해보험이 도입되기 시작했다.[7]

의사들의 의견이 무엇이건 점점 더 많은 사람이 이런 증상을 호소했다. 어떤 환자들은 유명한 신경외과 전문의인 헤르만 오펜하임Hermann Oppenheim이 있는 베를린의 병원으로 찾아가기도 했다. 오펜하임은 점차 이 증상의 원인이 단순한 육체적 상처가 아니라 개인에게 내재된 심리적 문제라고 생각하게 되었다. 1889년 그는 이런 내용을 담아《트라우마성 신경증Die Traumatischen Neurosen》을 출간했다.[8] 이 책은 학계에 큰 영향을 주지 못하고 사라졌고 전문가들 외에는 그의 주장을 기억하는 사람이 거의 없다. 그럼에도 오펜하임은 의학사에 발자취를 남겼다. 그의 책은 트라우마라는 단어를 순수하게 심리적인 증상을 설명하기 위해 사용한 최초의 사례다.

셸 쇼크의 등장

20세기로 들어오면서 심리적 트라우마에 관한 생각이 천천히 퍼져나갔다. 그러다 결정적 순간이 찾아왔다. 유럽이 1차 세계대전이라는 거대한 전쟁에 휘말린 것이다. 광범위한 지역에서 아무 의미 없는 죽음을 양산하는 참호전으로 대표되는 끔찍한 전쟁이었다. 사망자가 놀라울 만큼 많았다. 지옥 같은 전쟁터에서 살아 돌아온 병사들은 이상하게 변해 있었다. 전쟁 경험을 완전히 극복하지 못했으며 무엇이 자신을 괴롭히는지 제대로 설명하지 못했다.

1차 세계대전은 '셸 쇼크shell shock', 곧 전쟁신경증이라는 단어를 일상어휘로 만들었다. 이 용어는 명확하게 순수한 신체적 쇠약이 아닌 정신적 쇠약을 가리키면서도 용어 자체에 트라우마를 둘러싼 양면적 시선이 동시에 녹아 있다. '쇼크'는 강렬함을 표현하기도 하지만 짧은 시간만 존재한다는 뜻도 내포되어 있다. 다시 말해 시간이 지나면 병사들이 증상을 극복하리라 생각했다. 또 이 단어에는 모욕까지는 아니더라도 은근한 의심이 내포되어 있다. 이 증상의 진짜 원인은 무엇일까? 단지 허약해서일까? 더 나쁘게 표현하면 겁이 많거나 꾀병 때문이 아닐까?

고통을 견뎌낸 병사들에게 이런 의심은 몹시 가혹하다. 전쟁이 교착상태에 빠진 채 매서운 겨울을 나면서 전쟁신경증 사례가 수천 건 보고되었다. 그러나 참호라는 냉혹한 현실 앞에서 이들의 호소는 종종 무시되었다. 군은 정신적으로 문제가 있다고 토로하는 병사들의 말을 믿지 않고 무시했으며, 심한 경우 그런 병사들을 가혹하게 처벌했다. 수많은 병사가 비겁하다는 이유로 불명예스럽게 "새벽녘에 총살되었다". 몇몇은 탈영하거나 명령에 복종하지 않거나 명령을 따를 능력이 없었다. 그러나 대다수가 명백히 전쟁신경증을 겪고 있었다.

영국군의 이등병 스물다섯 살 헨리 파Henry Farr도 그들 중 한 명이었다. 그는 2년 내내 휴가 한 번 없이 지독한 참호전을 치렀으나 솜 전투가 시작되면서 다시 전선으로 가라는 명령을 받았다. 솜 전투는 1차 세계대전 중 가장 규모가 큰 만큼 많은 희생자를 낳았는데, 장장 5개월에 걸쳐 100만 명이 넘는 엄청난 사상자를 기록했다. 파는 지쳐 있었고 전선으로 복귀하기를 거부했다. 상관들이 가만히 놔둘 리 없었다. 그는 전투를 앞두고 비겁하게 행동한 죄로 기소되어 군법회의에 회부되었다. 어리석게도 파는 공판에서 스스로를 변호하기로 했다. 재판은 20분 만에 끝났고 그는 다음 날 바로 처형되었다.[9]

심리적 트라우마에 관한 연구가 시작된 지 거의 한 세기가 다 되어가는 오늘날의 시선에서 보자면 이런 조치는 매우 야만적이다. 군은 병사의 가족들에게도 부당한 대우를 했다. 지난 수십 년간, 당시 처형된 병사들의 친구와 가족들은 명예회복을 위해 투쟁했고, 전쟁이 끝난 지 거의 90년이 지난 2006년에야 병사들은 사면되었다.

헨리 파의 딸 거트루드는 할머니가 다 되어서야 아버지의 명예가 회복되는 것을 보고 이렇게 말했다.

"나는 항상 아버지가 최전방으로 복귀를 거부한 것은…… 전쟁신경증 때문이며, 아버지뿐 아니라 다른 병사들도 이로 인해 고통받았다고 주장해왔습니다."[10]

진짜 무서운 것

1918년 전쟁이 종료되자 유럽에서는 안도의 한숨이 터져나왔다. 1차 세계대전은 가장 많은 사상자를 낸 처참한 전쟁이었지만 사람들은 이제 전쟁신경증에서 벗어나 잠시 마음을 놓을 수 있으리라 생각했다. 하지만 전쟁신경증은 생각만큼 쉽게 사라지지 않았다.

놀랍게도 그 이유 중 하나는 시詩였다. 영국에서는 엘리트 청년층도 세계대전에 참전했는데 이 중에는 젊은 시인들도 포함되어 있었다. 그때까지만 해도 전쟁시는 애국심과 전우애, 조국을 위한 희생을 찬양하는 내용이 주를 이뤘다. 전쟁 초반, 신진 시인이었던 윌프레드 오언Wilfred Owen은 이런 분위기를 다음과 같이 표현했다.

> 사람들과 평화롭게 사는 게 편안하고 달콤하지만
> 형제를 위해 죽는 건 더 편안하고 달콤하다네.[11]

그러나 오언과 그의 시는 그가 영국군 장교로 입대하자 극적으로 달라진다. 7개월간 훈련을 받고 대륙으로 파병된 오언이 고향으로 보내는 편지는 처음에는 유쾌했으나 곧 현실이라는 벽에 부딪히고 만다. 유혈이 낭자한 솜의 최전선에 투입되고 나서 어머니에게 쓴 편지에서 오언은 공포심을 털어놓았다. "지난 나흘간 겪은 일들에 대해 변명의 여지 없이 어머니를 속였습니다. 저는 정말이지 지옥을 보았습니다."

어딜 가나 죽음과 파괴의 그림자가 드리워 있었다. 그러나 그를 가장 힘들게 했던 것은 "도처에 퍼진 흉측함"이었다. 오언은 다음과 같이 표현했다.

"기이한 경치, 불쾌한 목소리, 더러운 말, (나를 포함해 모두 악에 받쳐 내뱉는) 상스러운 욕, 부자연스럽게 파괴된 사물, 쭈그러든 시체, 대피호 앞에 버려진 시신들, 세상에서 가장 끔찍한 장면들밖에 없었다. 시에서는 전우와 같이 있는 걸 영광이라고 표현했지만, 밤이고 낮이고 꿈쩍 않고 떼를 지어 앉아 있는 시체들을 보면 '전우애'가 약해질 수밖에 없었다."

오언은 전초기지로 보내졌다. 그의 표현을 빌리면 "전선보다도 앞으로" 간 것이다. 그는 '무인지대'로 보내졌다. 전쟁 중인 두 진영이 철조망과 참호 사이에 둔 황량한 지역이었다.

그는 어머니에게 보낸 편지에 이렇게 적었다. "독일군이 우리가 온 걸 알고 몰아내려 했어요."

독일군은 계속 포격을 가했다. 자신들의 존재를 숨기기 위해 오언과 전우 스물다섯 명은 땅을 파내어 만든 대피호에 다닥다닥 붙어 있었다. 포탄 하나가 대피호 입구로 떨어져 출입구가 막혀버렸다. 다른 출구로 탈출하는 것도 불가능했으므로 포격이 멈출 때까지 기다리는 수밖에 없었는데, 대피호에 점점 물이 차오르기 시작했다. 훗날 오언은 다음과 같이 적었다.

"그 50시간이 내 인생에서 가장 힘든 시간이었다. 차오르는 물에 머리를 박고 죽고 싶을 정도로 힘들었다. 씻지도 못하고 군화도 벗지 못했으며 깊이 잠을 잘 수도 없었다. 언제 포탄이 떨어질지 몰라 꿈쩍할 수 없었다."

그때 오언이 누워 있는 곳 가까이에 포탄이 떨어졌다. 그는 붕 떠올라 대피호 밖으로 튕겨 나갔다. 운 좋게 "몸을 숨길 만한" 다른 구멍을 발견했고, 주위에 있던 양철지붕으로 몸을 덮었다. 동료인 휴버트 가우크로거Hubert Gaukroger 소위도 함께 튕겨 나갔지만 안타깝게도 그는 사망하고 말았다. 그는 반쯤 땅에 묻힌 채 오언 바로 옆에 누워 있었다.

오언은 며칠 동안 꼼짝도 못 하고 시체와 함께 있어야 했다. 다른 병사들이 마침내 그를 발견해 꺼내주었을 때, 그는 "얼이 빠져 있었으며 온몸을 떨면서 이상하게 행동했다".[12]

이 사건은 그를 한계까지 밀어붙였다.

뒷날 그는 이렇게 회고했다. "나를 미치게 만든 건 독일군도 포탄도 아니었다. 우리가 콕 로빈이라고 부르던 불쌍한 가우크로거 소위의 몸과 너무나 오래 같이 있었기 때문이다. 그는 내 곁뿐만 아니라 이곳저곳에 있었다. 무슨 말인지 알 것이다. 모르는 편이 낫겠지만."

전쟁터에 머무른 기간은 4개월에 불과했지만 그는 전쟁신경증 진단을 받고 스코틀랜드의 병원으로 후송되었다.

오언이 전쟁시를 쓴 것은 바로 그 병원에서였다. 이전에는 병사들의 전우애를 낭만적으로 그렸지만 새로 쓴 시에서는 지옥 같은 전쟁의 참상을 암울한 분위기로 표현했다. 죽은 병사가 손을 뻗어 자신을 데려가려고 한다거나 무자비한 얼굴로 나타나 그를 괴롭히는 등의 악몽을 묘사했다.[13]

오언은 전쟁 기간 내내 영국에 머무를 수도 있었으나 병가가 끝나자 자원해서 전선으로 돌아갔다. 그에게는 할 일이 있었다. 병사들의 경험을 기록으로 남겨야겠다는 사명감이 생긴 것이다.

그러나 안타깝게도 그의 복귀는 비극으로 끝났다. 종전을 고작 며칠을 앞두고 전사한 것이다. 그의 어머니는 휴전일에 아들의 전사 통지를 받았다.

오언의 시를 출판한 사람은 또 다른 위대한 시인 시그프리드 서순Siegfried Sassoon이었다. 이들은 불쾌한 현실을 있는 그대로 보여주는 사실주의적인 시와 병사들의 고통에 대한 전례 없는 연민으로 당대에 엄청난 영향을 끼친 것은 물론 오늘날까지 기억되고 있다.[14]

오언의 시는 감동적이었지만 대중적이지는 않았다. 그때나 지금이나 시는 상대적으로 정제되고 고급스러운 안목이 필요한 문학이다. 그러나 얼마 지나지 않아 전쟁의 고통을 좀 더 접근하기 쉬운 형태로 전해주는 형식의 작품이 등장했다. 1928년 에리히 마리아 레마르크Erich Maria Remarque가 그 유명한 《서부 전선 이상 없다All Quiet on the Western Front》를 발표한 것이다. 참호전의 심리적 고통과 참전용사들의 사회부적응을 실감나게 그린 이 소설은 출간하자마자 엄청난 베스트셀러가 되었다.

PTSD 발명하기

1차 세계대전으로 유럽은 황폐화되었다. 그러나 전후 영토 분배 과정에서 정치적 갈등이 극으로 치달으면서 20년도 되지 않아 또다시 전쟁에 휘말린다. 2차 세계대전은 이전보다 더욱 참혹했다. 기술의 발전으로 전술이 바뀌면서 고통도 다양해졌다. 또다시 심리적 사상자들의 속출이라는 반갑지 않은 문제를 피할 수 없었다.

2차 세계대전이 발발할 즈음 트라우마에 대한 인식에 어느 정도 발전이 있었다. 트라우마를 겪는 병사들을 더 이상 비겁한 사람이나 처벌할 대상으로 보지 않게 된 것은 다행이었다. 하지만 심리적 차원으로 관점이 전환하면서, 전쟁 트라우마를 내재된 심리적 나약함의 발현이라고 보아 신경증neurosis이라는 단어로 표현하는 경우가 많았다. 더욱 큰 문제는 트라우마를 휴식을 취하면 회복될 수 있는 일시적인 증상으로 생각했다는 점이다.

2차 세계대전 후 미국에서는 《정신질환 진단 및 통계 편람 Diagnostic and Statistical Manual of Mental Disorder, DSM》이 최초로 출간되었다. 오늘날 정신질환의 경전이라 불리는 DSM의 초판이다. DSM-I 에는 트라우마 진단에 준하는, 그 이름도 모호한 '총체적 스트레스 반응gross stress reaction'이라는 항목이 있다. 편람의 다른 질환과 마찬가지로 공식적인 진단 기준이나 증상에 관한 설명은 없었다. '총체적 스트레스 반응'은 과도기적이고 회복 가능하다는 특징만으로 다른 증상과 구분되었다. 편람에서는 이 증상이 지속되면 기존의 진단을 버리고 마음속 깊은 곳에 내재된 더 정확한 문제를 찾으라고 강력히 권고한다.

2차 세계대전은 장장 6년이나 계속되었고 전 세계가 다시 한번 무자비하게 파괴되었다. 미국은 전쟁 후반에 주요한 역할을 맡았고, 세계대전이 끝나자마자 1950년 한국전쟁을 시작으로 또 다른 전쟁에 휘말렸다. 곳곳에 심리적 부상의 사례가 넘쳐났다. 1968년에 발표된 두 번째 편람인 DSM-II에서는 '총체적 스트레스 반응'에서 '성인기 적응반응adjustment reaction to adult life'이라는 모호한 표현으로 진단명이 바뀌었을 뿐 별로 달라진 것은 없었다. 여전히 트라우마성 반응에 대한 공식 기준이 부족했고, 과도기적 질환이라는 꼬리표가 붙어 있었다.

1960년대와 1970년대에는 정치적·문화적으로 엄청난 변화가 일어났다. 트라우마를 보는 관점은 베트남전쟁과 TV로 인해 크게 바뀌었다. 절대 끝날 것 같지 않은 베트남전쟁을 두고 반대 여론이 들끓어올랐고, 시간이 갈수록 시위가 거세지고 정치적 갈등의 수위가 높아졌다. 이런 상황에서 대중의 관심은 전쟁 사상자에 집중되었다. 이에 더해 군인들의 고통과 전쟁의 참혹함이 저녁 뉴스를 통해 미국 가정의 안방에 그대로 전달되었다. 곧이어 귀국한 제대 군인들의 부적응이 심각한 사회문제로 대두되었다. 치료 전문가들은 어떻게 문제를 해결해야 할지 막막했다. 그들은 해결방안을 요구했고, 최소한 군인들의 증상에 대한 진단명이라도 알고 싶어했다.

그러다 전쟁이 끝나고 몇 해가 지난 1980년, 마침내 DSM-III가 출판되었고, 이때 처음으로 지속적이고 심리적인 트라우마성 반응의 진단 기준을 설정하고 이를 외상후스트레스장애PTSD라고 명명했다. 앞서 출판된 편람들과 확연히 달랐다. PTSD 진단에는 증상이 일시적이고 회복 가능하다는 전제가 사라졌으며, 심리적

허약함이나 비겁함을 원인으로 꼽지도 않았다. 그보다는 PTSD를 누구나 고통스러워할 만한 끔찍한 경험에 반응하며 생겨나는 질병이라고 봤다.

PTSD의 증상은 몇 가지 하위범주로 나뉘는데 그중 가장 두드러지는 증상은 침투적 기억intrusive memory이다. 이는 본인도 모르는 사이에 갑자기 충격적인 사건의 사소한 부분까지 기억날 정도로 반복해서 떠오르는 불쾌한 기억을 말한다. 피프스를 계속해서 괴롭히던 런던대화재의 기억처럼, 침투적 기억은 생생한 꿈이나 악몽의 형태로 나타난다. 그러나 침투적 기억은 일상생활을 하는 중에 끼어들 때 가장 문제가 된다. 트라우마 상황이 처음부터 다시 재현되는 게 아닌가 하는 착각이 들 정도로 너무나 갑작스럽고 생생하게 떠오르기 때문이다. 일반적으로 이런 현상을 영화에서 '회상 장면'을 일컫는 말인 '플래시백'이라 부른다. 그만큼 생생하고 당혹스럽기 때문이다.

침투적 기억은 평상시 같으면 아무런 해도 끼치지 않을 말이나 소리, 이미지가 단서가 되어 갑작스레 떠오를 수 있으며, 일단 시작되면 매우 통제하기 어렵다. 신경과학적으로 설명하자면 침투적 기억은 '공포 표현을 조절하는 맥락정보contextual information 파악 능력이 전반적으로 감소'했기 때문에 발생한다.[15] 더 쉽게 말하면 본래 트라우마와 아무 관계가 없는 안전한 상황, 예를 들어 집이나 레스토랑에서 의자에 앉아 있다든가 조용한 거리를 산책할 때에도 갑자기 생생한 기억이 물밀듯이 떠오르는 것이다. 그 기억이 주위 환경에 대한 맥락정보를 압도하기 때문에 과거가 마치 현재 상황처럼 느껴진다. PTSD 환자들은 원치 않는 기억이 떠오르는 것을 막기 위해 사건을 떠오르게 할 만한 사람이나 장소를 피하지만, 큰 효과는 없다.

언제 어떻게 그 기억이 떠오를지는 알 수 없다. 이 때문에 환자는 곧 위험이 닥칠 것처럼 항상 '방어 태세'를 유지하는 과각성 상태에 빠지게 된다. 증상의 발현을 피하려 할수록 침투와 회피가 반복적으로 나타나면서 악순환에 시달린다.

당연히 PTSD 환자들은 기진맥진해져서 쉽게 짜증을 내고, 점점 집중하기 어려워한다. 아무리 잠을 자도 기력이 회복되지 않고 늘 불안감, 공포, 죄의식, 분노, 단절감, 소외감, 공허감에 시달린다.

임의적이고 확장되는 진단

PTSD 진단이 생겨나자 다양한 활동이 시작됐다. 현장의 최전선에서 활동해온 정신의학 전문가들은 오래도록 심리적 트라우마가 실재한다고 주장해왔고, 마침내 이를 공식적으로 인정받았다. 전문가들은 곧장 새로운 치료 프로그램을 개발했다. PTSD를 진단하고 증상과 변화를 추적할 수 있는 측정 수단도 신속하게 만들어졌다.

그런데 처음부터 근본적인 문제가 있었다. 우선 PTSD 진단은 다른 내과 질환 모델에 기반을 두고 있었다. 신체적 질병은 전염성 세균이나 유전적 기형 같은 생리적 문제에서 발생하며, 뇌 스캔이나 혈액검사 같은 물리적 검사를 통해 알 수 있다. 질병의 증상은 생물학적 원인으로 발생하므로 증상을 보면 질병을 알 수 있다. 그런데 심리적 문제는 이런 질병 모델이 적용되기 어렵다. PTSD를 포함한 대부분의 정신질환은 병원체나 생물학적 사건같이 뚜렷한 원인을 따지기 어렵고 물리적 검사도 할 수 없다. 심각한 트라우마는 외부의 충격적인 사건에 대한 심리적 반응으로 생긴다. PTSD가 발병하기 쉬운 신체적 취약성이 있을 수는 있겠지만, 이 질환이 왜 그리고 어떻게 발생하는지를 설명하는 명확한 물리적 원인은 없다.[16]

PTSD의 질병 모델은 사람들에게는 질환이 있거나 없거나 둘 중 하나라는 본질주의자들의 가정을 충실히 따른다. 그 중간은 없다. 하지만 잠재적 트라우마 사건에 대한 사람들의 반응을 포함한 심리적 문제는 깔끔하게 범주화하기 어렵다. 범주야 만들려면 쉽게 만들 수 있다. 하지만 범주를 만든다고 해서 실제로 존재한다는 뜻은 아니다. 예를 들어 우리는 사람을 청년, 중년, 노년 등으로 구분하지만 나이 자체에 어떤 범주가 있지는 않다. 나이란 그저 늘어나는 숫자일 따름이다. PTSD 증상도 마찬가지다. 잠재적 트라우마 사건에 노출된 사람에게는 여러 가지 증상이 나타난다. 단지 몇 가지 증상만 나타나는 사람도 있고 이것저것 많이 나타나는 사람도 있으며 거의 모든 증상이 나타나는 사람도 있다. 이런 증상들은 하나의 연속체로 보는 것이 가장 합리적이다. 통계적으로 분석했을 때 일관성 있는 원칙도 없고, 증상이 나타날 때와 나타나지 않을 때를 명확히 구분할 만한 범주도 찾을 수 없다. 사실 거의 모든 정신질환이 마찬가지다.[17]

이런 문제가 발생하는 이유 중 하나는 정신질환이라는 것이 경험으로부터 도출되는 것이 아니라 위원회에서 만들어지기 때문이다. 다시 말해 전문가 집단이 수개월에서 수년간 논쟁과 토론을 통해 어떤 질환은 이러한 증상을 보여야 한다는 의견이 일치해야 만들어진다. 그 과정은 때로는 복잡다단하며, 의견일치보다는 여러 학파 간 협상의 결과에 가깝다. 따라서 매우 복잡하고 다양한 진단이 나올 수 있다. 다양한 하위범주를 포함하는 PTSD 진단은 가장 복잡하고 다차원적인 진단 중 하나다. 몇 년 전 동료 아이작 갈라체르레비Isaac Galatzer-Levy와 리처드 브라이언트Richard Bryant는 PTSD로 진단받을 수 있는 모든 증상의 조합을 검토했다. 초기 진단 기준에 따르면 가능한 조합의 수가 8만여 개였으나 현재는 무려 63만 6,120개까지 늘어났다. 말 그대로 63만 6,120명의 환자가 서로 다른 증상을 가지고 있어도 똑같이 PTSD로 진단받을 수 있다는 뜻이다.[18]

골치 아픈 개념 문제는 제쳐놓는다고 하더라도 PTSD 진단에는 여전히 문제가 남아 있다. 바로 PTSD 진단법이 널리 알려졌지만 누가 그 질환을 앓고 있거나 발병 가능성이 있는지를 꼭 짚어 이야기하기 어렵다는 것이다. 이 문제는 PTSD로 진단하려면 환자가 이전에 잠재적 트라우마 사건을 경험해야 한다는 조건과 관계가 있다. 본래 1980년대에는 PTSD 진단에서 트라우마의 범위를 의도적으로 좁게 설정해 '통상적인 인간의 경험 범위를 벗어나며 모든 사람에게 고통을 주는' 사건에 국한했다. 그러나 점차 PTSD 진단이 보편화되면서 의사들은 놓치는 사례가 있음을 깨달았다. 정신과 전문의들은 PTSD 진단 범위가 너무 좁다며 실제 환자들은 훨씬 많을 뿐 아니라 트라우마에 대한 반응도 천차만별이라고 주장했다. 어떤 사람에게는 그저 까다롭고 불편할 수 있는 상황이 다른 사람에게는 진단을 받고 치료해야 하는 트라우마 상황일 수 있다는 것이다.

결국 이 주장이 결실을 맺어 그다음에 출판된 DSM에는 트라우마 사건에 대한 정의가 고통을 줄 가능성이 있는 거의 모든 경험으로 확장된다. 이로 인해 더욱 많은 환자가 PTSD 진단을 받게 되었지만 동시에 오늘날까지도 논쟁을 불러일으키는 매우 골치 아픈 문제가 생겼다. 주관성이 개입되다 보니 진단 기준이 모호해져 극도로 불쾌한 모든 것을 트라우마로 정의할 수 있게 된 것이다.[19]

PTSD로 넘쳐나는 시대

모든 사람이 진단 범위를 넓히는 일에 찬성하지는 않았다. 권위 있는 학술지 《연간 심리학 리뷰Annual Review of Psychology》의 트라우마 항목에서 심리학자 리처드 맥널리Richard McNally는 이를 두고 '개념의 브래킷 크리프conceptual bracket creep'(브래킷 크리프는 물가 상승에 따른 명목소득 증가로 의도치 않게 세금이 증가하는 것을 말함-옮긴이)라고 비난했다.[20] 트라우마 전문가인 제럴드 로즌Gerald Rosen은 진단 기준이 확대됨에 따라 미래의 트라우마에 대한 예상조차 PTSD로 진단받을 수 있다면 이는 개념적으로 '외상전스트레스장애

pretraumatic stress disorder'를 새로 만든 것이나 마찬가지이니 PTSD 진단이 무의미해졌다고 불평했다.[21]

그러나 진단 범위의 지속적인 확장은 학문적 또는 임상적 문제 이상의 의미가 있으며, 병원을 벗어나 우리의 일상생활에까지 파장을 미쳤다. 처음으로 인류는 공개적으로 PTSD에 관해 이야기하기 시작했다. 미디어와 신문은 마음속에서 전쟁을 지울 수 없었던 병사들의 소름 끼칠 정도로 생생한 이야기를 여러 번 다루었다. 또한 가해자에 대한 기억으로 공포에 질린 폭력 피해자, 폭풍이 최고조에 이르렀을 때의 기억을 잊지 못하는 허리케인 이재민, 타이어가 밀리는 소리와 번쩍이는 경광등 불빛으로 고통받는 교통사고 환자들에 대해서도 자주 다루었다.

이런 이야기를 무시할 수 있는 사람은 거의 없다. 인류는 위협을 감지하고 반응하도록 설계되었으므로 이런 이야기를 들으면 생물학적 본능에 따라 귀를 기울이게 된다. 자연사박물관에서 본 선조들처럼 벗은 채로 돌아다니지는 않지만, 여러 면에서 우리는 그들과 크게 다르지 않다. 긴장을 풀고 물 한 모금을 마시려 하지만 포식자들이 저 멀리에 숨어서 우리를 노리고 있다. 물론 오늘날 환경은 과거만큼 위험하지 않다. 하지만 여전히 우리는 취약하며 이 사실을 잘 알고 있다. 끔찍한 부상이나 폭력, 재난 등의 무시무시한 사건은 언제라도 발생할 수 있으며 실제로 발생하고 있다. 아무리 보수적으로 봐도 일생 중 적어도 한 번은 그런 사고를 경험하며 그보다 더 많이 경험하기도 한다.[22] PTSD로 고생하는 사람들의 이야기가 이를 입증해주며, 도처에 깔린 위험에 경계를 늦추는 순간 어떤 일이 일어날 수 있는지 경고한다.

　PTSD에 관심이 과도하게 집중되면서 우리는 심하게 과잉치료되고 있다. 새뮤얼 피프스가 살던 시대에는 수치감과 당혹감 때문에 개인 일기장에 암호로 적으며 쉬쉬하던 질병이 지금은 21세기를 상징하는 사이렌의 노래가 되었다. 사람들은 더 이상 트라우마를 숨기지 않는다. TV 드라마나 온라인 게임 제목에 당당하게 들어가기도 하며[23] 웹페이지와 블로그의 주제가 되기도 한다.[24] 전문기관이나 학술지의 이름에도 들어간다. '트라우마'라는 단어는 우리 생활의 한 부분이 되었으며 점점 존재감이 커져간다. 저널리스트 데이비드 모리스David Morris는 트라우마가 마치 "자기만 남을 때까지 끝없이 복제하며 퍼져나가는 바이러스처럼 행동한다"라고 꼬집었다.[25] 과격한 표현이기는 하다. 그렇다면 진실은 무엇인가? 이렇게 도처에 PTSD가 넘치는데, 회복탄력성은 무엇이고 어디에 있다는 말인가?

2장
회복탄력성을 찾아서

다른 접근법으로 계속 연구해도 같은 패턴들이 뚜렷이 나타났다. 만성적 증상 패턴, 점진적 회복 패턴, 회복탄력성 패턴, 이렇게 셋이었다.

애초에 회복탄력성이라는 개념은 잠재적 트라우마 사건과 거리가 멀었다. 끔찍한 자동차 사고나 심각한 폭력, 심지어 전쟁의 사상자와도 관계가 없었다. 사람에 관한 일조차 아니었다.

그건 바로 나무와 관계된 개념이었다.

1970년대 초, 환경생태학자인 크로퍼드 스탠리 '버즈' 홀링 Crawford Stanley 'Buzz' Holling이 처음으로 이 단어를 사용해 숲과 생태계가 끊임없이 생존의 위협을 받으면서도 오랜 기간 살아남는 현상을 설명했다.[1] 그는 삼림 같은 생태계도 산불이나 갑작스러운 병해충의 증가처럼 예측 불가능한 재해로 고통받는다고 주장했다. 이렇게 마구잡이로 발생하는 사건들은 숲의 규모와 상태에 영향을 끼친다. 그러나 비록 불안정하게 보일지라도 그 불안정성 역시 숲이 생존하는 방식 중 하나다. 예를 들어 산불은 숲의 밀도와 다양성을 감소시킬 수 있지만 장기적으로 보면 여러 가지 장점이 있다. 지반의 덤불을 제거해 어린나무가 햇빛과 수분을 더 잘 흡수할 수 있게 한다. 새로운 식물이 자라면서 동물과 익충의 먹이도 풍부해진다. 또한 화재는 토지에 영양분을 공급해서 질병이나 해충을 박멸한다. 어떤 나무는 번식주기에 맞춰 산불에 의존하도록 진화하기도 했다.

홀링이 숲의 회복탄력성에 관한 논문을 쓰기 시작하고 얼마 지나지 않아 어린이의 성장을 다룬 글에서 이 개념이 보이기 시작했다.[2] 궁핍한 어린이들의 복지에 관심을 기울이던 학자와 연구원들은 연구를 통해 놀랄 만큼 많은 가난한 어린이가 어려운 환경을 극복하고 정상적이고 건강한 삶을 유지한다는 사실을 알게 되었다.

초기에 인간의 회복탄력성을 연구하던 학자들은 빈곤이나 만성적인 학대 및 결핍처럼 성장에 방해가 되는 요소들을 주요 연구 대상으로 삼았다.[3] 이런 종류의 문제를 연구하려면 반드시 오랜 기간 관찰이 필요하다. 예를 들어 경제적 자원이 부족하면 가난을 대물림하게 마련이다.[4] 가난해서 제대로 먹지 못하면 학교를 중퇴하고 행실에 문제가 생기며 이로 인해 빈곤이 반복되는 악순환이 생긴다. 이와 유사하게 학대받은 아동은 세상을 왜곡해서 보게 되고 자신감과 신뢰성에도 문제가 생긴다. 이는 사회로부터 격리되거나 폭력적이고 무모한 행동을 반복해 말년에 더욱 자신을 학대하고 희생하는 결과를 낳는다.[5]

학자들은 어린이들이 이런 악조건하에서도 매우 강한 회복탄력성을 가지고 있다는 점을 발견했다. 상당히 많은 빈곤층 어린이가 모범적으로 단계를 밟아가며 성장했다. 성인이 되어서도 건전한 사회관계를 형성하고 자신의 직업이나 사회의 다른 분야에서 정상적인 역할을 수행했다.[6]

이는 매우 놀라운 사실이었고 당연히 언론의 주목을 받았다. 곧이어 '굴하지 않고' '상처받지 않는' 어린이 또는 보기 드문 '슈퍼 키드super kind'에 대한 특집기사가 쏟아지기 시작했다.[7] 어려움을 극복한 사람은 누구나 최고의 찬사를 받을 자격이 있다. 하지만 어린이들에게 이런 용어를 쓰는 것은 크게 잘못된 일이다. 악조건을 극복한 어린이라 하더라도 때로 실패하고 상처도 받으며 당연히 슈퍼키드도 아니다. 그리고 그렇게 보기 드물지도 않았다.

초기 연구자 중 한 명인 앤 매스튼Ann Masten의 설명이 이를 가장 잘 보여준다. "역경을 이겨낸 어린이들에 관한 연구에서 나타난 가장 놀라운 점은 그들의 '평범함'이다."[8] 어린이가 고난에 잘 적응하는 현상을 두고 매스튼은 '평범한 마술ordinary magic'[9]이라는 시적 용어를 만들어냈다. 물론 모든 어린이가 고난을 잘 이겨내지는 않는다. 그러나 매스튼과 다른 학자들이 지적했듯이 사람들이 생각하는 것보다 훨씬 많은 어린이가 잘 적응한다.

극복할 수 없는 사건들

빈곤층 어린이에 관한 연구는 인간의 마음이 어려운 환경을 극복할 수 있다는 강력한 증거다. 그러나 일상생활 중에 발생하는 더 심각한 사건, 일회성이지만 잠재적으로 트라우마를 유발할 수 있는 사건의 경우는 어떨까? 어린이가 만성적인 결핍에도 불구하고 잘 성장한다는 증거는 많이 축적되어 있지만 이상하게도 잠재적 트라우마 사건 이후의 회복에 관한 연구는 별로 없다. 인간의 발달을 연구하는 전문가를 포함한 거의 대부분의 사람은 인간의 생명을 위협하는 충격적인 사건은 그 자체로 별도의 영역이라고 생각했다.

전문가들은 "극도의 위험이나 재앙을 겪은 다음에는 누구도 고도의 심리적 평정심이나 통제력을 유지할 수 없다"라는 결론을 내렸다. 다시 말해 '트라우마 사건'은 그 정의에 따르면 '사람이 극복할 수 없는 사건'이다.[10]

이런 사고방식에는 어떤 의심도 개입할 여지가 없었다. 극심한 정신적 충격을 받았을 때 우리가 할 수 있는 일이라고는 심한 고통 끝에 몸이 정상으로 돌아오듯 점진적으로 회복되기를 바라는 일뿐이다.[11] 실제로 1980년대와 1990년대에 전문가들은 잠재적 트라우마 사건을 겪은 다음 가장 좋은 결과를 묘사할 때 '치유로서의 회복탄력성resilience as recovery'이라는 표현을 자주 사용했다. 아직도 일부 전문가들은 이 표현을 사용한다.[12]

대다수 사람들이 생각하는 것처럼 심각한 트라우마가 반드시 극심한 고통을 유발한다면, 잠재적 트라우마 사건을 겪고 난 사람들에게서 회복탄력성을 애써 찾아볼 이유가 있겠는가? 어린 시절이든 어른이 된 뒤든 이런 사건을 연구했던 학자들에게 회복탄력성은 관심 밖이었다. 이들의 관심은 오로지 트라우마의 장기적인 영향이었다. 아마도 바로 이런 이유 때문에 잠재적 트라우마 사건 뒤의 회복탄력성에 관한 최초의 증거는 그런 사건 자체에 대한 연구에서 나오지 않았다. 오히려 내가 진행했던 애도와 상실에 관한 연구에서 그 최초의 증거를 찾을 수 있다.

사별 연구: 애도의 패턴

1990년대 초 샌프란시스코에 있는 캘리포니아대학교에서 박사후 연구원으로 있을 때 나는 사별을 주제로 연구를 시작했다. 당시에는 애도에 관한 일반적인 관점이 트라우마에 대한 생각과 놀라울 만큼 똑같았다. 모든 기관과 사람이 정신병리학에 몰두하는 듯했다. 트라우마 이론가들이 PTSD의 발생을 예상하듯, 사별을 연구하는 학자들은 거의 이구동성으로 사랑하는 사람의 죽음이 장기간에 걸친 고통과 애도를 초래한다고 생각했다. 또한 트라우마 전문가와 마찬가지로 사별 전문가들은 몹시 고통스럽지만 점진적으로 회복하는 일이 기대할 수 있는 최선의 결과라고 생각했다.

나는 사별에 대해 잘 몰랐다. 이를 연구하게 된 계기는 나의 책 《슬픔의 이면The Other Side of Sadness》에 나와 있다.[13] 나는 의문이 가득했다. 어떻게 그렇게 비관적인 시나리오가 가능하지? 사랑하는 사람을 떠나보내는 일은 의심할 여지 없이 고통스럽다. 어떤 사람들은 사별 후 상당 기간 충격에서 헤어나지 못하기도 한다. 그러나 대부분의 사람이 사랑하는 이의 죽음으로 황폐해진다는 이론은 이해할 수 없었다. 정말 그렇다면 어떻게 인류가 지금까지 살아올 수 있었겠는가?

당시에는 사별에 대한 여러 가지 반응에 관해 확실한 연구 결과가 없었기 때문에 더욱 이해가 안 되었다. 모든 연구의 초점은 사별 뒤 오랫동안 애도 반응을 겪는 사람들에게만 맞춰졌다. 오직 이런 사람들만 연구하다 보니 상대적으로 빨리 적응한 경우를 포함하여 다른 사람들의 애도란 어떤 것인지는 거의 알 수 없었다. 상실을 잘 극복한 사람들에 관한 이해가 없다면 극심한 고통을 겪는 사람은 어떻게 이해할 수 있을까?

그때는 내가 사별에 관한 연구를 시작한 지 얼마 되지 않은 때였다. 나는 어렸고 별로 알려지지 않았으며 학계에 영향력도 없었다. 그러나 잘 알려진 몇몇 심리학자는 벌써 비슷한 우려를 쏟아내고 있었다.[14]

의문점을 확인할 때라는 생각이 들었다. 동료들과 함께 첫 연구를 몇 년간 진행했다. 연구 결과는 상실에 대한 일반적인 통념과는 정면으로 배치되었다. 우리가 조사한 사별한 사람들에게는 분명히 회복탄력성이 있었다. 그러나 어떤 사람들은 사별 뒤 몇 년간 지속적으로 심각한 수준의 애도와 우울증에 시달리기도 했다. 또한 당연한 일이지만 다양한 종류의 회복 패턴을 보이는 사람들도 있었다. 그러나 우리가 추적한 사람들 중 상당수는 심지어 사별한 뒤 처음 몇 달 사이에도 애도나 우울증 증상이 거의 없다시피 했으며 이후에도 마찬가지였다.

이 현상은 발달심리학자들이 말하는 이른바 '치유로서의 회복탄력성' 패턴이 아니다. 단순하고 명료한 그냥 회복탄력성이다. 물론 그 과정은 고통스럽고 슬프다. 또한 마음속에 갈등도 생긴다. 소중한 사람이 죽었으니 당연히 고통이 있다. 그러나 우리가 관찰한 사람들은 비교적 빨리 고통을 이겨내고 그들에게 닥치는 일상의 문제에 정면으로 부딪쳤다. 인터뷰를 하면서 그들의 생리적 반응과 표정, 그리고 정서적 반응을 관리하는 방식에서 이를 느낄 수 있었다.

애도에 관한 회복탄력성은 새로운 발상이었기 때문에 우리 연구진은 실수가 없도록 확실히 하고 싶었다. 그래서 애도 치료 전문가들에게 부탁해 그들의 개인 치료실에서 새로운 환자를 진단할 때 사용하는 방식으로 실험 참가자들을 평가하도록 했다. 이들에게 우리가 가진 참가자의 데이터나 조사 결과를 주지 않았음에도 전문가의 평가 결과는 우리의 결과와 일치했다. 이로써 참가자들에게 명확히 회복탄력성이 있음을 다시 한번 입증할 수 있었다.[15]

많은 사별 전문가가 처음에는 나의 주장에 회의적이었으며, 심지어 내 동료들조차 우리의 발견을 우연의 일치로 치부했다. 그러나 다른 접근법으로 계속 연구해도 같은 패턴들이 뚜렷이 나타났다. 만성적 증상 패턴, 점진적 회복 패턴, 회복탄력성 패턴 이렇게 셋이었다.[16]

얼마 뒤 나는 뉴욕에 있는 컬럼비아대학교 교육대학원의 교수 자리를 얻었다. 계속해서 슬픔에 관해 연구하기는 했지만 트라우마 반응을 더 연구해보고 싶은 생각이 들었다. 경력 초기에 나는 박사과정의 일환으로 PTSD를 겪고 있는 제대 군인을 대상으로 한 임상실험에 1년간 참여한 적이 있다. 그런데 이 군인들은 PTSD 진단을 받았음에도 겉으로는 전혀 증상이 보이지 않았다. 당시에는 이를 어떻게 받아들여야 할지 몰랐다. 연구직을 시작한 지 얼마 되지 않았기 때문에 이를 마음 한구석에 묻어놓고 지나갔다. 그러나 거의 10년이 지나 뉴욕에서 그때의 기억이 다시 떠올랐다. 이제는 사별을 겪은 사람들의 회복에 관한 데이터가 많이 축적되어 있었다. 자연재해나 폭행처럼 분명히 트라우마를 유발할 것 같은 사건의 피해자를 조사해도 같은 결과가 나올까? 분명히 그럴 것이라는 예감이 강하게 들었다.

그렇다면 어디에서부터 시작해야 할까? 이미 다양한 종류의 트라우마에 관한 연구논문을 발표하기는 했지만 어디까지나 공동작업이었다. 나만의 데이터가 필요했다. 그런데 어디에서 트라우마를 찾지? 고민하고 있을 때 트라우마가 나를 찾아왔다.

세상이 무너지던 날: 테러 이후

9·11테러는 전 세계에 충격을 안겼다. 거의 모든 사람이 엄청난 후유증이 있으리라 예상했다. 비극적인 보도사진과 이야기가 언론에 넘쳐나기도 했지만 테러 사건 자체의 충격이 워낙 컸던 터라 엄청난 수준의 PTSD 환자들이 발생할 것으로 예상됐다. 뉴욕시 보건국장은 "공공 정신건강의 위기"가 올 수 있다고 예측하기도 했다. 위기대응 긴급전화는 "홍수"처럼 밀려들 구조요청에 대비하기 시작했다. 뉴욕시 공무원들은 미국 전역의 트라우마 전문가들과 협의를 거쳐 "자원봉사 치료사들에 대한 교육을 준비하기 시작했다". 그렇다고 해서 뉴욕시가 그 전에는 전혀 준비되어 있지 않았다는 뜻은 아니다. 《뉴욕타임스 New York Times》는 "뉴욕은 이미 단위면적당 가장 많은 심리치료사와 정신보건 기관이 있으며 국제적으로 저명한 트라우마 전문가들이 각 지역의 대학에서 심리치료 전문가

들을 양성하고 있었다. 또한 뉴욕시 공무원들은 1993년에 발생한 세계무역센터 폭탄 테러와 1996년에 발생한 트랜스월드항공 800편 추락사고에서 얻은 교훈 덕분에 거대한 혼란에 신속하게 동원되고 창의적으로 사고할 수 있었다"라는 기사를 실었다. 그럼에도 뉴욕시는 "트라우마에 휩싸인 지역사회"와 "급증할 도움 요청"에 어떻게 대처해야 할지 자신이 없었다.[17]

9·11테러 직후 발행된 대중 과학잡지 《사이언티픽 아메리칸 Scientific American》은 기사에서 미국 전역에서 불안 관련 정신질환이 급증할 것이며 특히 뉴욕에서 이 현상이 두드러지리라고 예측했다.[18] 또한 뉴욕시민들이 겪은 끔찍한 트라우마로 말미암아 PTSD 고위험군의 수가 크게 늘어날 것이라 예상했다. 실제로 보건당국은 "테러로 인한 정신적 충격"이 너무나 커서 "자신의 정신적 문제를 알아서 해결하던 사람들조차 전문가의 도움을 구할 것으로 예상했다".[19] 연방재난관리청FEMA 역시 마찬가지 상황을 예상했다. 테러 공격이 있은 뒤 FEMA는 수억 달러의 정신건강 구호기금을 뉴욕시에 배정해서 도움을 요청하는 사람 누구에게나 무료상담을 해주도록 했다.

이처럼 PTSD 환자가 급증하리라고 예상한 이유는 9·11테러 자체에 매우 잔인하고 계획적인 폭력성이 내포되어 있기 때문이다. 그래서 어느 전문가는 "비행기가 심한 안개로 항로를 이탈해 무역센터와 부딪히는 사고도 그 자체로 매우 충격적이겠지만, 어떤 사람 또는 어떤 단체가 무역센터 안의 사람들을 죽이려고 비행기를 충돌시킨 사고보다는 덜 충격적일 것이다"라고 말했다.[20] 시간이 흐르면서 9·11테러를 직접 겪은 사람들은 사고가 우연히 발생한 것이 아니라는 냉혹한 현실을 알게 된다. 다시 말해 고의적이고 잔인한 테러 행위였음을 깨닫게 된다. 이런 상황에서는 누가 PTSD 증상을 보여도 전혀 이상하지 않았다.

그렇다면 테러를 겪은 사람은 모두 PTSD 증상을 보였을까? PTSD 증상은 불가피했을까? 당시 거의 모든 관계자는 그렇다고 대답했다. 조심스러운 태도를 보이던 사람들조차 PTSD 발생 가능성을 매우 높게 예상했다.

몇몇 PTSD 증상이 있다는 것의 의미

초기 조사는 이런 예측이 맞았음을 확인시켜주었다. 랜드연구소는 테러 발생 3일 뒤에 미국 전역의 시민을 대상으로 표본조사를 실시했다.[21] 응답자 중 거의 절반에 가까운 44퍼센트가 하나 또는 그 이상의 극심한 스트레스 반응을 보였으며 이 결과는 당시 언론에 대서특필되었다. 특히 뉴욕에서 160킬로미터 이내에 거주하는 시민들이 무려 61퍼센트에 달하는 높은 수치를 기록했다. 랜드연구소는 조사방법이 엄격하기로 정평이 난 기관이라 최초의 설문조사 결과 발표에 엄청나게 신중을 기울였다. 예를 들어 랜드연구소는 대부분의 트라우마 연구보고서가 증상의 수가 아닌 질환의 발병률만 보고한다는 점에 주목했다. 증상의 수에 대한 비교 데이터가 없다면 환자가 하나 또는 그 이상의 극심한 스트레스 반응을 보인다는 것이 실제로 무엇을 의미하는지 알기 어렵다. 그럼에도 연구진은 조사 결과를 충분히 확신하고 있었기 때문에 보고서 말미에 이렇게 결론을 내린다. "최근의 테러 공격으로 인한 시민들의 심리적 충격은 단기간에 사라질 것 같지 않다."

    얼마 지나지 않아 랜드연구소의 조사 결과를 뒷받침하는 데이터들이 나오기 시작했다. 그중 가장 면밀하게 준비된 보고서는 뉴욕의학학회의 산드로 갈레아Sandro Galea 교수 연구진이 발표한 것으로, 테러 발생 후 5~8주 사이에 맨해튼 주민들만을 대상으로 조사했다. 뉴욕은 인종적으로나 문화적으로 극도로 다양화된 도시이므로 특히 신경 써서 대표표본을 조사했다. 이들의 연구 결과는 랜드연구소의 보고서와 비슷했다. 약 58퍼센트에 이르는 맨해튼 주민이 하나 또는 그 이상의 PTSD 증상으로 고통받고 있었다.[22]

    증상의 수는 그렇다 치고 실제로는 얼마나 많은 사람에게서 질환이 발생했을까? 여기부터 이야기가 좀 더 복잡해진다. 맨해튼 주민의 7.5퍼센트만이 PTSD 진단기준을 충족했다. 무역센터 빌딩과 가까웠던 캐널스트리트 남쪽 지역 주민들의 경우는 발병률이 높아 20퍼센트에 가까웠다. 비행기가 무역센터를 충격했을 때 그 건물 안에 있던 사람들처럼 직접적인 영향을 받은 경우 발병률은 더욱 높아 30퍼센트에 육박했다.[23]

    30퍼센트는 매우 높은 비율이다. 9·11테러가 발생한 지 겨우 한 달이 지났을 뿐인데 직접적인 영향을 받은 사람들의 3분의 1이 PTSD 진단기준을 완벽하게 충족했던 것이다. 최악의 예상이 현실로 나타나는 것 같았다.

그런데 이런 숫자들은 반대로 해석할 가능성도 있었다. 살아남은 사람 중 PTSD 증상이 없는 사람도 많았다. 사실상 미국 역사상 가장 끔찍한 테러 사건에 직접 노출된 사람 중 대다수는 아직 그 어떤 증상도 보이지 않고 있었다. 그렇지만 아직 초기 단계였기 때문에 증상자 수가 계속해서 늘어날 것으로 예측하는 전문가가 많았다.

그런데 바로 그때 놀랍게도 발병률이 갑자기 떨어졌다. 갈레아 교수 연구진이 테러 발생 6개월 뒤에 다시 조사해보니 맨해튼 주민의 PTSD 발병률은 최초 7.5퍼센트에서 1퍼센트 미만으로 감소했다.[24] 직접적으로 테러의 영향을 받은 집단의 발병률 중에서는 높은 편이지만 감소 추세는 확연했다. 변화가 너무나 확실해서 연구진은 "일반적인 뉴욕시민들 사이에서 PTSD 증상이 빠르게 완화"하고 있었다고 결론지었다.[25]

같은 맥락에서 테러 공격 뒤 위기상담 전화 이용빈도(정확히 말하면 이용하지 않는 빈도)에서도 트라우마 감소 현상이 관찰되었다. FEMA가 무료상담을 위해 뉴욕시에 배정했던 엄청난 예산은 부적절했던 것으로 판명되었다. 한마디로 아무도 상담을 필요로 하지 않는 것 같았다. 테러 발생 초기에 긴급심리 상담실과 병원에 배치되었던 인원조차 별로 할 일이 없었다. 서비스를 이용하는 사람이 없었기 때문이다.[26]

처음에는 사회적 낙인 때문에 정신과 상담을 꺼린다고 추측했다. 상담을 받으면 심리적으로 약해 보이는 것 같아서 아무도 이용하지 않을 수 있다. 트라우마를 정면으로 마주하기 두려웠을 수도 있고 어쩌면 그런 서비스가 있다는 걸 몰랐을 수도 있다. 무료상담을 홍보하고 독려하는 광고가 지하철과 거리에 부착되었다. 하지만 여전히 오는 사람이 없었다. 낙심한 자원봉사자들은 직접 고객을 찾아 나섰고, 테러의 영향을 받은 기업을 방문해 도움을 주려고 했다. 심지어 어떤 자원봉사자는 소방서를 방문하기도 하고 그라운드제로(무역센터가 있던 터를 이르는 말 – 옮긴이)의 출입통제선을 넘어 들어가 상담받을 응급구조대원을 찾아 나서기도 했다. 이토록 적극적인 접근은 특히 충격에 빠진 일부 생존자에게는 효과가 있을지 모르지만, 치료를 강요하는 조치는 역효과를 낼 수 있다. 결과적으로 이런 방식은 득보다는 실이 더 많았을 가능성이 크다.[27]

우리는 이 현상을 어떻게 이해해야 할까? 테러 뒤에 그렇게 많은 사람이 '하나 또는 그 이상의 PTSD 증상'을 보인다는 것은 무슨 뜻인가? 이 간단한 데이터와 이에 따른 반응은 우리가 진정한 심리적 회복탄력성을 얼마나 쉽게 무시하는지를 잘 보여준다. 'PTSD 증상'이라는 말은 어감이 좋지 않다. 그러나 현실에서 이 단어는 그 어떤 실질적이거나 과학적인 의미도 없다. 'PTSD 증상'이라고 할 때는 증상이 하나일 수도, 두세 개 또는 여러 개일 수도 있다. 아니면 단지 우리가 일상생활에서 겪는 평범한 문제를 지칭할 수도 있다.

가벼운 피부질환에 비유를 해보자. 피부질환이 좋은 것은 아니다. 독성쇼크증후군streptococcal toxic shock syndrome이나 로키산홍반열Rocky Mountain spotted fever, 심지어 암같이 생명을 위협하는 질병을 포함해서 여러 질병의 신호일 수 있다.[28] 그러므로 피부질환을 가볍게 여겨서는 안 된다. 그러나 동시에 피부질환은 일시적으로 흔하게 발생하며 가벼운 염증이나 알레르기 반응에 지나지 않을 수도 있다. 다른 증상이 없다면 피부질환 그 자체로는 큰 해가 없다. 열, 통증, 부기, 메스꺼움, 두통, 설사, 구토처럼 심각한 증상과 같이 나타나야만 위험하다고 볼 수 있다.

심리적 증상도 마찬가지다. 랜드연구소의 보고서에 따르면 많은 사람이 적어도 한 개 이상의 심각한 스트레스 증상을 보인다. 조사자들은 응답자에게 다섯 가지 질문을 했다. 1) 초조한가? 2) 무언가에 집중하기 어려운가? 3) 잠들기 어렵거나 잠들어도 자주 깨는가? 4) 테러 생각이 나서 불안한가? 5) 테러와 관련된 기분 나쁜 꿈이나 기억 때문에 힘든가? 이 중 테러와 직접 관련된 항목은 '테러 생각이 나서 불안한지'와 '테러와 관련된 기분 나쁜 꿈이나 기억 때문에 힘든지' 두 개에 불과하다. 많은 사람이 그렇게 빨리 이런 반응을 보인 것은 전혀 놀랄 일이 아니다. 9·11테러는 화요일에 발생했고 랜드연구소의 조사는 고작 3일 뒤인 금요일부터 시작했다. 그때쯤에는 모든 사람이 온통 테러만 생각하고 있었다. 신문이나 방송, 인터넷은 테러 관련 소식으로 넘쳤다. 처음 조사가 진행된 금요일은 테러 발생 후 첫 주말이자 당시 대통령이던 조지 W. 부시 George W. Bush가 지정한 국가 애도의 날이었다. 이를 감안한다면, 아니 이런 상황임에도 불구하고 테러와 관련된 꿈이나 기억으로 괴로워하지 않는 사람들이 더 많다는 점이 부각되어야 했다.

설문조사에 포함된 초조함, 집중력장애, 수면장애 같은 증상은 어떻게 설명해야 할까? 중요한 것은 이런 불편사항은 누구에게나 발생한다는 점이다. 랜드연구소 팀은 자신들의 조사 결과를 이해하는 데 사용할 수 있는 증상 수에 대해 비교 가능한 데이터가 거의 없다는 점을 지적했다. 맞는 말이었다. 구할 수 있는 데이터는 단지 PTSD 진단을 받았느냐 못 받았느냐에 국한되어 있으며 진단을 받지 못한 환자는 증상의 개수를 셀 때 제외되었다. 몇 년 뒤 우리 연구진은 이런 증상이 실제로 얼마나 널리 나타나는지 조사하기 위해 같은 증상에 대한 데이터를 수집하기로 했다. 결과적으로 그토록 많은 사람이 적어도 한 가지 이상의 PTSD 증상을 보인다고 보고한 9·11 관련 조사들이 언급한 증상 대부분이 사실은 일상생활에 깔린 지극히 정상적인 감정이었다.

우리는 한 연구에서 최근 어떤 트라우마도 경험하지 않은 집단의 PTSD 증상을 측정했다. 당연하게도 이들 중 PTSD 진단기준을 충족한 사람은 거의 없었다. PSTD 발병률은 미 전역을 대상으로 트라우마를 겪지 않은 집단에 대한 다른 조사와 비슷하게 낮았다.[29] 그러나 개별 증상의 빈도를 조사해보니 결과가 달라졌다. 조사 대상자의 40퍼센트가 PTSD 진단에 적용된 증상 중 최소한 하나의 증상을 가지고 있었다. 바꿔 말하면 최근에 트라우마를 유발할 만한 사건도 없고 PTSD 진단이 없어도 일반 대중의 40퍼센트는 PTSD 환자에게서 발견되는 초조함, 집중력장애, 수면장애 같은 증상 중 적어도 하나 이상의 증상을 보인다는 것이다. 그렇다고 이 사람들이 PTSD 환자는 아니다. 오히려 이유 없이 PSTD 증상 중 몇 개가 나타난다면 이는 대개 일상적인 문제에 대한 반응일 뿐이다.

엇나간 예측: 회복탄력성 맹점

9·11 일주기인 2002년 9월 11일, 미국심리학회는 〈우리는 9·11로부터 무엇을 배웠는가?: 교훈과 앞으로 나아갈 길에 관한 심리학자들의 고찰What Have We Learned Since 9/11?: Psychologists Share Their Thoughts on Lessons Learned and Where to Go from Here〉이라는 제목의 짧은 보고서를 발표했다. 보고서에 참여한 모든 심리학자가 초기 트라우마 신호를 잘못 읽었으며 예측이 맞지 않았고 모두가 예상했던 광범위한 트라우마는 발생하지 않았다는 점을 인정하지는 않았다. 보고서는 연구의 치부를 드러내는 논점을 건드리는 대신, 9·11테러로 말미암아 우리가 트라우마에 노출되는 새로운 사례를 알게 되었고 미래의 불안을 야기하는 새로운 요인이 있다는 점에 초점을 맞추었다. 가장 신랄하고 정직한 반성은 미주리대학교 트라우마 회복센터장이자 저명한 트라우마 전문가인 퍼트리샤 레식Patricia Resick에게서 들을 수 있었다. 레식 센터장의 표현은 거침이 없었다. "9·11테러가 미국민의 정신건강에 엄청난 영향을 끼쳤을 거라는 예상은 틀렸다. 교훈이 뭐냐고? 충격이 크다고 모두 정신병에 걸리지는 않는다는 것이다."[30]

이 말은 전혀 과장 없이 9·11테러로부터 배운 가장 중요한 교훈을 직접 표현하고 있다. 매우 끔찍하거나 생명의 위협을 받을 만큼 위험한 경험을 한 사람들은 대부분 며칠, 심지어 몇 주간 지속되는 정신적 고통, 혐오스러운 꿈이나 악몽, 사건과 관련된 공포심 등의 증상을 겪는다. 그러나 이런 반응은 지극히 자연스러운 현상이다. 우리를 적응시키기 위해 스트레스 반응이 열심히 작동한다는 뜻이기 때문이다. 그렇지만 이런 단기 트라우마성 스트레스는 PTSD와는 다르며, 트라우마성 스트레스가 없어지지 않을 때만 PTSD 증상으로 분류된다.[31]

이러한 사건 발생 초기의 단기성 스트레스 반응이 혼란을 야기한다. 우리가 가지고 있는 회복탄력성을 보지 못하게 하는 것이다. 나는 이것에 인간의 시각적 맹점blind spot과의 유사성에 착안하여 회복탄력성 맹점resilience blind spot이라고 이름 붙였다. 알아차리지 못할 뿐 누구나 안구에 맹점이 있다. 시각은 안구의 망막에 분포된 수백만 개의 시각세포가 만들어낸다. 이 세포들은 다른 중간 단계의 신경세포로 연결되고 최종적으로 시신경으로 합쳐져서 망막을 통과해 뇌로 전달되어 상像을 만들어낸다. 망막에서 시신경이 통과하는 지점에는 시각세포가 없기 때문에 두 눈에는 어쩔 수 없이 볼 수 없는 지점이 생긴다. 한쪽 눈을 감고 특정한 행동을 해야만 맹점을 '볼' 수 있는데 이마저도 잘 보이지 않는다. 우리의 뇌는 매끄러운 상을 보여주기 위해 맹점에 있어야 할 시각정보를 추정해서 지어내기 때문이다.

회복탄력성 맹점도 같은 원리에 빗댈 수 있다. 잠재적 트라우마 사건은 거의 언제나 우리를 불안하게 만든다. 우리는 두렵고 취약해지며 본능적으로 위험한 상황에 감각을 집중하게 된다. 위협적인 상황을 상상하고 이것에서 벗어나지 못할 것이라고 생각한다. 이런 상황에서 회복탄력성이 끼어들기는 쉽지 않다.

정신건강계의 공언 아래 회복탄력성 맹점은 강화됐다. 특별히 놀랄 일은 아니다. 정신건강을 취급하는 직업은 2차 세계대전 이후 꾸준히 성장해왔다. 심리학, 정신의학, 사회복지 분야는 한때 희귀하고 특이한 직업군으로 분류되었지만 이제는 어디서나 볼 수 있는 인정받는 직업이다. 학교, 직장, 대학, 정부기관 등에 상담 전문가가 많이 배치되어 있다. 그동안 우리는 이 전문가들에 의지하며 끝없이 발생하는 현대생활의 어려움을 극복하는 데 도움을 받았다. 그들은 우리가 더욱 효율적으로 공부할 수 있도록 도움을 주었고, 식습관·약물 사용·수면장애·인간관계에 대해 조언을 해줬다. 우리를 행복하게 하는 것과 불행하게 하는 것, 그 밖의 여러 가지를 알려줬다.

사람들이 PTSD에 대해 더 많이 알게 되면서 트라우마를 전문 분야로 하는 심리 전문가들은 매우 높은 수준의 권위를 인정받게 되었다. 우리는 잠재적 트라우마 사건이 발생했을 때 보이는 반응에 대해서 거의 아는 것이 없었고 지금도 마찬가지다. 따라서 그런 일이 발생하면 자연스럽게 이 전문가들에게 의존하게 된다. 달리 물어볼 사람도 없으니 전문가가 "이게 전부 트라우마 증상입니다"라고 말하면 믿는 수밖에 없다.[32] "트라우마는 개인의 생활에 깊숙이 침투해 있고 전 세계에 만연합니다"라거나 "모든 사람이 트라우마의 영향 아래 살아갑니다"라는 말도 믿었다.[33] 전문가들이 "어디에나 트라우마가 있다"라고 주장하거나 트라우마를 "인간 생존의 불가분한 일부"이기 때문에 "양상은 다르지만 어쨌든 그것에서 벗어날 수 없다"라고 우겨도 그대로 믿었다.[34] 9·11 테러처럼 끔찍한 일이 발생했을 때 전문가들이 정신건강에 커다란 위기가 닥칠 것이라고 말해도 믿는 수밖에 없었다.

　여기서 드는 의문은 왜 우리가 그들의 주장을 그토록 쉽게 받아들였냐가 아니다. 전문가들은 트라우마나 PTSD에 대한 지식이 부족하면서도 도대체 왜 절대적인 확신을 가지고 이런 주장을 했는지다.

＊

　제니퍼 디크먼 박사는 미드웨스트 교외의 신경정신과 의원에서 일한다(내가 만났던 심리치료사들을 섞어 만든 가공의 인물로서 신상 보호를 위해 주요 정보를 변경했다). 이 의원은 개인이나 그룹 심리치료는 물론이고 인근 치료사들을 위해 정기적인 교육 행사와 훈련 워크숍을 제공하는 등 다양한 활동을 펼친다.

　디크먼 박사는 이 시설의 설립자이자 심리 트라우마 치료 전문가다. 20년 이상의 치료 경력을 보유하고 있으며 이 의원에 근무한 지는 13년이 넘었다. 평일에는 네 명까지 환자를 보고, 한두 개의 집단 치료를 주관하며, 운영회의에 참석하고, 다른 치료사들의 업무를 봐주기도 한다. 바쁜 일정이기는 하지만 디크먼 박사는 이 일을 좋아하기에 지루하거나 피곤하다고 느껴본 적이 없다.

　다른 동료들과 마찬가지로 박사는 새로운 지식을 습득하려 노력한다. 학회 저널을 읽고 워크숍에 참석한다. 그러나 시간이 갈수록 새로운 연구에 대한 관심이 사라졌다. 학회는 새로운 지식을 배우기보다는 다른 동료들과의 네트워크를 강화하는 수단이 되어버렸다. 대부분의 연구논문은 중요하지 않게 느껴지고 환자를 상대하는 매일의 업무에 큰 도움이 되지 않았다. 하지만 디크먼 박사는 크게 개의치 않았다. 치료 능력에 자신이 있었고 나름 그 분야에서 권위자로 인정받고 있었기 때문이다. 트라우마와 관련된 모든 것을 알고 있으니 트라우마 환자가 문을 열고 들어오면 누구보다 잘 치료할 자신이 있었다. 자기 일을 누구보다 잘하니까 어떻게 봐도 박사는 자신감을 가질 만했다.

그러나 이는 동전의 양면과도 같다. 디크먼 박사 같은 전문가는 일하면서 끔찍한 사건을 겪고도 아무 증상이 없는 사람을 만날 일이 없다. PTSD 증상이 없는 사람은 정신건강 치료 전문가를 만날 특별한 이유가 없기 때문이다. 디크먼 박사 같은 트라우마 치료사들은 트라우마에 대한 회복탄력성이 높은 사람을 볼 기회가 없기 때문에 회복 사례가 실제보다 훨씬 더 적다고 생각하기 쉽다. 다른 말로 하면 이들 전문가가 자신의 회복탄력성 맹점을 키우기 쉽다는 뜻이다.

그런데 이것이 왜 문제인가? PTSD 치료만 잘하면 되지 그런 것을 신경 쓸 이유가 없지 않은가? 정말로 도움이 필요한 환자를 제대로 봐줄 수 있다면 트라우마로부터 회복할 환자를 정확하게 예측한다고 해서 무엇이 달라지겠는가? 사실 심한 트라우마 충격을 받은 환자만 의원에 온다면 전혀 문제 될 것이 없다. 그러나 증상이 애매할 경우 상황이 복잡해진다. 환자가 PTSD를 겪는지 명확하지 않을 때 회복탄력성 맹점이 문제가 되기 때문이다.

환자의 상태가 모호하면 트라우마성 스트레스를 PTSD 증상으로 오진할 가능성이 있다. 더욱 나쁜 경우는 고독감이나 피로, 우울증처럼 트라우마 반응과 상관없이 나타나는 증상을 PTSD의 또 다른 형태로 간주하고 이에 맞춰 접근하는 것이다. 9·11테러처럼 충격적인 잠재적 트라우마 사건은 한 사람의 인생을 뒤바꾸고 혼돈에 빠트려 방향을 잃게 하거나 힘들게 만든다. 하지만 그렇다고 해서 반드시 트라우마를 유발하지는 않는다. 그런데 이런 증상도 PTSD로 오인될 수 있다. 이 경우 어떤 심리치료를 받든 간에 틀린 목표를 겨냥하는 셈이 된다.

더욱 심각한 문제는 이런 종류의 맹점 때문에 진정한 의미의 회복탄력성이라는 것이 정말 가능한지 의문이 생긴다는 점이다. 의심이 커지는 것이다. 진정한 회복을 눈으로 보고도 혹시 가짜가 아닌지 의심한다. 강력한 증거 앞에서도 마음이 약해진다. 희망을 품을 수 있는데도 이를 부정하고 표면 바로 밑에 숨어 있던 트라우마 증상이 튀어나오는 어두운 미래를 상상한다. 알게 모르게 회복탄력성 맹점은 우리의 타고난 능력을 부정하게 만든다. 이 부정이 얼마나 강력한지, 과거 일군의 치료사들이 회복탄력성을 '정신건강의 허상'으로 일축하는 논문을 발표한 적이 있을 정도다.[35]

왜 맹점이 생기는가?: 추단법과 분포 이야기

이런 논란은 충격적이면서도 한편으로 이해되는 면도 있다. 치료사들은 바보가 아니다. 미국에서 공인 심리치료사 자격증을 따려면 인가된 교육기관에서 고등훈련을 받아야 한다. 회복탄력성 맹점의 원인은 지적 수준이나 교육과는 별 관계가 없다. 그보다는 심리치료사를 포함한 모든 인간이 저지르기 쉬운 단순한 실수에서 비롯한다.

아모스 트버스키Amos Tversky와 대니얼 카너먼Daniel Kahneman은 평생을 바쳐 이런 종류의 문제를 연구했고 이들의 연구는 후대에 엄청난 영향을 끼쳤다. 카너먼은 이 연구로 노벨상을 수상했다(안타깝게도 트버스키는 수상 결정 몇 년 전에 사망하여 노벨상 수상 위원회의 규정에 따라 명단에서 제외되었다). 이들 연구의 핵심은 '직관적 추단법intuitive heuristics'이라고 불리는 일련의 인지적 지름길이다.[36] 그들의 주장에 따르면 우리가 이 지름길을 사용하는 이유는 일상생활을 하면서 너무 많은 정보에 치이기 때문이다. 일반적으로 사람들은 정보가 부족한 상황에서도 수천수만 가지의 결정을 신속하게 내리고 활용해야 한다. 이 모든 것을 해내기 위해 우리는 추단법을 이용한다. 이 방식은 잘 들어맞을 때도 있지만 때로는 우리를 엉뚱한 판단으로 이끈다.

가장 흔한 추단법은 '대표성 추단법representativeness heuristic'이다. 특정 사람 또는 사물이 특정 범주의 정형화된 이미지와 일치할 때 그 범주에 속한다고 생각하는 것이다. 예를 들어보자. 우리가 어떤 사람을 대학 교수라고 추정한다면, 그가 우리 머릿속에 있는 대학 교수의 이미지처럼 입고 행동하기 때문이다. 그러나 트버스키와 카너먼이 주장했듯이 대표성 추단법 때문에 잘못된 판단을 내리기 쉽다.[37] 앞의 예로 설명하자면 대학 교수는 흔히 볼 수 있는 직업인이 아니고 따라서 이 사람이 대학 교수일 확률은 그리 높지 않다.

또 다른 방법은 '가용성 추단법availability heuristic'이다. 우리는 얼마나 쉽게 예시를 떠올릴 수 있는가로 어떤 사건의 빈도나 발생 가능성을 추정한다. 다시 말해 사례를 떠올리기 '쉽다면' 실제로도 그 사건이 자주 일어난다는 편견을 갖는 것이다. 가장 대표적인 사례가 비행공포증이다. 비행기 타기를 두려워하는 사람이 많다. 터무니없는 공포는 아니다. 실제로 가끔 비행기가 추락하기도 하고, 일단 추락하면 보통 결과가 매우 끔찍하기 때문이다. 비행기 추락 사고의 끔찍하고 섬뜩한 이미지는 머리에서 지우기가 쉽지 않다. 특히 비행기에 탑승했다가 난기류를 만나면 더욱 그렇다. 최근에 비행기 사고 뉴스를 본 적이 있다면 '정박(앵커링) 효과anchoring effect'라는 또 다른 추단 오류에 빠질 가능성이 높다. 이는 가장 최근에 접한 정보를 판단의 기준점으로 삼는 오류를 뜻한다. 하지만 비행기의 사고 확률은 매우 낮다. 사고가 전혀 나지 않는 것은 아니지만 운행하는 비행편의 숫자와 비교하면 확률은 희박하다.

보통 사람들이라면 누구나 이런 오류를 저지르기 쉽다. 그런데 고도의 전문교육을 받은 사람들, 예를 들어 의사·변호사·정신건강 전문가들은 어떨까? 전문적인 교육을 받았으니 이런 판단 실수는 하지 않지 않을까? 그러나 놀랍게도 이들도 마찬가지였다.[38] 심리치료사들은 특히 더 추단법에 의존하는 것으로 나타났다.[39]

추단법에 근거한 판단 오류와 트라우마에 관한 회복탄력성은 어떤 관계가 있는가? 실제 분포는 어떤 모양인가? 이 책을 읽는 독자는 이런저런 경로를 통해 분포distribution라는 말을 들어보았을 것이다. 학교에서 배웠듯이 사람들의 키처럼 측정값이 매우 많을 때는 보통 '정규분포normal distribution'를 이룬다. 가우스분포 또는 '종 곡선bell curve'이라고도 한다. 정규분포의 모양이 종처럼 생겼다고 해서 붙인 이름이다. 대부분의 측정값은 중간의 한 점인 통계적 평균값을 중심으로 모이고 나머지는 종의 양쪽으로 퍼진다(그림 1의 왼쪽). 사람들의 키는 엇비슷하기 때문에 정규분포를 보여 가운데를 중심으로 측정값이 모이고 나머지 얼마 안 되는 사람들은 키가 크거나 작거나 하는 양극단으로 간다. 상식적으로 생각해보면 사람들의 정신건강도 정규분포를 보여야 한다. 다시 말해 대부분은 정신건강이 양호하므로 분포표의 가운데로 모이고, 정신적으로 문제가 있거나 매우 건강한 소수가 양쪽으로 갈라져야 한다. 그런데 실제는 그렇지 않다. 정신건강은 보통 정규분포가 아닌 '정적편포 positively skewed distribution'(최빈값이 낮은 값에 치우친 분포 – 옮긴이)를 보인다(그림1의 오른쪽).

우울증을 예로 들어보자. 우울증 증상을 가진 사람들은 보통

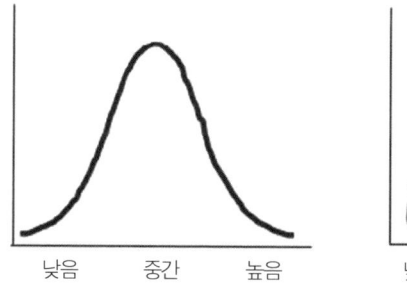

정규분포: '종 곡선'

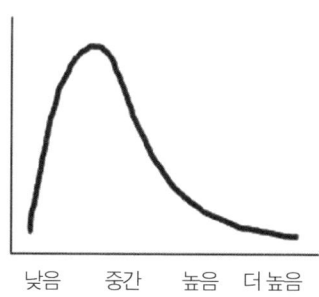

정적편포

그림1. 분포곡선

비대칭적인 종 곡선을 그린다. 가벼운 우울증이 있는 다수가 분포표의 왼쪽 극단으로 모이고, 이보다 적은 수의 사람들이 중증도의 우울증 척도를 보이며 오른쪽 끝으로 길게 이어진다. 그 결과 왼쪽으로 치우친 모양이 나온다.[40]

그렇다면 잠재적 트라우마 사건을 겪은 사람들의 정신건강 분포는 어떨까? 일반적으로는 사건의 충격이 크기 때문에 오른쪽으로 치우친 분포를 보일 것으로 예상하지만 실제는 그렇지 않다. 그런 사건 뒤에도 증상 분포도는 크게 변하지 않았다. 오른쪽으로 조금 더 길게 뻗기는 하지만 대부분은 여전히 낮은 값을 중심으로 수렴한다. 사실 이런 현상은 우울증이나 애도, PTSD 증상 모두에서 볼 수 있다.

나는 이것이 인간에게 회복탄력성이 있다는 단순하지만 강력한 증거라고 생각한다. 여러 가지 사건을 겪은 뒤 발생할 수 있는 증상의 분포를 보기 쉽게 재구성한 그림 2의 그래프에 이런 패턴이 잘 나타나 있다. 이 그래프는 증상의 경중에 따른 빈도별 분포를 나타내며, 사별·심각한 부상·총기 난사 등 일상생활에서 겪을 수 있는 사고의 후유증으로 나타나는 여러 가지 증상(PTSD, 애도, 우울증, 심리적 고통)을 기반으로 한다. 트라우마가 발생할 가능성에서 본다면 이런 사건들은 의심할 여지 없이 심각한 문제다. 그러나 낮은 수준의 증상에 점수가 집중되는 현상은 뚜렷하다. 다시 말해 정규분포표보다 더 정밀한 분석 틀 없이도 사람들에게 회복탄력성이 있음을 알 수 있다.

그래프는 다른 것들도 알려준다. 자세히 보면 알겠지만 그래

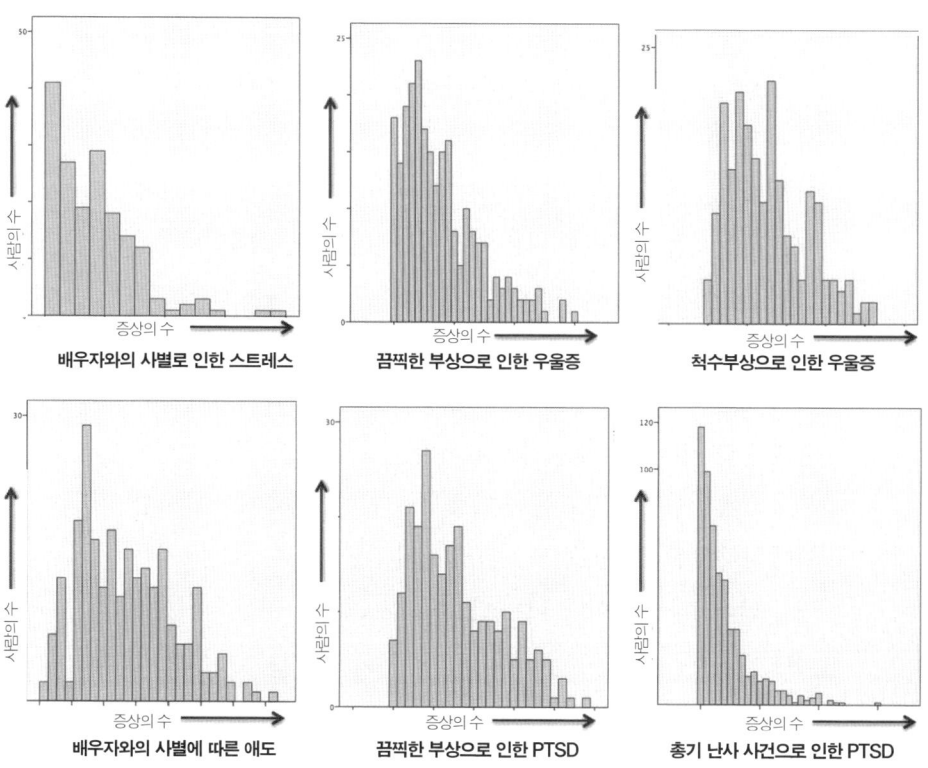

그림2. 잠재적 트라우마 사건 후 증상의 분포도

이 그래프는 아래 논문의 데이터를 기반으로 작성되었다. T. A. DeRoon-Cassini, A. D. Mancini, M. D. Rusch, and G. A. Bonanno, "Psychopathology and Resilience Following Traumatic Injury: A Latent Growth Mixture Model Analysis," *Rehabilitation Psychology* 55, no. 1 (2010): 1-11; G. A. Bonanno, C. B. Wortman, D. R. Lehman, R. G. Tweed, M. Haring, J. Sonnega, D. Carr, and R. M. Nesse, "Resilience to Loss and Chronic Grief: A Prospective Study from Preloss to 18-Months Postloss," *Journal of Personality and Social Psychology* 83, no. 5 (2002): 1150-1164; I. R. Galatzer-Levy and G. A. Bonanno, "Optimism and Death: Predicting the Course and Consequences of Depression Trajectories in Response to Heart Attack," *Psychological Science* 24, no. 12 (2014): 2177-2188; G. A. Bonanno, P. Kennedy, I. Galatzer-Levy, P. Lude, and M. L. Elfström, "Trajectories of Resilience, Depression, and Anxiety Following Spinal Cord Injury," *Rehabilitation Psychology* 57, no. 3 (2012): 236-247; H. K. Orcutt, G. A. Bonanno, S. M. Hannan, and L. R. Miron, "Prospective Trajectories of Posttraumatic Stress in College Women Following a Campus Mass Shooting," *Journal of Traumatic Stress* 2, no. 3 (2014): 249-256.

프들은 부드러운 곡선 형태가 아니다. 들쭉날쭉하고 울퉁불퉁하다. 그런데 이 들쭉날쭉한 모양은 분포가 다원화되어 있다는 면에서 매우 중요하다. 쉽게 말하면 분포도에서 데이터가 집중되는 곳이 여럿 있다. 각 그래프의 모양은 조금씩 다 다르다. 하지만 대체로 그래프 왼쪽 끝 증상이 적은 쪽에 있는 사람들, 곧 회복탄력성이 큰 사람들이 하나의 집단을 이루는 것처럼 보인다. 다른 집단도 몇 개 보이는데, 예를 들어 중간에 한두 개, 그리고 오른쪽 끝에 하나쯤 더 있을 수 있다. 시점을 달리해서 분포도를 만든다고 해도 같은 형태의 집단을 볼 수 있을 것이다. 하지만 결정적으로 몇몇 집단이 분포 내에서 이동한 것도 볼 수 있을 것이다. 이는 우리에게 중요한 단서 하나를 준다. 바로 분포 속 사람들의 집단 구성이 시간이 지나면서 달라진다는 것이다. 다른 말로 궤적trajectory을 형성한다는 뜻이다.

'회복탄력성 궤적'이 존재한다

세계무역센터에 9·11테러가 발생한 날, 나는 시내에서 몇 킬로미터 떨어진 컬럼비아대학교의 사무실에 있었다. 곧 아내에게서 메일이 도착했다. 어떤 비행기가 1번 타워인 북쪽 빌딩에 부딪쳤다고 했다. 다른 사람들과 마찬가지로 나도 그저 자가용 경비행기 정도를 생각하고 정신 나간 파일럿 때문에 끔찍한 사고가 났으려니 했다. 탑승객은 전원 사망했겠지. 두 명이나 세 명. 아니 더 많을지도 모르겠다. 그다음은 크게 신경 쓰지 않았다.

잠시 뒤 복도로 나가보니 동료들이 몇몇씩 모여 두려움에 휩싸인 채 숨죽여 이야기하고 있었다. 모두 뭔가 엄청난 일이 일어났음을 느꼈지만 정확히 무슨 일인지는 아직 모르는 것 같았다.

나는 혹시라도 무역센터 빌딩을 볼 수 있을지 몰라 캠퍼스에서 가장 높은 건물로 갔다. 안에 있던 사람들은 벌써 밖으로 빠져나갔고 엘리베이터는 작동을 멈췄다. 다행히 계단은 개방되어 있었다. 무역센터 빌딩을 보려고 서둘러 계단을 오르는데 동료 교수들이 아무 말 없이 황급히 내려가고 있었다. 한 교수는 나를 보더니 '정말 끔찍해'라는 표정으로 고개를 저었다. 나는 빠른 걸음으로 옥상으로 올라갔다.

이윽고 펼쳐지는 광경에 말을 잃었다.

무역센터 빌딩이 선명하게 보였다. 북쪽 빌딩에서 연기가 피어오르고 하늘에는 거대하고 검푸른 구름이 동쪽으로 흘러가고 있었다.

나는 얼어붙은 채 그 광경을 지켜볼 수밖에 없었다.

얼마나 있었는지 기억도 나지 않는다. 몇 분? 아니면 한 30분?

정신을 차리고 계단을 뛰어 내려와 아들을 데리러 유치원으로 갔다. 벌써 교사들이 부모가 오기를 기다리고 있었다. 아이의 손을 잡고 인근 공원으로 가서 아내와 딸을 만나 집에 왔다.

일단 무사히 집에 도착하자 여느 뉴욕 주민들처럼 나도 도움을 줄 길을 찾았다. 최대한 시내 가까이 간 다음 자원해서 동료 교수들과 함께 공개 포럼을 조직했다. 우리 진료소는 도움이 필요한 사람들을 위해 24시간 개방했다.

며칠이 지나자 이 사건으로부터 분명히 배울 점이 있다는 생각이 들었다. 9·11테러는 전례 없이 비극적이고 고통스러운 사건으로, 이렇게 엄청난 트라우마에 인류가 대응하는 모든 방식을 발견할 기회였다. 나는 처음 계획대로 회복탄력성을 연구하고 싶었지만 사건이 터지자 자신이 없어졌다. 하지만 중요하지 않았다. 이제 목표를 바꾸어 사건으로부터 배울 점을 내 방식대로 찾아내기로 했다.

우리 팀은 즉시 연구에 착수했다. 테러를 직접 겪은 사람들을 가능한 한 많이 접촉해서 그들을 인터뷰하고 행동과 표정, 생리적 반응을 조사했다. 정교한 정신건강 평가를 진행하고 그 뒤로 2년간 수차례 추적 검사를 실시했다. 나중에는 갈레아 교수도 연구에 참여했다. 앞서 언급했지만 갈레아 교수는 뉴욕시 전체의 데이터를 체계적으로 수집한 전염병학자다.

우리는 이 연구에서 많은 것을 확인했다. 앞서 실시한 내 연구에서도 봤듯이 환자들은 만성적 증상, 점진적 회복, 회복탄력성으로 각각 이어지는 세 가지 궤적을 따라간다. 이전 연구를 통해서 슬픔에 빠진 사람들에게서 확인한 이 궤적들이 대규모 테러 공격을 겪은 사람들에게도 어김없이 나타났다. 이 궤적들이 어떤 종류의 잠재적 트라우마를 겪은 거의 모든 사람이 보여주는 전형적 반응일 가능성이 더욱 커졌다. 무엇보다 이 반응 중 회복탄력성 궤적 resilience trajectory이 가장 흔하게 나타났다. 이 발견을 통해 나는 정의를 명확하게 다듬었다. 내 주장에 따르면 회복탄력성 궤적은 "평소 정상적인 일상생활을 영위하던 사람들이 단 한 차례 잠재적으로 매우 파괴적인 사건을 겪었음에도 불구하고 '장기간에 걸쳐 정상적으로 기능하는 안정적인 궤적을 유지할 때' 선명하게 나타난다"(그림3 참조).[41]

그 뒤로 20년간 우리 팀은 회복탄력성 궤적이 존재한다는 증거를 계속해서 찾아냈다. 그동안 다른 연구진들도 궤적을 발견하기 시작했고 점점 더 많은 증거가 쌓였다. 2018년에 나와 아이작 갈라체르레비, 내 제자 샌디 황Sandy Huang은 67개의 서로 다른 궤적을 분석했다. 결과는 놀라울 만큼 일관적이었다. 거의 모든 분석 결

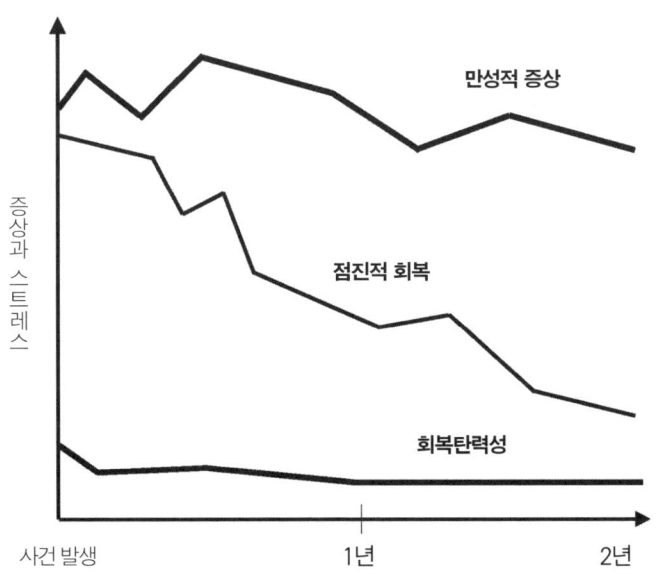

그림3. 장기간에 걸친 회복탄력성 궤적
보나노의 논문(2004)에서 인용.

과에서 회복탄력성 궤적은 가장 빈도가 높은 패턴이었다.[42]

때때로 빈도는 매우 높았다. 한 연구를 예로 들면 병사들이 전투작전에 배치되기 전과 그 뒤로 여러 해에 걸쳐 반복적으로 검사한 결과, 그들은 놀라울 만큼 높은 회복탄력성을 보여줬다. 나는 '밀레니엄 코호트 연구Millennium Cohort Study'라는 대형 프로젝트의 데이터를 활용한 어느 연구에 참여한 적이 있다. 이 프로젝트는 '전향적 연구prospective study'라는 방식을 채택했다. 군인들을 전장 배치 전후로 추적조사를 실시한 것이다. 사실 이 연구는 10만 명 이상의 군인들을 대상으로 한 미군 역사상 최대 규모의 연구였다.[43] 이 데이터를 기반으로 PTSD 증상의 궤적을 추적한 결과, 조사 대상 군인의 83퍼센트에게서 PTSD 증상이 없거나 거의 없는 회복탄력성 궤적이 발견되었다.[44] 매우 높은 비율이다. 이유에 관해 여러 가지 추측이 있지만 아마도 군인들이 전장에 배치되기 전에 철저한 훈련을 받기 때문이 아닌가 생각된다. 잠재적 트라우마 사건에 대해 많은 것을 알수록, 다시 말해 어떤 일이 일어나서 장기간에 걸쳐 어떤 식으로 전개되는지를 알면 이에 더욱 잘 대처할 수 있다.

그러나 보통 사람들이 이런 수준으로 준비하기란 쉽지 않다. 평범한 시민에게 교통사고, 치명적인 사고, 총기사고로 인한 끔찍한 부상은 어떤 사전 경고나 준비 없이 찾아온다. 다른 날과 다름없는 평범한 하루를 시작했다가 한순간에 구급차를 타고 인근 병원의 응급의료센터로 향하게 되는 것이다. 이런 사건이 얼마나 끔찍한지를 고려하면 환자 대부분이 중증 PSTD 증상의 만성적 궤적을 보이는 것이 당연하다. 그럼에도 여러 연구에서 회복탄력성 궤적

이 일관적으로 가장 빈번하게 나타났으며, 조사 대상의 62~73퍼센트를 차지했다.[45]

자연재해나 성폭행, 육체적 폭행, 심지어 총기 난사처럼 다른 사건에 관한 연구에서도 거의 비슷한 비율로 회복탄력성 궤적이 발견된다. 암이나 심장마비처럼 생명이 위급하고 건강에 치명적인 사건을 겪은 뒤에도 회복탄력성 궤적의 비율은 비슷했다.[46] 사랑하는 사람과의 사별이나 이혼, 실직같이 쓰라린 경험을 한 사람들도 거의 동일한 빈도로 회복탄력성 궤적을 보여주었다.[47] 이처럼 서로 다른 조사에서 공통적으로 조사 대상자의 3분의 2가 회복탄력성 궤적을 보인다는 것은 3분의 2에 달하는 다수가 건강하다는 뜻이다.

새로운 질문: 그들은 어떻게 회복하는가?

이렇게 다양한 유형의 트라우마에 뚜렷하게 작동하는 회복탄력성 개념은 천천히 그러나 확실하게 패러다임을 바꿨다. 새로운 질문이 등장하기 시작했다. 무엇이 잘못되었는지, 트라우마성 스트레스 발생 뒤에 무엇이 잘못되고 무엇이 무너지는지에 대해서만 묻는 대신 어떻게 회복될 수 있는가를 물을 수 있게 되었다. 3분의 2에 이르는 회복탄력적인 다수를 통해 트라우마를 극복하고 신속하게 적응한 비결을 조사할 수 있었다. 그러나 이는 단지 나쁜 결과에서 좋은 결과로 연구 관심을 바꾼 것이 아니다. 심각한 트라우마 증상을 무시해도 된다는 뜻도 아니다. 오히려 회복탄력성을 고려하게 되면서 시야가 더 넓어졌을 뿐이다. 회복탄력성을 보이는 사람들에 관해 더욱 많은 것을 알게 되면서 그 지식을 통해 극심한 트라우마로 고생하는 나머지 3분의 1에게 도움을 줄 수 있음을 알게 된 것이다.

유일한 문제는 적어도 초기에는 회복탄력성이 있는 사람들이 어떤 방식으로 회복하는지를 알기가 매우 어렵다는 점이다.

2부

사례와 예측

The End of Trauma

3장

보이는 것이 전부가 아니다

이들은 테러 공격이 발생했을 때 무역센터 빌딩에 있었다. 이들의 이야기는 여기에서 한발 더 나아가 잘 알려지지 않았던 잠재적 트라우마의 세계를 보여줄 뿐만 아니라 지금 우리가 궁금해하는 문제에 대한 답을 얻을 완벽한 기회를 제공한다.

혼수상태에서 깨어난 뒤 제드는 무슨 일이 일어났는지를 천천히 생각해보았다. 25톤짜리 청소차에 깔려 온몸이 으스러고 왼쪽 다리가 절단되었다. 한마디로 가장 끔찍한 일이 그에게 발생했다. 그러나 놀랍게도 트라우마 반응을 보인 시간은 짧았고 지속적인 증상은 없었다. 이제 우리는 잠재적 트라우마 사건에 대한 가장 흔한 반응이 회복탄력성이라는 배경지식이 생겼다. 그렇기에 제드의 강인함이 조금은 덜 놀라울 것이다. 제드 역시 이런 사실을 알았다면 역시나 덜 놀라워했을 것이다.

그러나 놀라든 말든 우리는 여전히 궁금하다. 제드는 어떻게 그렇게 잘 극복했을까? 무슨 일이 생긴 것일까? 제드에게 내재된 무엇 때문인가, 아니면 그가 특정한 행동을 했기 때문인가? 이를 알기 위해서는 그의 경험을 더 자세히 들여다봐야 한다. 그가 사고를 겪은 뒤에 했던 말이나 행동에서 회복을 예측할 만한 신호를 찾을 수 있을지도 모른다.

사고가 발생한 날 밤, 병원에서는 짧지만 강렬했던 순간이 있었다. 수술실로 들어가기 직전에 제드는 공포를 극복한 듯 보였다. 의식이 오락가락하는 와중에 여자친구 메건이 그에게 힘을 북돋워주었다. 제드는 걱정하지 않았다. 수술실로 들어가면서도 '매우 자신만만'했으며 '괜찮을 것이라고' 어느 정도 확신하는 듯했다. 낙관과 자신감은 중요한 감정으로, 이 책의 후반부에 자세히 다루겠지만 현재 우리가 가진 것은 이 작은 신호가 전부다. 이것에서 무언가를 알 수 있을까? 그렇다면 과연 무엇일까?

트라우마에 대한 기존 관점으로 본다면 이런 신호는 가볍게 무시된다. 그저 아주 짧은 순간일 뿐이며, 사고의 전반적인 심각성에 비추어볼 때 그 짧은 순간이 엄청난 영향을 끼친다는 것은 인정하기 어렵다. 회복탄력성 맹점 역시 이런 판단에 영향을 끼쳤을 것이다. 회의론자들은 경험이 끔찍하고 '트라우마적'일수록 결과 역시 더욱 심각한 '트라우마'만을 낳을 뿐 회복탄력성은 보여주지 못한다고 지적했을 것이다.[1] 예를 들어 대량학살 같은 사건이 산업재해보다 심리적 충격이 클 뿐 아니라 회복 사례는 적고, 산업재해는 자연재해보다 충격이 크다.[2] 9·11테러에 대한 우리의 연구도 사건에 노출되는 정도가 심할수록 회복탄력성에 명확한 영향을 준다는 사실을 보여줬다. 9·11테러에서 신체적인 부상을 입은 사람들은 조사 대상 중 가장 낮은 수준의 회복탄력성을 보였다.[3]

트라우마의 심각성이 끼치는 영향이 이처럼 확실하다면 거의 즉시 심리적 안정을 찾은 제드의 사례를 설명하기는 쉽지 않다. 혼수상태에 오래 있었던 것도 어려움을 더한다. 의료적으로 유도된 혼수상태에 대한 한 줌의 지식으로는 그것의 정신병리적 이득을 제대로 설명하기 어렵다. 게다가 앞서 봤듯이 혼수상태는 도리어 트라우마를 유발하는 기억을 만들어낸다. 그런데 제드는 그 기억 역시도 빠른 시간 안에 떨쳐버렸다.

트라우마 사건을 겪은 사람들이 털어놓는 이야기는 어떨까? 이들의 이야기에 귀 기울이다 보면 지속적인 트라우마나 회복에 관한 더욱 직접적인 증거를 얻을 수 있을 것이다. 제드의 이야기처럼 극도의 트라우마성 스트레스에 관해 생생하고 자세한 일인칭 진술을 얻기란 쉽지 않다. 다행히도 우리는 9·11 테러에 관한 연구의 일환으로 생존자들을 꾸준히 인터뷰해왔다. 그중에서도 세 명의 인터뷰가 특히 주목할 만하다. 이들은 테러 공격이 발생했을 때 무역센터 빌딩에 있었다. 영원히 계속될 것만 같은 엄청난 공포와 충격, 혼란을 이겨낸 사람들이다. 이들이 개인적으로 겪은 일들은 보통은 경험하기 힘든 인간의 경험을 어렴풋하게나마 보여준다. 그것만으로도 이들의 이야기는 깊이 연구할 가치가 있다. 하지만 이들의 이야기는 여기에서 한발 더 나아가 잘 알려지지 않았던 잠재적 트라우마의 세계를 보여줄 뿐만 아니라 지금 우리가 궁금해 하는 문제에 대한 답을 얻을 완벽한 기회를 제공한다. 환자의 진술을 통해 초기에 그가 지속적인 트라우마나 PTSD를 겪을 것인지를 읽어낼 수 있을까? 회복탄력성은 또 어떨까? 초기에 이들이 하는 말이나 행동으로 회복이라는 결과를 예측할 수 있을까?

9월 11일의 윌, 레이나, 에바 이야기

에바는 세계무역센터의 2번 타워, 그러니까 남쪽 빌딩에서 이제 막 근무를 시작했다. 빌딩의 중간층에 있는 사무실 책상에서 업무를 보는데, 오전 8시 30분이 조금 지나 폭발음이 들렸다. 무슨 일인지 감이 잡히지 않았다. 큰 빌딩에서 근무하다 보면 가끔 큰 소리가 나기도 하지만 보통은 그냥 무시하고 하던 일을 계속한다. 그러나 에바는 이번에는 어딘가 다르다고 느꼈다.

월도 그 소리를 들었다. 지하철에서 막 빠져나와 무역센터 빌딩 지하의 환승로를 지나고 있었다. 그 시간에 환승로는 늘 사람으로 붐빈다. 줄지은 사람들은 교차하고 방향을 바꾸며 어찌저찌 서로를 피해 갔다.

그때 갑자기 쾅 소리가 났다.

사람들은 놀라서 부딪히기도 하고 몸을 돌려 피하면서 멀뚱멀뚱 서로를 바라보기도 했다. 월은 사람들의 얼굴에서 불안을 읽었다. 그도 불안하기는 마찬가지였다. 그는 생각했다. '이렇게 큰 빌딩에서 이런 소리가 나다니 뭔가 안 좋은 일이 생긴 게 분명해.'

빌딩 상층부에서 근무하던 레이나는 충돌 현장에 더 가까이 있었다. 막 사무실을 나와 복도로 들어서는데 천둥 같은 폭발음이 들려 깜짝 놀랐다. 나지막한 비명이 절로 터져나왔다. 처음에는 당황스러웠고, 이내 공포에 휩싸였다.

"동료들이 모여 있는 복도 끝으로 달려갔어요. 모두 두리번거리며 혼란스러운 표정으로 서로를 바라보면서 무어라 떠들기 시작했어요."

무슨 말인지 알아들을 수 없었다. 누군가 진정하고 조용히 하라고 소리쳤다. 누군가는 어느 쪽으로 가야 한다고 했고, 또 다른 누구는 사무실 가운데로 모여야 한다고 했다. 폭탄 어쩌고 하는 소리도 들렸다.

잠시 뒤 창밖에서 펼쳐지는 광경에 모두가 경악했다. 레이나가 말했다.

"불덩어리가 보였어요. 엄청 큰 창문 위쪽으로 주황색 검붉은 연기와 불덩어리가 보이더군요. 불덩이가 쉭 소리를 내며 남쪽 빌딩으로 떨어졌어요. 저 위쪽에서요. 영화에서처럼 누군가 거대한 무기로 불덩어리를 쏘는 것 같았어요……. 화염방사기 같은 걸로요."

*

처음에 에바는 위험을 느끼지 못한 채 소리가 어디서 나는지 궁금해서 다른 직원들과 함께 창밖을 내다보고 있었다. 날씨는 화창했고 하늘은 믿을 수 없을 만큼 맑고 파래서 무슨 일이 일어난다는 것은 상상도 할 수 없었다. 그 순간 종이가 보였다. 폭발로 인해 창밖으로 사무실의 서류들이 펄럭이며 떨어졌다. 마치 퍼레이드 때 날리는 색종이 같았다.

동료 중 한 명이 빨리 나가야 한다고 말했다. 에바는 곰곰이 생각했다. 안내방송도 경보음도 없었다. 그렇지만 빌딩에 무언가 일이 생긴 것은 확실했다. 빨리 비상계단을 타고 나가기로 결심했다.

그런데 비상계단이 어디에 있지?

비상계단을 찾을 수 없었다. 길을 잃었고 같이 있던 동료들과도 떨어졌다. 갑자기 극심한 공포감이 덮쳤다. 그때 사람들이 복도 끝에 있는 문으로 빠져나가는 것이 보였다. 따라가보니 다행히 비상계단으로 이어졌다. 서둘러 뒤따랐지만 얼마 가지 않아 멈추어 섰다. 비상계단은 이미 사람들로 아수라장이었다. 계단 밑에도 사람이 많았고 위에서는 계속 사람들이 내려왔다. 그 짧은 순간에 에바는 자신이 심각한 위험에 빠졌다고 느꼈지만 주위에는 아는 사람이라곤 없었다. 혼자라고 느끼자 공포가 엄습하면서 울음이 터져나왔다.

*

북쪽 빌딩에 있던 레이나는 살기 위해 몸부림쳤지만 아직도 사무실을 벗어나지 못하고 있었다. 바로 위층으로 점보제트기가 충돌하자 건물이 떨리더니 좌우로 흔들리기 시작했다. 나중에 레이나가 말했다. "충격이 엄청났어요. '아! 빌딩 전체가 무너져 남쪽 빌딩을 덮치겠구나'라고 생각했죠. 모든 일이 얼마나 빨리 일어나는지 심장이 요동치기 시작했어요. 높은 곳에 있다 보니 더 무서울 수밖에 없었어요."

왜 그랬는지 모르지만 책상을 꽉 잡았다. 당시에도 말도 안 된다고 생각했다. 어차피 빌딩이 무너질 텐데 책상이 무슨 도움이 되겠는가. 하지만 뭐라도 붙잡고 있어야 했다. 무엇이라도.

사람들이 비명을 지르며 계단 쪽으로 뛰었다. 레이나도 책상을 버리고 사람들을 따라갔다. 그런데 복도가 끝나는 지점에서 도저히 이해할 수 없는 광경과 맞닥뜨렸다. 사무실이 엉망이 되어 있었다. 불과 몇 분 전만 해도 순백의 벽면과 나무문이 가지런히 정렬되어 있던 사무실이 시꺼먼 흉물 덩어리로 변해 있었다. 나뭇조각과 전선들이 여기저기 걸려 있었고 괴상한 모양의 쇳조각들이 튀어나와 있었다. 사람들의 머리와 옷에는 천장에서 떨어진 가루가 덮여 있었고 얼굴은 피와 상처로 얼룩져 있었다. 출입구 너머로 불꽃이 보였다.

가슴이 심하게 요동쳤다.

한 무리의 군중이 계단으로 밀고 들어오려고 했다. 레이나는 침착하자고 다짐했다. 천천히 가려고 했지만 마음속으로는 비명을 지르고 있었다. 천천히 걷고 있었지만 계단만 나오면 뛰어 내려갈 심산이었다.

"머릿속이 멍했어요. 그냥 발길 닿는 대로 갔어요. 공포에 질려 빨리 계단을 내려가려 했어요. 거의 뛰다시피 했죠. 그때까지만 해도 상태가 좋았고 어서 거길 벗어나고 싶었죠. 한참 내려가야 한다는 걸 알았지만 얼마나 힘든지는 생각을 못 했어요. 그냥 '최대한 빨리 여기서 빠져나가자' 하는 생각뿐이었죠."

계단에 점점 많은 사람이 몰리면서 빠져나가는 속도가 느려지자 다시 공포가 엄습했다. "그렇게 많은 사람이 계단으로 모이면 결국 오도 가도 못하고 꼼짝없이 열기 속에 갇혀버릴지 모른다는 생각이 들었어요."

계단에 얼마나 오래 있었는지 모른다. 내려가는 동안 자신이 몇 층에 있는지도 몰랐고 무슨 일이 일어났는지도 기억이 가물가물했다. 뜨거운 열기는 참기 어려웠고 공기는 답답했으며 석유 같은 매캐한 화학물질 냄새가 코를 찔렀다. 눈이 쓰라려 블라우스 깃으로 얼굴을 가렸다. 바닥에는 유리조각이 나뒹굴었고 물이 고이

더니 점점 물의 양이 많아져 물웅덩이가 되었다. 건물의 잔해를 뚫고 나가기가 힘들었지만 레이나는 계속 앞으로 나아갔다.

내려가면서 만난 사람들의 모습을 잊을 수 없었다. 자기만 살려고 새치기하는 사람들도 있었지만 대부분은 무거운 침묵 속에 순서대로 계단을 내려갔다. 다들 충격과 공포에 휩싸인 채 상태가 좋지 않았다. 굽 높은 구두를 신은 여성들은 계단에 떨어진 잔해를 뚫고 나아가기 어려워지자 신발을 벗어던지고 유리조각과 금속 파편을 피하면서 물구덩이를 통과했다. 레이나는 그날 아침 편한 신발을 신기로 한 결정을 정말 잘했다고 생각했다.

내려가면서 심한 화상을 입은 사람들을 만났다. 너무 끔찍해서 생각조차 하기 싫었다. "모두 그들이 지나갈 수 있도록 길을 비켜줬어요. 피부가 녹아내려서 반죽으로 뒤덮인 것 같았어요. 옷은 다 벗겨져 천 조각 몇 개로 겨우 몸을 가리고 있었죠. 불에 탄 사람은 처음 봤어요. 어떤 모습일지 생각해본 적도 없었죠. 그런데 정말 믿을 수가 없더군요. 아직도 어떤 여자 얼굴이 기억나요. 화상을 심하게 입었는데 그냥 멍하니 앞만 바라보더군요."

잠시 후에 레이나는 위로 올라가는 소방대원들을 만났다. 그 장면이 아직도 생생하다. "모두 무거운 장비를 잔뜩 메고 뜨거운 계단으로 천천히 올라갔어요. 출전하는 군인들처럼 침착했어요. 소방관들의 덤덤한 표정이 아직 기억나요. 소방관이 하는 일이 그런 일이잖아요. 그들을 보고 마음이 든든해졌어요. 하지만 그 사람들 다 죽었을 거예요. 아니 100퍼센트 죽었어요. 위로 올라갔으니 살 가능성은 없었죠. 빌딩이 무너질 줄 알았으면 누가 불을 끄러 올라갔겠어요."

*

　에바와 레이나가 힘겹게 계단을 내려오는 동안 월 역시 참사에서 벗어나려고 애쓰고 있었다. 환승로는 아비규환이었다. 상황을 파악하려고 잠시 걸음을 멈췄으나 곧 빨리 떠나는 것이 좋겠다는 판단을 내렸다. 하지만 웬일인지 방향감각을 잃어 자기 위치도 파악하기 힘들었다. 늘 이용하던 출구가 막혀 있었던 것이다. 사람들이 여기저기 뛰어다니자 모든 것이 전과 다르게 보였다. 그다음 일어난 일은 기억이 가물가물했다. 나가는 길이 기억나지 않았거나 길을 찾지 못했던 것 같다. 불안과 혼란에 빠져 제자리를 빙빙 돌지 한참 만에 겨우 출구를 찾아 지상으로 올라왔다.
　밖으로 나오니 엄청난 광경이 펼쳐졌다. 수많은 구경꾼이 모여 있었고 사방팔방에 경찰이 깔려 있었다. 어느 구역에는 이미 출입 통제선이 쳐져 있었다.
　그는 우선 상황을 파악하려 했다. 혼란과 불확실성이 점차 사라지자 갑자기 공포가 엄습해왔다. 사람들이 모두 위를 쳐다보고 있었다. 연기가 자욱해서 자세한 것은 보이지 않았다. 시야가 확보되자 앞으로 조금씩 나아가면서 사람들의 대화를 엿들을 수 있었지만 이해가 잘 되지 않았다.
　계속 앞으로 가다가 다시 위를 쳐다보았다. 이제 또렷이 보였다. 건물에는 믿을 수 없을 만큼 큰 구멍이 뚫려 있었고 거대한 연기 기둥이 피어올라 동쪽으로 흘러가고 있었다. 이게 대체 무슨 일이지? 그는 갑자기 멍해지면서 얼어붙었고, 한동안 말문이 막혀 멍하니 허공만 쳐다보았다.

그러다 정신을 차려보니 위험이 닥쳐 있었다. 건물의 잔해가 떨어지자 주위 사람들이 모두 흩어졌다. 멀리 피해야겠다고 생각했을 때 군중 사이로 비명이 들렸다. 위를 보니 잔해 말고 다른 무언가가 떨어지는 것 같았다. 필사적으로 도망치려고 했지만 꼼짝할 수 없었다. 할 수 없이 떨어지는 물체를 유심히 보았다. 전에는 그렇게 높은 곳에서 무언가 떨어지는 걸 본 적이 없었다. 크기는 작았지만 맞으면 위험할 것 같았다. 그런데 그 물체가 움직이는 것 같았다. 조그만 부분이 움직이고 있었다. 월은 그것이 사람의 팔이라는 것을 깨닫고는 공포에 질렸다. 건물의 잔해가 아니라 사람이었다.

어째서? 월은 도무지 이해가 되지 않았다. 이미 지금까지의 일을 논리적으로 설명하는 것이 불가능하긴 했지만 이제는 갑자기 하늘에서 사람이 떨어져 죽고 있다. 대체 어떻게 된 일이지? 왜 저렇게 높은 곳에서 사람이 떨어질까? 그것도 하필 왜 그때 떨어졌을까? 강풍에 날렸나? 도대체 저 위에서 무슨 일이 벌어지고 있는 걸까?

나중에 이리저리 생각해보고 많은 것을 알게 된 다음에야 월은 그때의 일을 꿰어맞출 수 있었다. 비행기와 충돌한 북쪽 빌딩의 고층에 있던 사람들은 그곳에 갇혀버렸다. 화염을 뚫고 내려갈 방법도 없었고 안타깝게도 그 높은 곳에 있는 사람들을 구조할 수단도 없었다. 충돌한 비행기는 폭발과 함께 거대한 불덩어리가 되었고 빌딩은 불길에 타올라 녹아내리기 시작했다. 상층부에 갇힌 사람들은 열기를 견딜 수 없었다. 창문가로 모여 헐떡대며 숨을 쉬다가 그중 한 명이 도저히 탈출할 수 없다고 판단하고 푸른 하늘로 몸을 던져 떨어져 죽었다. 그러자 다른 사람들도 뒤따르기 시작했다. 100층 이상의 높이에서 떨어졌으니 아마도 땅에 닿기 전에 심장이 멎었을 것이다. 사람들은 그저 극도의 공포 속에서 그 광경을 바라보는 수밖에 없었다. 위에서 사람들이 뛰어내릴 때마다 사람들은 비명을 질렀고 곧이어 음울한 침묵이 흘렀다. 그러고는 또 다른 비명이 이어졌다.

월은 도저히 감당할 수가 없었다.

"어떻게 표현을 못 하겠어요. 그런 건 정말 처음 봤어요. 너무너무 끔찍했어요."

∗

레이나만큼 높은 곳에 있지 않았던 에바는 더 빨리 1층에 도착했다. 그러나 여전히 상황파악이 안 되기는 마찬가지였다. 공포에 질려 몸은 녹초가 되었지만 이제 고통은 끝났다고 생각했다. 상점과 사람들이 있는 광장으로만 나가면 안전할 것이라고 생각했다. 그런데 아니었다. 계단을 빠져나갔는데도 여전히 건물 안이었으며 처음 보는 곳으로 연결되었다. 어디인지 감도 잡히지 않았다. 허둥대며 여기저기 돌아다니다 마침내 눈에 익은 유리문을 발견해서 그쪽을 통해 광장으로 나오려고 했다. 그러나 그곳도 역시 폐쇄되어 유리창을 통해 바깥 상황을 볼 수 있을 뿐이었다. 광장은 온통 재로 뒤덮였다. 불덩어리가 곳곳에 보였고 하늘에서는 잔해들이 떨어졌다. 군중들이 공포에 질려 비명을 지르고 있었다.

에바는 시선을 돌렸다. 빌딩 상층부는 보이지 않았고 어떤 일로 이렇게 끔찍한 광경이 연출되었는지 알 도리가 없었다. 도저히 설명할 수 없는 사건으로 충격을 받아 일종의 쇼크 상태에 빠졌다. 아무런 말도 할 수 없었고 목적지도 없이 여기저기 떠돌았다. 그러다 에스컬레이터에 올라탔는데 어떤 남자가 큰 소리로 통화하고 있었다. 비행기가 북쪽 빌딩 1번 타워에 부딪혔다고 했다. 역시 말이 안 된다고 생각했다. 이해가 되지 않았다. 어떻게 이런 일이 일어난 거지?

에바는 계속 건물 안을 헤매고 다녔다. 나중에 돌이켜보니 쓸모없는 일이었다. 문을 연 상점은 없었다. 보통 그 시간이면 상점이 한창 바쁠 때였다. 왜 문을 안 열었지? 몇몇 사람이 조그만 TV 모니터 앞에 모여 있어서 다가갔다.

그때서야 에바는 정신이 들었다.

"아마 주식 시세를 보여주는 모니터였을 거예요. CNN이 1번 타워를 비추었어요. 처음 봤죠. 모니터를 둘러싸고 몇 명이 멍청히 서 있었어요. 갑자기 정신이 들었죠. 맙소사! 이게 무슨 일이지? 정말 끔찍했어요."

에바는 벌떡 일어나 지하철 쪽으로 잽싸게 뛰어갔다. 경비원이 입구가 막혔다며 리버티스트리트로 연결되는 다른 통로를 알려주었다. 처음 와본 곳이었다. 도로로 나서니 혼란 그 자체였다.

거리는 이미 재로 뒤덮였고 사람들은 위를 쳐다보고 있었다. 그다음은 기억이 나지 않았다. 잠시 후 남쪽 빌딩 정면에 있는 트리니티교회 인근에 와 있었다. 하늘을 보고 있는데 갑자기 바로 위에서 두 번째 비행기가 빌딩과 충돌했다.

"정말로 끔찍한 광경이었어요. 이건 마치, 그냥…… 위를 보니 하얀 튜브처럼 생긴 거대한 물체가 그대로 빌딩에 박히더군요. 속도가 매우 빨랐죠. 저게 뭐지? 알 도리가 없죠. 미사일인가? 대형 미사일? 이 모두가 순식간에 발생한 일이라 '이게 대체 무슨 일이지?'라고 생각했고 퍼즐을 꿰어맞추려 했어요. 이 모든 게 별개의 사건이 아니었어요. 마치 전쟁이 난 것 같았죠. 비상사태였어요."

사람들은 저마다 비명을 지르며 도망쳤다. 에바도 막 뛰려고 하는데 달리는 덩치 큰 남자와 부딪혔다. 남자의 팔에 맞아 바닥에 나동그라진 에바는 얼이 빠졌다.

"처음으로 죽을 수도 있겠다는 생각이 들었어요. 바닥에 깔리면 사람들한테 밟혀 죽겠다고요. 그때 뭐에 부딪히지 않은 게 지금도 기적 같아요. 그 큰 비행기가 빌딩과 충돌했는데 내 위로 아무것도 떨어지지 않다니 놀라울 따름이죠."

에바는 몸을 일으켜 크게 심호흡을 한 뒤 달리기 시작했다. 무엇을 해야 할지 어디로 가야 할지 몰랐지만 무작정 뛰었다.

∗

레이나가 1층에 도착했을 때는 두 번째 비행기가 빌딩과 충돌한 다음이었다. 악조건 속에서 80층 이상을 걸어 내려오면서 기운이 다 빠진 상태였다. 에바와 마찬가지로 레이나도 계단만 나서면 끝이라고 생각했지만 광장에 펼쳐진 혼란에 경악을 금치 못했다.

그러나 에바와 달리 레이나는 거리로 나선 다음에야 이 혼란과 파괴의 원인을 파악할 수 있었다.

"밖으로 나오니 마음이 놓이더군요. 햇빛이 밝았고 하늘은 매우 푸르렀어요. 외부로 나온 거죠. 정말로 안도감이 들더군요." 레이나는 바로 가족이 생각났다. 걱정하고 있을 것이 뻔했다. 남편과 아이들 학교에 무사하다고 알리려 했다. 그러나 수많은 사람과 경찰, 구급차를 보자 안도감은 순식간에 사라져버렸다. 군중을 뚫고 무역센터를 벗어나 마음을 진정시킬 만한 곳으로 피해야 했다.

그때 몸을 돌려 타워 위쪽을 바라보았다.

"뭐라 말을 할 수가 없었어요. 그때 기분이란 '으아, 이게 뭐지?' 그런 느낌이었죠. 빌딩은 화염에 휩싸였고 시커먼 연기가 피어올랐어요. 엄청난 크기였어요. 정말 크고 시커먼 연기와 주황색 불꽃이 보였어요. 양쪽 빌딩에서 엄청난 양의 연기가 구름처럼 뿜어져 나왔죠."

그제야 사람들이 눈에 들어왔다. 그들의 얼굴에 스민 두려움과 공포를 보았다. 레이나는 아무에게나 물었다. 이게 무슨 일이에요? 어떻게 된 일이죠? 그러고는 비행기 이야기를 들었다. 워싱턴의 미국방부 청사에도 비행기가 추락했다고 했다. 이 모든 것이 테러리스트의 소행이라는 것이었다. 레이나는 무역센터 빌딩을 다시 쳐다봤다.

"그때야 사태를 깨달았던 것 같아요. 이렇게 생각했어요. '빌딩이 무너지고 있어. 빌딩이 폭삭 무너지면서 나를 덮칠 거야.'"

언제 그랬냐는 듯 레이나는 힘을 내어 무작정 뛰기 시작했다.

＊

월은 정신을 차리려고 애썼다. 북쪽 빌딩에서 사람들이 떨어지는 장면을 보고 넋을 잃고 말았다. 무언가 큰일이 벌어졌고 빨리 거기서 탈출해야 한다는 생각뿐이었다. 그러나 그렇게 끔찍한 상황에서도 바로 도망칠 수가 없었다. 뒷걸음질로 조금씩 물러서다가 뒤를 흘끗흘끗 보며 비스듬히 걷다가 몸을 돌려 뛰기 시작했다. 얼마나 왔는지도 모른 채 몇 블록을 뛰어 안전하다고 느낄 만한 곳에 도착하자 털썩 주저앉고 말았다. 더 이상 무엇을 해야 할지 아무 생각도 나지 않았다.

그때 마치 금속이 신음하는 듯한 이상하면서도 묵직한 소리를 온몸으로 느꼈다. 말 그대로 빌딩이 내부부터 무너지고 있었다.

빌딩이 큰 조각으로 분리되면서 덩어리째 붕괴했다. 월은 그것이 무슨 소리인지 알았지만 앉은자리에서 꼼짝도 할 수 없었다. 그저 바라보기만 할 뿐 꽁꽁 얼어붙었다. 빌딩이 가라앉는 소리가 들렸다. 무너지고 있었다.

"계속 선 채로 바라보기만 했죠. 땅이 울리는 소리가 들리더군요. 사람들은 소리를 지르며 마구 뛰기 시작했어요. 아비규환이었죠. '이럴 수가! 무너지는 건물에 깔려 죽을지도 몰라.' 그리고 무작정 뛰었어요."

사방이 엉망이었다. 월은 깨진 유리창들을 지나치며 달리다가 어떤 건물 입구에 사람들이 모여 있는 것을 발견하고 그들 사이로 끼어들었다. 온몸이 흔들렸다. 빨리 뛰어야 한다고 생각했지만 움직일 수가 없었다. 땅이 울리는 소리는 점점 커져서 나중에는 귀가 먹먹할 정도였다. 모였던 사람들은 한 명씩 다시 거리로 뛰쳐나갔다. 빌딩숲 쪽으로 몸을 기울였을 때였다.

"그게 보였어요. 괴물처럼 우르릉거리며 다가오는 게. 연기와 흙먼지가 뒤엉킨 거대한 검은 구름이었어요. 꼭…… 뭐랄까요, 꿈을 꾸는 것 같았어요. 빌딩들 사이로 먼지구름이 피어오르더군요. 엄청 빠른 속도로 우리를 향해 달려들었어요. 나는 머리가 시킨 건지 가슴이 시킨 건지, 그냥 무조건 뛰었어요. 전속력으로. 그때 이런 생각이 나더군요. '이제 끝이야. 곧 죽겠구나.'"

얼마 가지도 못해 먼지구름이 덮치는 데다 바닥에 내동댕이쳐지는 바람에 윌은 아무것도 볼 수가 없었다. 발소리가 들려도 사람은 보이지 않았다. 셔츠로 얼굴을 가리고 비틀대며 앞으로 나아가다 사람들과 부딪히고 벽이나 자동차 같은 물체와 부딪혀 튕겨나갔다. 온 세상이 먼지와 재에 휩싸인 채 사라져가고 있었다. 그때 뭔가에 부딪혀 중심을 잃고 아스팔트 바닥에 나뒹굴었다. 알고 보니 사람이었다. 재 속에서 수영하는 것 같았다. '일어나, 어서. 빨리 가야 해. 여기서 벗어나야 해'라며 자신을 다독였다. 몸을 일으켜 잠깐 주춤하다가 다시 뛰었다.

반쯤 열린 문 같은 것이 보였다. 아무 생각 없이 안으로 들어갔다. 그 결정이 생사를 갈랐을 수도 있었다. 갑자기 세상이 조용해졌다. 기침을 하며 호흡을 가다듬었다. 빛이 있었지만 제대로 보이지 않았다. 얼굴과 눈이 흙과 먼지로 뒤덮여 있었기 때문이다. 자꾸만 구역질이 날 것만 같았다.

서서히 자신이 로비 같은 커다란 공간에 있다는 것을 알게 되었다. 무슨 빌딩인지는 알 수 없었다. 사람들은 저마다 흥분해서 떠들고 있었다. 누군가 건물이 안전하지 못하니 빨리 나가야 한다고 말했다. 서로 고함을 지르며 싸우는 소리가 들렸다. 월은 제대로 들을 수도, 볼 수도 없었다. 심장은 빠르게 뛰었고 여전히 기침이 나왔다. 숨을 고르고 또 다른 결심을 했다. 다시 길을 향해 뛰었다.

그 건물 안에 얼마나 오래 있었는지는 기억나지 않는다. 불과 몇 초밖에 안 된 것 같았지만 밖으로 나오니 먼지구름이 조금은 가라앉았다.

"여전히 무서웠지만 조금씩 정신을 차렸어요. 강으로 가야 한다고 생각했죠. 지금 어디 있는지도 몰랐어요. 아무것도 몰랐지만 동쪽으로 가야 한다고 생각했어요. 그러면 결국 이스트리버가 나올 거라고요. 죽을 수도 있다는 생각에 두려웠지만 '브루클린까지 수영해서 갈 수 있을 거야. 난 물에 뜨니까 수영해서 가면 돼' 그렇게 스스로를 다독였어요."

*

한편 레이나는 극심한 공포에 시달리고 있었다. 풀턴스트리트까지 올라갔으나 그곳에도 사람들이 바글바글해서 브루클린브리지가 보이는 곳까지 갔다. 가슴이 쿵쾅거렸다.

"'다리를 건너 여길 벗어나야겠다'고 생각했어요. 그런데 갑자기 모든 게 혼란스러웠어요. 잠시 서서 가만히 보니 주위의 모든 것이 흔들리고 있더군요. 다리는 별로 좋은 생각이 아닌 것 같았어요.

목표물이 될 수 있으니까요. 태엽 장난감처럼 이리 갔다 저리 갔다를 반복했어요. 계속 방향이 바뀌었죠. 시 외곽으로 뛰기 시작했어요. 아마 나소 쪽인 것 같아요. 윌리엄스트리트였나? 기억이 잘 안 나요. 그러다 방향을 바꿔서 다시 다리 입구를 향해 뛰었죠."

시티홀파크에 도착해보니 완전히 아수라장이었다. 구경꾼들이 인산인해를 이루고 있었다. 스피커에서는 큰 소리로 대피하라는 소리가 흘러나왔다. 소방차들이 경적을 울리며 천천히 나아가며 인파를 통과하려고 했다. 경찰의 통제에도 한계가 있었다. 사람들은 움직일 생각조차 하지 않았다. 우는 사람, 사진 찍는 사람, 영상 찍는 사람 등 제각각이었다.

레이나는 잠시 뒤로 돌아 무역센터 빌딩을 쳐다보았다.

"처음으로 빌딩을 찬찬히 봤어요. 불꽃과 연기가 보였죠. 내가 저기에 있었다니! 도저히 이해가 되지 않았어요. '어떻게 이런 일이?' 받아들이기 힘들었어요. 생각을 정리해보려고 했어요. 전화를 해야 하나 생각하다가 다시 빌딩을 바라봤어요.

정말 믿을 수 없는 광경이었죠. 불가능할 것 같은, 현실에 있을 것 같지 않은 장면이었어요. 여기서 멈춰야 하나 생각했어요. 하지만 곧이어 멈추면 죽을 것 같다는 생각이 들더군요. 테러 공격이니까 당연히 시청도 목표가 될 거잖아요? 정부청사니까. 그래도 잠시 기다렸어요. 다른 사람들과 같이 있는 게 그나마 안전하다고 느꼈어요. 실제로는 안전하지 않을 수도 있지만요. 그렇게 좋은 생각은 아닌 것 같았어요. 여러 가지 생각으로 머리가 터질 것 같아 제자리에서 발만 동동 굴렀죠."

한 노인이 옅은 미소를 지으며 물 한 병을 건넸다. 그 친절이 고마웠다. 한 모금 마시고 돌려줬지만 노인은 가지라고 했다. 머리에 물을 부었다. 지나가는 사람들이 레이나의 상태를 보고 말을 건네기 시작했다. 레이나는 자기 모습이 귀신 같다는 걸 깨달았다. 옷차림은 엉망이었고 온통 먼지와 흙을 뒤집어쓰고 있었다. 사람들이 뭐라고 지껄였지만 알아들을 수 없었다. 상황을 파악하기 위해 도로로 나왔다. 거기서 본 것은 몇 블록 떨어진 곳에서 윌이 보고 느낀 것과 똑같았다.

"우르릉 소리가 엄청나게 크게 들렸어요. 빌딩 하나가 흔들리더니 무너지기 시작했어요. 북쪽, 아니 남쪽 빌딩이었나. 여하튼 서서히 주저앉기 시작했어요. 혼자 무너지더니 내려앉더군요. 내가 본 것 중 제일 무시무시한 장면이었어요. 그 거대한 빌딩에서 콘크리트와 철근, 유리가 무너지고 사람들이 떨어지는데……. 갑자기 울음이 터졌고 뛰기 시작했어요. 빌딩은 엄청난 속도로 무너졌어요. 발에 스프링이라도 달린 것처럼 빨리 달렸어요. 지금도 잘 모르겠어요. 어쩌면 잔해 더미에 깔릴 수도 있겠다 싶어 무조건 달렸죠. 가만히 앉아서 당하고 싶지 않았어요."

*

윌 역시 그 시간에 브루클린브리지와 맨해튼브리지 사이 어딘가를 뛰고 있었다. 빨리 섬을 벗어나는 것이 좋겠다는 생각이 들었다. 맨해튼브리지가 더 안전할 거라고 결론을 내렸지만 브루클린브리지가 더 가까웠다. 계속 달려 다리 진입로를 올라가는 사람들무리에 끼었다.

사람들은 유령 군단처럼 보였다. 하나같이 먼지를 뒤집어쓰고 다리를 건너고 있었다. 얼굴과 머리는 마치 잔인한 좀비영화에 나오는 사람들처럼 하얀 먼지로 덮여 있었다.

사람들의 움직임이 느려지자 초조해진 윌은 그들을 밀치고 나아가려 했다. 사람들이 그를 보고 고함을 질렀지만 알아들을 수 없었다. 윌은 관심도 없고 알고 싶지도 않았다. 걸어서 다리를 건너야 한다는 생각에 참을 수 없을 정도로 불안해졌다. 한창 테러가 벌어지고 있으니 다리가 목표물이 될 수 있겠다고 생각했다. 다리가 튼튼하다고는 하지만 당시에는 그저 부서지기 쉬운 구조물처럼 느껴졌다. 다리가 무너지면 이스트강에 처박힐 것이 뻔했다. 그런데 다리를 건너는 데 시간이 많이 걸리니 당연히 짜증이 났다.

몇몇 사람이 가던 길을 멈추고 맨해튼 쪽을 돌아보았다. 윌이 계속 밀어붙이며 "갑자기 왜 멈추는 거예요?"라고 고함을 질렀다. 그러나 사람들은 꿈쩍도 하지 않았다. 마치 인간 장벽에 부딪히는 것 같았다. 사람들의 얼굴을 보니 극심한 공포로 굳어 있었다. 그러자 충격이나 믿기지 않음에 가까운 뭔가 다른 것이 느껴지기 시작했다. 윌은 뒤를 돌아보았다.

"제대로 본 게 그때가 처음이었어요. 엄청나게 거대한 먼지구름이 일었는데 희한하게 빌딩은 보이지 않았어요. 쌍둥이 빌딩 중 하나만 남았더군요. 다른 하나는 사라졌어요. 그냥 없어진 거예요. 심장이 요동치는 소리가 들렸어요. 뒤로 돌아 계속 걸었어요. 빨리 다리를 벗어나야겠다는 생각뿐이었어요. 그때 다시 사람들의 비명이 들렸어요. 돌아보니 두 번째 빌딩마저 무너지고 있더군요. '맙소사!' 하지만 이번에는 더 보지 않고 무작정 앞으로 길을 뚫고 나갔어요. '내 앞에서 다 꺼져. 나 지나간다고. 그러니까 비켜.' 그런 마음이었죠."

*

에바는 다행히 무역센터 빌딩이 무너지는 것은 보지 못했지만, 다른 것들까지 피하지는 못했다. 거대한 미사일(실은 두 번째 비행기)이라고 생각했던 물체가 남쪽 빌딩에 부딪치는 것을 직접 머리 위에서 목격한 다음 곧바로 그곳을 벗어났다. 잘못하면 사람들한테 깔려 죽을 수도 있겠다는 생각이 들자 곧장 일어나 정신없이 달렸다.

얼마 가지 않아 금박 입힌 회전문이 보였고 '들어가야겠다. 저 문 안으로 들어가야지'라고 생각했다. 나중에 그날의 행적을 추적하다 보니 사실 그 문은 금박이 입혀지지 않았지만, 당시에는 안전해 보여 그 안으로 들어갔다.

"폭발음을 들었는지 기억이 안 나요. 잘 모르지만 아마 듣긴 했을 거예요. 확실히 기억나는 건 사람들의 고함소리였어요. 모두 고함을 질렀지만 난 너무 무서워서 아무 소리도 낼 수 없었어요. 숨쉬기도 힘들었어요. 공포에 질려 헐떡거렸죠."

에바가 들어간 건물은 사실 학교였다. 경비원이 나타나서 다른 곳으로 가라고 하겠지 예상했지만 경비원은 보이지 않았다. 로비 맞은편 엘리베이터 있는 곳까지 가서 벽에 기대어 섰다가 바닥으로 미끄러져 웅크려 앉았다.

얼마 뒤에 어떤 여자가 로비에서 심하게 흐느끼고 있었고 경비원으로 보이는 사람이 그 여자를 달래주고 있었다. 그 광경에 에바는 묘한 안도감을 느꼈다. 잠시 뒤 몇몇 사람이 보였다. 에바가 일어서니 누군가가 강당 같은 곳으로 빨리 들어가라고 했다.

무슨 일이 일어난 것인지 제대로 아는 사람이 없었다. 에바는 사람들에게 들은 내용을 최대한 맞춰봤다. 그녀는 여전히 남쪽 빌딩이 초대형 미사일에 맞았다고 믿고 있었다. 아직 무역센터 빌딩에서 반 블록 정도 떨어진 가까운 거리에 있었으므로 몹시 공포스러웠다. 때때로 다른 사람들이 강당 안으로 들어왔다. 문이 열릴 때마다 엄청난 양의 연기가 유입되자 누군가가 소리쳤다. "문 닫아요! 그거 방화문이라서 항상 닫아놓아야 해요."

얼마 뒤에 누군가가 강당 안의 모든 사람은 인근에 있는 배터리파크로 이동해야 한다고 말했다. 에바는 로비에서 울던 여자와 같이 있었다. 여자는 이제 조금 안정을 찾은 것 같았다. 둘은 그냥 남기로 의기투합했다.

"우리 둘은 똘똘 뭉쳤어요. 지금 생각해보면 이상한 일이지만 여하튼 꼭 결사대가 된 것 같았어요. '어디로 가면 안전할까? 어디로 숨어야 테러리스트들이 우리를 찾지 못할까?' 하고 생각했죠. 배터리파크는 너무 개방되어 있어서 놈들이 하늘에서 폭탄 같은 걸 떨어뜨리면 꼼짝없이 당할 거라고 생각했어요."

그런데 그 순간 놀랍게도 어린이들이 손을 잡고 한 줄로 느릿느릿 강당 안으로 들어왔다. 어디서 왔는지는 모르지만 아이들을 보니 마음이 조금 놓였다. 누군가가 아이들 뒤를 따라가라고 말했다. 달리 다른 방안이 없으니 시키는 대로 했다. 다 같이 일렬로 밖으로 나왔다.

"길거리로 나와 보니 모두 뛰고 있더군요. 그때 무슨 소리를 들었어요. 무슨 소린지 기억나지 않지만 남쪽 빌딩이 무너진 게 보였어요. 건물이 사라질 때까지 전혀 몰랐어요. 전혀요. 맙소사! 정말 무서웠어요. 정말로 끔찍했어요."

공원이 가까워지자 에바와 여자는 또다시 똘똘 뭉쳐 거부 의사를 표현했다. "안 들어가겠다고 했어요. 위험하다고 말했죠. 그랬더니 경찰이 와서 그러더군요. '이봐요, 안으로 들어가셔야 합니다. 제발요.' 아무것도 보이지 않고 숨쉬기도 힘들었어요. 모두 날뛰고 있었고 무슨 일인지 감이 잡히지 않았죠. 언제 연기 속에서 기관총을 든 사람이 나타나 총질을 할지 몰랐어요. 정말로 그런 일이 일어날 거라고 생각했죠. 사람들이 고함을 지르며 뛰어다니는데 정말 무서웠어요."

공포에 질린 나머지 에바는 몸을 숨기려고 건물에 기댔다. 건물의 일부처럼 보이게 숨으면 목표물이 되지는 않을 것이라고 생각했다. 여자는 에바에게 미쳤다는 표정을 짓더니 에바의 팔을 잡고 따라오라는 몸짓을 했고 에바는 따라갔다.

"사방이 아주 깜깜해졌어요. 어디 있는지 알 수가 없어서 그냥 어둠 속을 걸었어요. 다른 사람들이 어디 있는지도 모르겠더라고요. 한 치 앞도 보이지 않으니까요. 그때 연기가 서서히 걷히더니 파란 하늘이 보였어요. 잊고 있었어요. 낮이란 걸. 기분이 좋아졌어요. 말도 안 되는 거 알지만 여하튼 갑자기 행복하다고 느꼈어요. 선글라스를 쓰려고 보니 시커먼 그을음이 잔뜩 끼어 있더군요. 모든 게 다 그을음에 덮여 있었어요. 거리 전체가 온통 그을음이었어요. 사람들의 어깨 위에도 그을음이 두껍게 덮여 있었어요."

에바는 여자와 브루클린브리지로 가야 할지 이야기하고 있었다. 그런데 그때 깔끔한 정장 차림에 가방을 든 남자가 갑자기 나타나더니 둘의 이야기를 들었다면서 자기는 지방에서 올라왔는데 오늘은 맨해튼을 돌아볼 계획이었다고 말했다. 그 사람의 등장에 에바는 안도감을 느꼈고 동시에 웃기다는 생각이 들었다. "상황이 꼭 〈오즈의 마법사The Wizard of Oz〉 한 장면 같았어요. 그래서 '우리랑 같이 갈래요?'라고 말했죠." 잠시 후 어떤 중년 여성이 그들에게 말을 걸어왔고 역시 같이 가자고 했다.

이제 넷이 된 일행은 브루클린브리지를 향해 걸어갔다. 여전히 두려운 마음이 사라지지 않았다. 윌과 마찬가지로 에바도 다리로 가기가 무서웠다. 너무나 눈에 잘 띄니 쉽게 목표물이 될 것이라고 생각했다. 좀 더 걷다가 일행은 맨해튼브리지가 더 안전하리라고 결론을 냈지만 에바는 여전히 그 다리도 '아주 무서웠다'.

다리를 건너면서 불안감을 내비치지 않으려 노력했지만 한 가지 생각이 자꾸만 떠올랐다. "그 사람들이 왜 나를 죽이려고 했는지 이해가 안 됐어요. 누군지도 모르는 사람이 날 죽이려 했어요. 이런 일이 일어났다는 게 믿기지 않았어요."

영원할 것 같던 시간이 끝나고 마침내 다리 끝 계단을 내려와 브루클린의 제이스트리트로 들어섰다. 놀랍게도 거기에는 시내버스가 '아무 일도 없다는 듯' 기다리고 있었다. 버스에 올라타자 질문들이 쏟아졌다.

"우리가 어디에서 왔는지 말해줬어요. 처음으로 테러를 겪지 않은 사람들을 만났는데 기분이 이상했어요. 그전까지 만난 사람들은 모두가 테러의 영향을 받았으니까요. 갑자기 새로운 세상에 온 것 같았죠. 사람들은 '맙소사, 어떻게 이런 일이?'라고 말하는 것 같았어요. 사람들은 다 알고 있더군요. 그때가 11시 반쯤 되었던 것 같은데 이미 무슨 일이 벌어졌는지 다 알았어요. 모든 게 끝나가고 있었죠. '이제 끝나나 보다. 이 지긋지긋한 일이 마침내 끝인가 보다'라고 생각했어요."

예측: 누가 잘 이겨냈을까?

우리는 최대한 객관적이고 전문적으로 인터뷰하려고 노력했다. 하지만 테러가 발생한 직후에 이런 이야기를 들으면 듣고 있는 우리도 긴장되기는 마찬가지다. 그러나 인터뷰가 아무리 실감 나더라도 여전히 질문은 남는다. 이들의 이야기를 다 듣고 나서 누가 가장 그리고 오랫동안 힘들지, 누가 잘 이겨낼지 예상할 수 있을까?

여기까지 읽은 독자 가운데는 나름대로 추측을 해서 맞힌 사람도 있을 것이다. 그러나 미안한 이야기지만 그냥 운이 좋았을 뿐이다. 다른 사람들에게도 인터뷰를 읽고 결과를 예측해달라고 부탁했다. 전반적으로 결과는 항상 복불복이었다. 당신이나 누군가를 무시하려는 의도는 없다. 맞히기가 그만큼 어렵다는 이야기다. 인터뷰에는 너무 많은 것이 담겨 있어서 어떤 결과를 예상해도 이상하지 않다. 각 이야기에는 트라우마가 오래갈 것 같은 단서들이 보이지만 동시에 잘 대처할 것 같은 단서도 많다. 너무 많아서 세 사람 모두 회복을 잘했다고 해도 믿을 것이다.

사실은 세 사람 각각 다른 결과를 보였다. 윌이 가장 오랫동안 고통을 받았다. 수년간 심각한 PTSD 증상으로 고생하면서 전형적인 만성궤적chronic trajectory을 보였다. 에바 역시 9·11테러의 후유증으로 한동안 고생했다. 그러나 그 뒤로 이겨내려고 노력하면서 점진적인 회복궤적recovery trajectory을 보였다. 레이나는 결과가 가장 좋았다. 초기에 트라우마 증상이 있었지만 오래가지 않았다. 전형적인 회복탄력성 궤적을 보였다.

인터뷰를 읽기 전에 이 셋이 각자 다른 궤적을 보인다고 말했으면 어땠을까? 이 정보가 도움이 되었을까? 확률을 고려하면 도움이 되긴 했을 것이다. 세 사람이 세 가지 경우를 보인다고 하니 찍기만 해도 맞힐 확률은 최소 33.3퍼센트는 되었을 테니 말이다.

사람들에게 실험을 해보았다. 세 가지 결과, 곧 만성궤적·회복궤적·회복탄력성 궤적에 대해 설명한 다음 이 세 사람이 각각 한 가지씩 결과를 보였다고 말했다. 하지만 달라지는 것은 없었다. 결과에는 어떤 규칙성도 없었다. 너무 어려운 문제니 말이다.

전문 연구원들은 어떨까? 전문적인 훈련을 받았으니 다를까? 앞에서 추단법으로 인해 임상 판단에 오류가 생기는 경우를 많이 보았다. 또 회복탄력성 맹점도 고려해야 한다. 이런 상황이면 연구원 누구도 회복탄력성 궤적을 누가 보였는지 제대로 맞히지 못했을 것이라고 생각할 수 있다. 그러나 셋 중 하나가 회복탄력성 궤적을 보였음을 알았다면 회복탄력성 맹점이 사라지고 임상경험을 이용해서 좀 더 잘 맞힐 수도 있었을 것이다.

현직 정신과 의사들을 대상으로도 실험했는데 제대로 예측하는 사람이 없었다. 완전히 예상이 빗나가는 사람도 많았다. 그러나 맞히는 사람도 꽤 있어서 3분의 1 확률보다 간신히 조금 높은 수준으로 레이나를 회복탄력성 궤적과 짝지었다. 회복탄력성을 보인 인물로 레이나를 꼽은 비율은 45퍼센트로 크게 높지 않았다. 아무거나 찍어도 33퍼센트는 맞는다는 것을 감안하면 45퍼센트는 사실 적중했다고 말하기에는 어려운 숫자다. 달리 보면 셋 중 하나가 회복탄력성 궤적을 보인다는 것을 알았음에도 의사들 중 55퍼센트는 이를 맞히지 못했다는 이야기다.

그렇다면 연구 결과에 비추어 이 결과를 어떻게 설명할 것인가? 아무리 인터뷰를 글로 쓰인 원고로 읽었다고 해도 트라우마 중증도trauma severity가 심할수록 결과가 좋지 않다는 연구와 이렇게 차이를 보이는 이유는 무엇일까? 아니 사실은 큰 차이가 없다. 연구 결과에서 통계적 연관성statistical relationship을 자세히 들여다보면 놀랍게도 연관성이 크지 않다는 것을 알 수 있다.

그러면 이제 통계적 연관성이 무엇인지 생각해보자. 보통 트라우마 중증도와 트라우마의 결과는 관계가 있다고 말한다. 두 가지 현상이 확률적 우연성보다 높은 확률로 연관이 있다는 것은 한 가지가 발생하면 다른 것이 발생할 가능성이 높다는 뜻이다. 그러나

'항상' 동시에 발생한다는 뜻도 아니고 '대부분' 동시에 발생한다는 뜻도 아니다. 예를 들어 기온이 높을 때 강력범죄가 증가하는 경향이 있다고 해서 우리는 더운 날 야외에 나가면 강도를 당한다고 생각하지는 않는다. 말하자면 상관관계가 별로 강력하지 않다. 트라우마 중증도와 트라우마 결과도 마찬가지다. 상관관계가 약하기 때문에 중증도가 심하다고 해서 최악의 트라우마 결과를 낳는 경우는 그리 많지 않다.

앞 장에서 언급한 군인들처럼 모집단이 큰 경우를 보자. 기억할지 모르겠지만 군인들은 83퍼센트라는 매우 높은 비율로 회복탄력성 궤적을 보였다. 전투를 직접 겪을 때의 충격을 감안하면 팔다리가 잘려나간 전우나 민간인의 모습을 보는 것 같은 중증도의 스트레스를 경험한 군인이 회복탄력성 궤적을 보일 확률은 통계적으로 높지 않다. 이렇듯 끔찍한 전투 경험은 회복이 어렵다. 그러나 연구 결과 전반적인 일상 회복 비율과 비교했을 때 그 차이는 그리 크지 않았다. 교육을 받지 않은 일반 군인들 역시 81퍼센트라는 높은 회복탄력성 궤적 비율을 보여준다.[4] 이 결과가 일회적이지도 않다. 상관관계가 약하다는 결과는 다른 많은 연구에서 입증되었으며, 어떤 연구에 따르면 다른 요소들까지 감안하면 트라우마의 중증도는 별 영향이 없거나 전혀 영향이 없기도 했다.[5]

종합하자면 트라우마 중증도가 일반적으로 트라우마라는 결과와 관계가 있기는 하지만 그 관계는 전체 이야기와 거리가 먼 것이 분명해 보인다. 확실히 그 이상의 무엇이 있으며, 바로 그 '무엇'이 회복탄력성이 어떻게 작용하는지에 관한 단서가 되어줄 것이다. 사실 모든 관계는 이보다 훨씬 복잡하다. 중증도는 빙산의 일각에 불과하다. 회복탄력성과 관계 있는 또 다른 특성이나 행동으로 대상을 확대하면 놀라지 않을 수가 없다. 아니, 아예 역설을 마주하게 된다.

4장

회복탄력성의 역설

나는 이를 '회복탄력성의 역설'이라고 이름 지었다. 트라우마 사건을 겪은 뒤에 회복탄력성을 보이는 경우를 흔히 볼 수 있고 어떤 특징이 회복탄력성과 연관이 있는지도 알지만, 그럼에도 어느 경우에 회복탄력성을 보일지를 정확히 예측하지 못한다.

의식이 돌아오고 몇 주 뒤 제드는 안정을 찾았다. 그는 미래에 대해 고민하기 시작했다. 그의 인생은 엄청난 변화를 맞았다. 기운이 없어 똑바로 앉아 있기도 힘들었지만 몸의 4분의 1이 사라진 채로 이 세상을 살아나가는 법을 배워야 했다. 그 과정은 매우 고통스럽고 때로는 좌절도 할 것이다. 여자친구 메건은 또 어떻게 할 것인가? 이제 막 시작된 그들의 사랑은 오랜 기간 병원에서만 만나는 가슴 아픈 사랑으로 변모했다. 제드가 말했듯 그것은 '메건이 예상했던' 사랑이 아니었다. 정상적인 성생활이 가능하기나 할까? 과연 관계가 지속될 수 있을까? 결혼하고 아이를 갖는 기본적인 부부생활이 가능할까? 이제는 다 물건너가버린 것일까?

현실은 냉혹했다. 제드는 이제 오랜 기간 재활에 노력을 기울여야 한다. 상체 근육을 단련하며 목발같이 절단된 다리를 대체할 도구를 다루어야 했다. 그런데 또 다른 수술을 해야 한다는 청천벽력 같은 소식이 들렸다. 제드의 담당 수술진은 그를 살리기 위해 필사적인 노력을 기울였다. 그러나 그 노력에는 단지 생명을 유지하기 위한 임시조치도 있었다. 이제 기력을 회복했으니 계속 수술을 받아야 할 것이고 그만큼 아플 것이다. 끔찍하게도, 모든 것이 잘 풀렸을 때 그렇다는 얘기지 더 나쁜 상황도 얼마든지 가능했다. 큰 사고를 겪은 뒤의 수술은 항상 예측하기 힘들다. 예상하지 못한 합병증이 나타나기도 하고 뜻밖에 불구가 되기도 한다.

이 새로운 시련들을 마주하면서 제드는 상실감이 극심해지기 시작했다. 비록 한 번도 중증의 우울 증세를 보인 적은 없었지만, '아주 안 좋은 생각'까지도 해봤고 이를 떨치기가 힘들었다고 나에게 털어놓기도 했다.

그는 처음 혼수상태에서 깨어나 침대에 누워 있던 때를 생각했다. 그때는 온통 고통스러운 기억으로 힘들었다. 그런데 고작 며칠 사이에 갑자기 그 증상이 사라져버렸다. 당사자도 의료진도 모두 놀랐다. 제드 자신조차 증상이 사라진 이유를 설명할 수 없었다. 왜 증상이 사라졌는지 처음에는 당혹감과 약간의 호기심을 느끼는 정도였다. 그러나 새로운 고난이 현실로 다가오자 그 이유를 반드시 알아내고 싶었다. 그는 왜 그렇게 빨리 회복탄력성을 보였을까? 회복하는 데 무엇이 효과가 있고 무엇이 효과가 없었나? 필연적으로 닥쳐올 고통과 싸우기 위해서라도 반드시 알아내야 했다.

✲

무엇이 잠재적인 트라우마에 대한 다른 극심한 반응과 회복탄력성을 구분 짓는지를 밝혀내는 것은 내 연구 일생에 걸친 화두였다. 30년 전에 처음으로 회복탄력성에 관한 연구를 시작했을 때는 순전히 그것이 실재한다는 것을 입증하는 것이 목표였다. 당시에는 충격적인 사건을 겪은 뒤 회복탄력성을 보이는 경우는 극히 드물다는 것이 일반적인 통념이었기 때문에 우선은 내 주장을 증명하는 일이 중요했다. 그러나 우리 팀이 조사를 시작한 지 얼마 지나지 않아 회복탄력성이 드물기는커녕 오히려 일반적이라는 사실을 알게 되었다. 다만 제드가 혼수상태에서 깨어났을 때처럼 그 이유에 대해서는 귀중한 단서가 될 만한 것이 거의 없었다. 그 뒤로 몇 년에 걸쳐 증거가 쌓이면서 평균적으로 셋 중 둘은 회복탄력성 궤적을 보임을 알게 됐다. 궁금증은 더욱 커졌다. 왜 3분의 2인가? 대부분 안정적으로 건강을 찾아간다고 하는데 왜 평균 3분의 1이라는 무시할 수 없는 소수의 환자는 계속해서 고통을 겪는가?

비록 작은 비율이기는 하지만 회복하는 데 트라우마의 중증도가 어떤 역할을 한다는 것을 이미 알고 있었으므로, 분명히 거기에 무언가 더 있을 거라는 생각이 들었다. 우리 연구진은 그 뒤로 몇 년에 걸쳐 회복탄력성과 연관된 여러 가지 행동이나 특징을 알아냈다. 다른 연구진들도 이런 작업을 하면서 목록은 더욱 늘어났다. 트라우마로부터의 회복탄력성이라는 주제는 학문의 영역을 넘어 대중서와 미디어에서도 다루기 시작했다. 회복탄력성과 관련된다고 생각되는 행동이나 특징은 점점 늘어났다. 대중서나 미디어에서 언급되는 특징이 연구원들이 찾아내는 특징과 중복되기도 했다. 그러자 언제부터인지 정확하지 않지만 목록이 너무 길어져 거의 무의미해졌다.

대중서나 미디어, 의학 저널 등에서 어떤 식으로든 회복탄력성과 관계있다고 하는 특징과 행동을 모두 나열하면 다음과 같을 것이다. 회복탄력성이 강한 사람은 감정을 절제할 줄 알며 조심스럽고 사려 깊다. 몸의 감각에 항상 주의를 기울인다. 고통스러운 감정에 흔들리지 않으며 상실에 따른 애도를 받아들이고 공포에 맞선다. 자기 자신을 아끼고 돌볼 줄 알며 자신감과 자존감이 충분하다. 호기심이 많고 유머감각이 뛰어나며 기쁜 일에 감정을 표현할 줄 안다. 긍정적이고 희망에 차 있으며 참을성 있고 끈질기고 근성이 있다. 문제해결 능력이 뛰어나며 무리하지 않는 목표를 세우고 행동 지향적인 접근방식을 취하며 자기 자신의 능력을 신뢰한다. 균형 있는 시각으로 회복을 위해 실천하며 변화를 수용하는 포용력이 있다. 좋지 않은 일이 생기면 이를 기록으로 남기고 그 의미를 찾아 희생자가 되기보다는 극복자로 회자된다. 역경을 기회로 삼고 극복한다. 정신적인 것을 중요하게 생각하며 신앙심이 깊다. 높은 수준의 도덕성을 유지하며 감사하기를 실천하고 때로는 혼자만의 시간을 가질 줄 안다. 주관을 가지고 삶을 영위하며 대의를 위해 헌신하고 목적이 있는 삶을 추구한다. 독립심을 가지고 삶을 영위하지만 동시에 이타적이고 남의 의견을 잘 수용하고 용서할 줄 알며 편견이 없다. 자신의 한계를 알고 실수를 인정하며 남들을 돕지만 필요할 때는 도움을 요청한다. 가장 가까운 가족과 친구들에게 애착을 보이며 다른 사람들과도 서로 지지하는 관계를 유지한다. 튼튼함을 타고났으며 규칙적으로 운동한다.[1]

참 많기도 하다. 이 모든 특징을 갖고 있다면 정말 좋을 것이다. 그러나 이토록 많은 특징을 다 가진 사람은 아무도 없을 것이다. 무엇보다도 어떤 특성이 잠재적 트라우마 사건에서 유발되는 극심한 스트레스를 극복하도록 도와줄 수 있을까? 어느 것이 트라우마에 대한 회복탄력성을 높이는 데 도움이 될까?

어떤 특징은 확실히 회복탄력성을 촉진하는 '것처럼 보인다'. 대표적인 사례가 종교와 신앙심이다. 일반 서적에는 이 요소를 거론하는 경우가 많다. 내가 트라우마와 회복탄력성에 관해 공개강의를 할 때면 항상 종교와 신앙심에 대한 질문을 받는다. 이유를 설명하기야 쉽다. 조직화된 종교는 유대감과 거대한 공동사회의 지원은 물론이고 안정적인 신념체계를 제공하기 때문이다. 종교적인 신념으로 고통을 극복한 사람들의 이야기는 끝도 없이 많다. 트라우마 치료 전문가들도 마찬가지 의견으로 종교나 신앙의 핵심 과제인 "이해를 향한 개인적 탐구"가 "감각의 파편이 통합되는 것을 촉진하고 그 결과 PTSD 증상을 감소시킨다"라고 말한다.[2]

맞다고 치자. 그런데 이런 주장을 뒷받침할 만한 실제적인 증거가 있는가? 어떤 유명 웹사이트는 뻔뻔스럽게도 다음과 같은 자극적인 제목을 내걸었다. "신앙생활을 하면 트라우마에 대한 내성이 커진다는 것을 심리학자들이 밝혀냈다."[3] 그러나 이어지는 기사 본문에는 주장을 입증할 만한 어떤 증거도 보이지 않는다.

아마도 증거가 없기 때문일 것이다.

솔직히 말하면 신앙심이란 매우 측정하기 어렵다. 일반적으로 종교활동을 열심히 하는 사람이 정신적으로 건강하다고들 하지만, 이 단순한 상관관계를 넘어서면 문제는 그리 간단하지가 않다.[4] 신이나 종교에 대한 우리의 생각은 다면적이어서 생명에 위협을 느낄 정도로 위험한 상황에 처하면 생각이 바뀌는 경우가 많다. 으레 말하듯이 사람들은 곤경에 처하면 신을 찾는다. 맞는 말이기는 하지만 사람에 따라서는 정신적 갈등을 겪으며 신이 자신을 버렸다는 생각에 분노와 배신감을 느끼기도 한다. 게다가 위협과 갈등상황이 반복되면 신은 벌을 내리는 존재라고 생각이 완전히 바뀌기도 한다.[5]

물론 끔찍한 사건이 터지기 전에 어떤 사람의 종교나 신앙심을 정확히 알고 있다가 끔찍한 사건이 터진 다음에 그 사람의 회복탄력성 여부를 추적할 수 있다면 이런 문제를 해결할 수 있을 것이다. 이런 형태의 전향적 연구를 실시하기란 쉽지 않지만 그렇다고 불가능하지도 않다. 사실은 나 자신이 얼마 전에 사별에 관한 전향적 연구에 참여한 적이 있다. 이 연구에서는 배우자가 사망하기 몇 년 전에 실험 참가자에게 자신이 선택한 종교에 대해 어떻게 느끼는지, 신과 개인적인 유대감을 경험한 적이 있는지를 물었고, 이에 긍정적인 답변을 한 참가자는 정신적으로 건강하다고 간주했다. 그러나 우리의 연구에서 실험 참가자들은 막상 배우자가 사망하면 회복탄력성 궤적을 보여주지 못했다. 다시 말해 자신의 종교를 긍정적으로 평가하고 신과의 강한 유대감을 느꼈던 사람이나 그렇지 않았던 사람이나 막상 배우자가 사망했을 때는 회복탄력성에서 큰 차이를 보이지 않았다는 뜻이다.

또 다른 좋은 예는 마음챙김 명상mindful meditation이다. 이 명상법은 지난 수십 년간 엄청난 인기를 끌었고 회복탄력성을 촉진하는 요소로 항상 언급됐다. 마음챙김 명상은 종교나 신앙심과 유사하면서도 회복탄력성을 실제로 촉진할 가능성이 훨씬 큰 후보였다.[6] 신앙심과 마찬가지로 마음챙김 명상도 설문조사를 이용해 측정 가능하며, 일반적으로 정신건강 및 행복도와 관련이 있다고 여겨진다.[7] 그런데 종교와는 다르게 마음챙김 명상의 효과는 실험을 통해 검증할 수 있다. 심리학 실험을 위해 사람들에게 갑자기 종교를 믿으라고 하거나 신앙심을 키우라고 하기는 어렵다. 그러나 10주간의 마음챙김 명상 수업에 초대한 다음, 참가자들의 건강상태를 명상에 참가하지 않은 대조군과 비교해볼 수는 있다. 이런 종류의 실험을 이용해 연구한 결과, 마음챙김 명상은 항상 건강 증진에 효과가 있다. 구체적으로 기분전환이나 직업만족도 개선, 심지어 면역력 향상에도 효과가 있다.[8] 또한 마음챙김 명상을 치료수단으로 사용하면 심각한 심리적 문제로 고생하는 사람들에게도 효과가 있음이 입증되었다.[9]

결과가 이러니 마음챙김 명상이 트라우마 발생 이후 어려움을 극복하는 데 도움이 되리라고 쉽게 가정할 수 있다. 솔직히 말하면 나 자신도 마음챙김 명상을 하고 있고, 일상생활의 스트레스나 긴장 완화에 매우 효과가 있었다. 그러나 개인적 경험은 개인적 경험이고, 과학은 과학이다.

안타깝게도 마음챙김 명상을 하면 회복탄력성이 강화된다는 어떤 증거도 없었다.[10] 오히려 반대 상황이 나타날 가능성도 있다. 일단의 명상 전문가들은 최근 권위 있는 심리학 저널에 기고한 논문에서 마음챙김 명상의 효과에 대한 잘못된 정보가 사람들에게 오해를 불러일으키고 심지어 역효과를 일으킬 수도 있다고 경고했다. 수많은 논문 및 임상 보고서는 명상이 여러 가지 부작용을 초래한다고 지적한다. 예를 들면 불안감, 공포심, 상실감, 환각증, 이인증depersonalization(자신이 낯설게 느껴지거나 자아와 분리된 느낌을 경험하는 정신적 이상 – 옮긴이) 등이다. 또한 끔찍한 사건을 겪은 사람들은 그 기억을 다시 떠올릴 수도 있다고 한다.[11] 어떤 상황이든 이런 식의 반응은 절대 도움이 되지 않는다. 비교적 최근에 끔찍한 사건을 겪었다면 특히나 좋지 않은 결과를 낳는다.

역설의 본질: 언제나 맞는 답은 없다

겉으로 건강해 보이는 행동이 회복탄력성과 별 관계가 없음을 알게 되면서 실망할 수도 있지만, 회복탄력성과 실증적 연관이 있는 다른 특징들이 있다. 가장 잘 알려진 것으로는 타인의 지지, 낙천적 성격, 잘 대응할 수 있다는 믿음 등이다. 회복탄력성을 보여주는 사람들은 트라우마 사건에서 의미를 찾기보다 문제해결에 주력한다는 특징이 있다. 다양한 대응 및 정서조절 전략을 구사할 수 있으며 행복감이나 기쁨 같은 감정을 자주 경험하고 표현한다. 인구통계학적 관련성도 있다. 예를 들면 노인이나 추가적인 스트레스 요인이 거의 없는 사람들, 소득이 높고 고등교육을 받은 사람들에게 높은 수준의 회복탄력성이 자주 나타난다. 또한 유전적 특성에 따라 상이한 회복탄력성 궤적이 나타난다.[12]

이런 특징들은 연구에 중요한 요소이며 회복탄력성의 발생을 이해하는 데 연구해볼 가치가 있는 많은 정보를 제공한다. 그러나 유감스럽게도 우리는 또 다른 어려움 때문에 아직 실마리를 찾지 못하고 있다. 이들 요소를 자세히 들여다보면 트라우마의 중증도에서 발생한 것과 같은 문제가 발생한다. 다시 말해 비록 이런 특징들은 회복탄력성과 통계상으로는 유의미한 상관관계를 보여주지만, 실제로 결과에 끼치는 영향은 놀라울 만큼 미약하다. 사실상 누가 회복탄력성이 있고 없을지에 관해 거의 아무런 정보도 주지 못한다. 모든 정보를 결합하고 합쳐봐도 여전히 전체적인 이해에 도움을 주지 못한다.

앞에서도 말했지만 나는 이를 '회복탄력성의 역설'이라고 이름 지었다. 트라우마 사건을 겪은 뒤에 회복탄력성을 보이는 경우를 흔히 볼 수 있고 어떤 특징이 회복탄력성과 연관이 있는지도 알지만, 그럼에도 어느 경우에 회복탄력성을 보일지를 정확히 예측하지 못한다. 예측의 정확성에 대한 이런 종류의 담론이 낯설지도 모르겠다. 그러나 추리통계학의 세계에서는 삶의 수많은 요소가 우리에게 그저 미미한 영향을 끼친다는 것이 익히 알려진 바다.

원그래프로 보면 이해가 쉬울 것이다. 회복탄력성을 원으로 표시한다고 하자. 각 변수의 조각이 모여 원을 구성한다. 조각 중에는 트라우마의 중증도를 나타내는 것도 있고 대응 전략이나 사회적 지지를 나타내는 것도 있다. 이 조각들이 회복탄력성과 관계가 있음을 경험을 통해 알고 있으므로, 각각 적당한 면적을 차지하면서 이것들을 다 더하면 완전한 하나의 원이 될 것이라고 생각할 수 있다. 이를 바탕으로 그림 4의 왼쪽 그래프처럼 원을 그려 이에 '이상적인 회복탄력성 원그래프'라고 이름 붙였다. 하지만 이것은 현실적이지도 정확하지도 않다. 실제 조각들은 매우 얇아서 원에서 차지하는 비중 또한 매우 작다. 조각들을 모두 모아 원을 만들면 그림

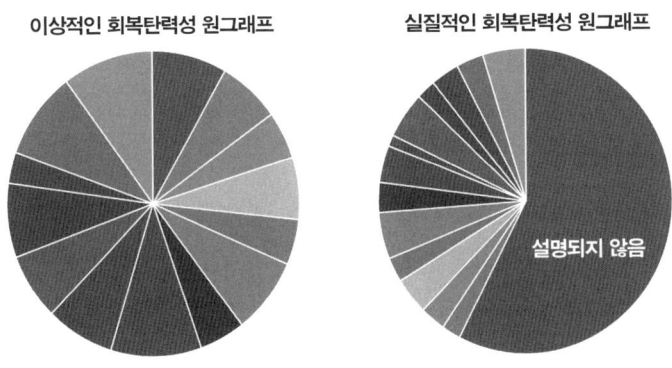

그림4. 회복탄력성 원그래프

4의 오른쪽과 같은 모습일 것이다. '실질적인 회복탄력성 원그래프'라고 부르겠다. 보다시피 완전한 원이 아니며 반도 채우지 못한다.[13]

이런 회복탄력성의 역설을 어떻게 해결할 수 있을까? 해결책은 조사의 질과 관련이 있을지도 모른다. 통상적으로 회복탄력성 변수는 설문조사를 통해 측정된다. 어쩌면 여태까지 설문조사가 엉망이었는지도 모른다. 아니면 연구를 제대로 하지 못한 것일 수도 있다. 앞에서 신앙심과 마음챙김 명상을 다룰 때의 문제점을 봤다. 회복탄력성을 다룬 연구에도 같은 문제가 분명히 발생한다. 그러나 역설을 설명하는 것만으로는 부족하다. 고도의 측정법과 엄격한 연구설계를 동원한다고 해도 변수들의 영향은 역설적일 만큼 매우 작다.[14]

조금 나은 방법이 있기는 하다. 고인이 된 컬럼비아대학교의 동료 교수 월터 미셸Walter Mischel은 1960년대에 비슷한 역설을 내

놓은 적이 있다. 그는 이른바 '마시멜로 실험marshmallow test'을 통해 보상유예delayed gratification(가치 있고 장기적인 보상을 얻기를 바라며 즉각적이고 일시적인 쾌락의 유혹에 저항하는 것 – 옮긴이)에 관한 새로운 통찰을 내놓았지만, 심리학에서 그의 가장 주된 기여는 성격에 관한 연구다.[15] 오늘날까지도 여전히 이 논지도 인정되지만, 당시 심리학의 주류 견해는 사람들의 성격적 특성이 안정적이라는 것이었다. 곧 어떤 상황에서도 사람들의 행동은 일관적이고 예측 가능하다는 것이다. 월터 연구진은 성격적 특성과 행동이 별로 연관성이 없다는 사실에 주목하기 시작했다. 더 나아가 여러 가지 상황에서 사람들의 행동을 관찰해보니 일관성을 거의 찾기 어려웠다. 다시 말해 사람들은 변하지 않는 성격적 특성을 가진 것 같지만 실제 행동에는 일관성이 부족하다. 이를 '성격의 역설personality paradox'이라고 한다.

　월터 연구진은 성격의 역설과 관련한 연구를 의욕적으로 수행했다. 일상생활에서 발생하는 여러 가지 상황에서 사람들의 행동을 추적하되 각 상황을 특정한 유형으로 구분했다. 실험 결과 사람들은 모든 상황에서 일관적인 행동을 보이지는 않지만, 특정 유형의 상황에서는 일관적으로 행동한다는 점을 밝혀냈다. 곧 성격 테스트에서 외향적이라고 나왔다고 해서 항상 외향적인 행동을 하지는 않지만, 특정 상황에서는 외향적으로 행동한다는 것이다. 물론 다른 상황에서는 외향적으로 행동하지 않을 수 있다. 월터 연구진은 이에 '상황-행동 특성situation-behavior profiles'이라고 이름 붙였다.

　이 논리를 트라우마 사건으로 확대해서 생각해보면 회복과 관계된 행동이 끼치는 영향이 작은 이유는 사람들이 항상 그런 행동을 하지 않기 때문이라고 결론지을 수 있다. 다시 말해 사건이 발생한 뒤에 새로운 상황이 나타날 때마다 간간이 또는 많은 경우에 회복탄력성을 보여주기는 하지만, 반드시 그렇지는 않다. 뒤에서 다루겠지만 이는 사실로 밝혀졌다. 하지만 아직도 왜 이것이 맞는가 하는 문제가 남아 있다. 사람들은 왜 다른 사람의 지지를 구하는 것처럼 일반적으로 효과가 있는 행동을 하지 않을까? 이 문제의 답을 구하다 보면 역설의 본질에까지 도달한다. 이런 행동이 항상 효과가 있지 않기 때문이다.

잠재적 트라우마 사건으로 인한 스트레스를 극복하는 데는 보통 적어도 며칠 또는 그 이상의 시간이 걸린다. 이런 사건으로 말미암아 고통스러운 생각, 기억, 감정이 원치 않아도 끊임없이 떠오르는 것은 물론 일상생활의 조정을 비롯해 주거불안, 실직, 부상 관리 등 해결해야 할 특수한 문제가 발생할 때가 많다. 때로는 제드의 경우처럼 삶의 경로가 완전히 바뀌기도 한다. 이 모든 것이 해결되려면 시간이 걸린다. 가장 회복탄력적인 결과라도 일반적으로 어느 정도는 어려움이 따른다. 그 기간 동안 어떤 한 가지 특성이나 행동도 항상 효과적일 수는 없다. 사람의 성격도 마찬가지다. 예를 들어 사람들이 모든 상황에서 외향적인 성격을 보여주지 않는 이유는 모든 상황에 외향적인 행동이 적절하지는 않기 때문이다. 회복탄력성과 관련된 행동이나 특성에도 마찬가지로 적용된다. 트라우마 사건이 유발하는 지속적이고 고통스러운 스트레스는 너무나 다양하기 때문에 대응 과정의 모든 순간에 효과가 있는 하나의 행동이나 성격은 없다. 사실 시야를 좀 더 넓혀보면 '세상 모든 일에 무조건 효과를 보는 단 한 가지 행동이나 성격은 없다'는 사실을 금세 깨달을 것이다.

아름다운 공작과 빠른 치타

모든 행동이나 특성에는 이득과 손실이 존재한다. 상황에 따라 이득이 더 중요하기도 하고 손실이 더 중요하기도 하다. 이 원리는 가장 큰 포유류부터 가장 작은 단세포 생물까지 사실상 자연의 모든 생명체에 적용된다.[16] 눈부시게 아름다운 꼬리를 가진 공작을 예로 들어보자. 나는 맨해튼에 살고 있지만 우리 동네에는 공작이 세 마리나 있다. 내가 사는 아파트에서 조금만 가면 아직도 공사 중인 그 유명한 세인트 존 더 디바인 대성당이 나오는데 그곳의 공터에 공작들이 살고 있다. 공터는 맨해튼치고는 상당히 넓어서 몇 구획에 걸쳐 있다. 공작을 위한 작은 쉼터가 뒷마당에 있지만 공작들은 대체로 제멋대로 돌아다닌다. 어느 날 성당 옆을 지나가다가 멋진 장면을 보았다. 공작 한 마리가 공터 주변의 돌담에 풀쩍 올라가더니 꼬리를 펼친 것이다. 지나가던 차들이 놀라서 급정지하는 바람에 순식간에 교통이 마비될 정도였다.

진화론의 창시자인 찰스 다윈Charles Darwin도 공작의 꼬리에 광적인 관심을 보였다. 그는 1859년에 《종의 기원On the Origin of Species》이라는 역사적인 저작을 출판해 인류의 사상사에 가장 기념

비적인 대변화를 일으켰다.[17] 그때까지만 해도 생물종의 다양성은 신이 인간을 포함한 지구상의 모든 생물을 단번에 만들었다는 창조론으로 설명했다. 그러나 다윈은 생물종의 다양성은 자연선택 natural selection이라는 진화과정으로 훨씬 더 완벽하게 설명할 수 있다고 주장했고, 장기간에 걸친 꼼꼼한 관찰을 통해 이를 증명했다. 생물이 주위 환경에서 살아남기 위해 행동과 특성을 점차 진화시켰고 이것들이 그 종의 특징이 되었다는 것이다.

그런데 공작의 꼬리가 그를 심하게 괴롭혔다.《종의 기원》출간 1년 뒤, 다윈은 "공작의 꼬리 깃털만 봐도 짜증이 난다"라고 했을 정도다.[18] 이렇게 심한 반감을 보인 이유는 공작의 꼬리를 도무지 설명할 수 없었기 때문이다. 어떻게 대형 조류가 주의를 끄는 꼬리를 갖도록 진화했을까? 새 중에서도 공작은 몸집이 크고 고기가 많은 편이다. 배고픈 포식자에게는 아주 좋은 먹잇감이다. 공작은 털갈이를 하며 꼬리 깃털이 빠졌다가 다시 나면서 더 커지기 때문에 더욱 이목을 끌고 주위 포식자의 눈에 잘 띈다. 또한 꼬리가 너무 커서 날 수 없기 때문에 오래 생존하기가 어렵다. 이런 특징들 때문에 말장난이지만 공작은 손쉬운 먹잇감 sitting duck(날지 않고 물 위에 앉아 오리처럼 손쉬운 먹잇감이 된다는 의미 – 옮긴이)이 된다.

다윈의 이론을 설명하는 데 공작은 골칫거리였다. 어떤 생물군이든 생존에 도움이 되는 특징을 가진 개체가 점차 증가하며 종이 진화한다. 그런데 생존에 방해가 되는 꼬리를 어떻게 설명할 것인가? 어떻게 그리고 무슨 이유로 그런 꼬리로 진화했을까?

10년이 넘게 걸리기는 했지만 다윈은 결국 이 난제를 해결했다.[19] 종의 특성이 점진적으로 진화하는 원리로 자연선택 외에 성선택sexual selection도 있다는 것이다. 다채로운 깃털을 가진 다른 새들과 비교해도 엄청나게 크고 화려한 공작의 꼬리에 대해 다윈은 공작의 암컷이 진화과정에서 화려한 깃털의 진가를 알았을 것이라고 주장했다. 암컷들이 알게 모르게 멋있는 수컷을 선호했기 때문에 수컷들도 이에 맞춰 가장 화려한 모습으로 진화했다는 것이다.[20] 비록 유전자의 개념도 없는 상태에서 성선택 이론의 세부 내용까지 완성하지는 못했지만 그의 통찰력만은 인정해야 한다. 짝짓기 상대에게 매력 있는 특징을 가지고 있으면 번식 가능성이 높아지고, 대대손손 그 특징을 물려줄 수 있다.[21]

생존을 위한 자연선택과 번식을 위한 성선택이라는 두 가지 경쟁적인 메커니즘으로 종 진화에 대한 관점을 확장하면서 다윈은 이득과 손실 사이의 긴장이 어떻게 자연에 녹아드는지를 훌륭하게 보여주었다. 크고 화려한 꼬리는 번식 가능성을 높여주므로 매우 큰 이득이지만 동시에 포식자의 눈에 띌 가능성도 키우기 때문에 손실을 유발한다.

이런 식의 맞교환 관계trade-off는 다른 동물에서도 볼 수 있다. 치타를 예로 들어보자. 이번에는 번식이 아니라 먹이에 관한 내용이다. 치타는 감탄을 자아내는 동물이다. 몸이 매끈하고 고작 3초 만에 시속 100킬로미터까지 속도를 높일 수 있어 지구상에서 가장 빠른 포유류라고 불린다. 매우 민첩하며 긴 꼬리를 이용해 빠르게 방향을 전환할 수 있다. 시력이 뛰어나며 강한 이빨과 발톱을 가지고 있다. 이 모든 것을 다 갖추었으니 완벽하게 진화한 포식자라고 할 만하다. 배가 고프면 치타는 먹잇감을 쫓아가 넘어뜨린 뒤 양껏 먹고 낮잠이나 자면 될 것 같다.

치타가 대부분의 시간을 뒹굴뒹굴 보내기는 하지만 그렇다고 그들의 삶이 보이는 것처럼 그렇게 편하지는 않다. 빠른 속도는 가장 큰 자산이지만 동시에 약점이기도 하다. 순간적인 가속력을 얻으려면 신진대사 기능이 필요하기 때문에 지구력이 비교적 약하다. 수백 미터만 달리면 멈추고 쉬어야 한다. 연구에 따르면 치타는 추격하던 먹잇감을 거의 눈앞에 두고도 포기하는 경우가 많다. 운이 좋아 먹잇감을 낚아챘다고 해도 너무나 지쳐 30분 정도는 쉬어야 기력을 회복하고 먹이를 먹을 수 있다. 그사이 다른 포식자들이 치타가 잡은 먹이를 몰래 훔쳐 가는 일도 자주 발생한다.[22]

좋은 전략, 나쁜 전략, 추한 전략

인간 역시 동물이기 때문에 인간의 행동에도 이득과 손실 사이의 균형이 동일하게 적용되기 마련이다. 대응 및 정서조절 전략을 생각해보자. 다양한 전략이 나왔고 이 중에는 평가가 좋은 것과 나쁜 것이 있다. 좋은 전략은 근본적으로 유용하고 효과가 있으며, 나쁜 전략은 효과가 없고 심지어 해를 끼칠 수도 있다는 것이 일반적인 생각이다. 이런 논리대로라면 건강한 사람은 항상 훌륭하고 효율적인 전략을 사용했고, 감정적으로 힘들어하는 사람은 항상 나쁜 전략을 사용했어야 한다.

좋은 평가를 받는 전략 중에 '문제 중심 대응전략problem-focused coping'이 있다. 문제를 일으킬 가능성이 있는 상황 자체를 바꾸는 전략이다. 또 다른 좋은 전략으로 꼽히는 '재평가 전략reappraisal'은 상황에 대한 인식 자체를 바꾸는 전략이다. 예를 들어 매우 무례하고 적대적인 사람을 만나 화가 나더라도 상대에게 오늘 아주 힘든 일이 있었을 것이라고 상황을 재평가해 분노를 가라앉히는 것이다.

사람들이 보통 절대적으로 안 좋은 방법으로 간주하는 전략에는 '의도적인 감정 억제intentional suppression of emotion'가 있다. 감정을 억압하며 감정적인 반응을 느끼지 않거나 드러내지 않으려고 하는 것이다. 이 전략이 별로 효과가 없다고 하는 이유는 때로는 감정을 억제하기가 매우 힘들다는 점을 우리가 이미 경험으로 알고 있기 때문일 것이다. 특히 감정이 극도로 격해져 있을 때는 더욱 그렇다. 또한 감정 억제는 대인관계에서, 예를 들면 사람들이 일반적으로 감정을 드러내기를 기대하는 여러 사회적 상황에서 오해를 불러일으킬 수 있다.[23]

초기의 연구들은 이런 식의 선악 구분에 들어맞는 듯했다. 그러나 시간이 지날수록 이를 입증할 증거가 나오지 않았다. 우선 사람들은 자신들이 어떤 대응전략을 구사하는지 잘 안다고 생각하지만, 실제로는 알게 모르게 다양한 행동을 한다. 한 설득력 있는 연구에서 조사자들은 참가자들에게 평상시 스트레스 대응방식을 물어본 다음 이틀 동안 스트레스 상황이 발생할 때마다 그들이 어떤 대응방식을 사용하는지 관찰했다. 그 결과 처음의 응답과 실제 대응방식이 달랐다. 같은 연구진이 실시한 또 다른 연구에서는 조사의 순서를 바꿔봤다. 이틀간 대응방식을 먼저 관찰한 다음 사람들에게 어떤 전략을 구사했냐고 물어본 것이다. 마찬가지로 일관성이 거의 없이 실제와 다른 대답을 들을 수 있었다.[24]

다양한 전략을 구사한 결과는 단순히 좋고 나쁜 전략으로 분류하는 경우보다 변동성이 훨씬 큰 결과를 보여준다. 예를 들어 문제 중심 대응전략이 감정 중심의 대응방식보다 효과가 있다고 생각되지만 상황에 따라서는 그 반대의 경우도 관찰된다.[25] 감정을 억제하는 것은 좋지 않지만 감정을 표현하는 것은 괜찮다는 일반적 통념을 생각해보자. 감정을 억누를 때 나타나는 부작용에 관한 조사가 있기는 하지만 전반적으로 어느 것이 좋은지에 대해서 명확한 결론을 내리지 못하고 있다. 300여 개의 정서조절 실험에서 도출된 종합적 결과를 메타분석한 결과, 모든 것을 감안할 때 감정을 억누르는 것이 좀 더 효과가 있다는 결론을 냈다. 하지만 상황에 따라 결과가 달라지기도 한다.[26]

따라서 감정을 억제하는 것은 특정 상황에서만 효과가 있다고 봐야 한다. 예를 들어 대중 앞에서 연설할 때 불안감을 드러내지 않는다거나, 갈등을 해결하려 할 때 분노를 표출하지 않는 것은 필수적이지는 않더라도 중요한 것이 사실이다. 극심한 역경의 상황에서는 밖으로 나타나는 감정을 어느 정도 억제하는 것이 도움이 될 수 있다. 대부분의 사람은 친한 친구나 친척이 고통받거나 화난 모습을 보면 손해를 감수하고서라도 도와주려고 한다. 그러나 이런 감정표현이 오래 지속될 경우 좋은 의도로 도와준 사람들을 실망시켜 등 돌리게 한다.[27] 따라서 상황에 따라 그런 표현을 최소화할 줄 아는 것이 중요하다. 지나가는 이야기지만 연구자들은 트라우마와 관련한 연구를 하는 과정에서 부모들을 인터뷰할 때 이런 이야기를 많이 들었다. 그들은 위급상황이 닥치면 아이들을 안심시키기 위해 때로는 자신들의 고통을 숨겨야 할 필요가 있다고 말했다.

재평가 전략의 효과도 상황에 따라 변한다. 일반적으로 재평가 전략은 정서조절 전략 중에서 가장 효과적이라고 간주되기는 하지만 항상 그렇지는 않다. 어떤 상황에서는 오히려 좋지 않은 결과를 초래할 수도 있다. 생활 스트레스가 심한 상황에서 재평가 전략이 우울증을 줄여준다고 하지만, 스트레스가 통제 불가능할 때만 그렇다. 연구 결과에 따르면 스트레스를 줄이기 위해 어떤 것도 할 수 없을 만큼 스트레스를 통제할 수 없을 때는 상황의 재평가가 감정을 누그러뜨리는 가장 좋은 방법이다. 그러나 조치를 취할 수 있을 만큼 스트레스 통제가 가능할 때는 상황을 변화시키는 것이 재평가보다 효과적이다. 후자의 상황에서는 재평가 전략이 오히려 우울증을 악화시킨다. 재평가가 필요할 수 있는 다양한 상황에서 사람들이 선호하는 전략을 테스트했을 때도 마찬가지 패턴이 나타난다. 대다수 사람은 스트레스 요인이 비교적 경미하여 더 쉽게 통제할 수 있을 것으로 예상될 때 재평가를 선호한다. 그러나 스트레스 요인이 좀 더 극심할 때는 주의 분산distraction과 같은 다른 전략이 더 자주 선호된다.[28]

모든 실험 결과는 하나로 귀결된다. 대응 및 정서조절 전략에는 본질적으로 좋고 나쁨이 없다. 모든 전략에는 이득과 손실이 따르며, 특정 상황의 필요만 해결할 수 있어도 효과적인 전략이다. 그런데 아이러니하게도 이는 새로운 이론이 아니다. 대응 및 정서조절 분야의 주요 이론가들은 상황의 변화와 관련된 역동적인 상호작용을 항상 강조해왔다. 또한 이들은 시기$_{timing}$가 중요하다고 말했다. 스트레스 요인 발생 초기에 효과가 있던 전략도 스트레스가 진행될수록 별 효과가 없을 수 있다는 것이다.[29]

정서조절 전략의 역동적인 특징은 트라우마성 스트레스에 직면했을 때 특히 잘 드러난다. 상황이 극단적으로 바뀌면 일상적인 반응은 모두 제쳐두고 내가 '실용적 대응$_{pragmatic\ coping}$'이라고 불렀던 전략을 사용하지 않을 수 없다. 오로지 살아남는 것, '무슨 수를 써서라도' 그 상황에서 벗어나는 것에만 집중하는 것이다. 그 '무슨 수'에는 평상시 같으면 전혀 고려하지 않았을 전략이나 행동이 포함되기도 한다. 불건전하다고 생각했던 행동도 물론 고려 대상에 들어간다. 그래서 나는 이런 종류의 대응에 '추한 대응전략$_{ugly\ coping}$'이라고 이름 붙였다. 힘든 상황이 닥쳐 이를 벗어나려고 할 때는 사용하는 전략이 멋질 필요도, 사회적 통념에 맞을 필요도 없다. 단지 효과가 있으면 된다.[30]

좋은 것도 한두 번이다

어떤 행동은 누가 봐도 효과적이라서 도움이 되지 않을 것이라고 생각하기 어렵다. 예를 들면 긍정적인 감정 같은 것이다. 기쁨·행복·자부심·즐거움 같은 감정의 장점은 심리학에서 오랫동안 무시되어왔지만 최근 들어 많은 주목을 받기 시작했고, 현재는 정신건강의 필수 요소로 간주된다. 당연한 이야기다. 긍정적인 감정을 느끼면 기분이 좋아질 뿐 아니라 여러 가지 건강 증진에도 도움이 된다는 증거가 차고 넘친다. 이런 연구 결과에 힘입어 긍정적인 감정은 중요한 공적 담론이 되었으며, 최적의 건강과 웰빙을 증진하기 위해 긍정적인 감정을 키우자는 다양한 프로그램이 쏟아져나왔다.[31]

그러나 앞서 살펴봤듯이 자세히 보면 꼭 그렇게 좋은 것만도 아니다. 다른 경우와 마찬가지로 긍정적인 감정도 지나치지 않아야 도움이 된다. 적정 수준의 긍정적 감정을 가지면 더욱 창조적인 삶을 영위할 수 있지만 극단적인 수준의 긍정적 감정은 그렇지 않다. 위험을 느끼지 못하고 위험한 행동을 억제하지 못한다. 인간의 행동이 모두 그렇듯 긍정적 감정의 유용성도 상황에 따라 달라진다. 다른 사람과 협조할 필요가 있을 때는 긍정적 감정이 도움이 되지만 대결해야 하는 상황에서는 좋은 결과를 내기 어렵다.

경쟁 상황에서 긍정적인 감정을 표출하면 심각한 사회적 대가를 치러야 할 수 있다. 한 조사에서는 실험 참가자에게 영화제·스포츠 경기·퀴즈쇼 등에서 수상한 동영상을 보여주었는데, 자신의 기쁜 감정을 있는 그대로 표현한 수상자보다는 절제한 승자에게 더 호감을 보였다. 또한 감정을 그대로 드러낸 수상자보다는 적정 수준의 겸손함을 보여준 승자와 친해지고 싶다는 사람이 많았다.[32]

특히 끔찍한 일을 겪고 난 다음에는 긍정적인 감정에 대한 상황적 제약이 더욱 중요해진다. 9·11테러와 관련된 연구의 일환으로 뉴욕대학교 학생들에게 슬픈 영화와 재미있는 영화 중 하나를 보여준 다음 9·11테러 뒤 자신들의 삶이 어땠는지 이야기해달라고 요청했다. 우리는 영상으로 촬영한 학생들의 눈가 근육의 움직임을 분석해서 얼마나 진실한 미소를 짓는지 측정했다. 이전 연구에서도 그랬듯이 진실한 미소를 짓는 사람이 전반적으로 정신건강이 양호하다고 나타났지만 이 역시 상황에 따라 달랐다. 재미있는 영화를 본 학생들이 미소를 지었다고 해서 정신건강이 양호하지는 않았다. 논리적으로 당연한 이야기다. 흐뭇한 영화를 보고 난 다음에는 쉽게 웃을 수 있기 때문에 장기적인 정신건강을 예측하기는 어렵다. 그러나 기분이 좋지 않을 때는 웃기가 쉽지 않다. 당연하게도 슬픈 영화를 본 학생들은 좋지 않은 감정을 많이 느꼈지만, 자신의 삶을 이야기하면서 많이 웃을수록 그런 감정이 빨리 없어졌다. 더 중요한 것은 많이 웃은 학생들은 2년 뒤에도 양호한 정신건강을 보여주었다는 사실이다.[33]

우리는 다시 똑같은 결론에 도달한다. 끔찍한 상황이 모두 똑같지 않고 어떤 행동도, 심지어 미소를 짓는 행동조차 100퍼센트 좋은 것은 없다. 또 다른 연구에서는 10대 후반의 소녀들에게 살면서 가장 힘들었던 일을 설명하라고 하고 어떤 미소를 짓는지 관찰했다. 전반적으로 진실한 미소를 짓는 소녀들이 2년 뒤에도 사회에 잘 적응하는 것으로 나타났다. 그러나 그 효과도 연구의 주요 요소에 따라 달라진다. 소녀들의 절반 정도는 어릴 때 성적 학대 경험이 있었고, 우리가 이 사실을 안다는 것을 몰랐다. 따라서 가장 괴로웠던 경험을 말해달라고 했을 때 성적 학대 사실을 꼭 말할 필요가 없었고 실제로 학대 경험이 있는 소녀들 모두가 그것을 말하지는 않았다. 그러나 학대 경험을 말하면서 긍정적 감정을 표현했던 소녀들은 사회생활에 잘 적응하지 못하는 것으로 나타났다. 이유가 무엇일까? 긍정적인 감정이 항상 유용하지 않다는 것은 인정해도, 나쁜 영향까지 끼치는 이유는 무엇일까?

가장 그럴듯한 설명은 성적 학대를 받은 사실이 비난의 대상이 되기 때문이라는 것이다. 학대 사실을 들은 사람들은 매우 당황해하면서 피해자에게 비난의 화살을 돌리는 경우가 많다고 한다. 그런 상황에서 긍정적 감정을 표현하면 오히려 사태를 악화시킬 뿐이고 듣는 사람을 혼란에 빠뜨리거나 심지어 기분 나쁘게 할 수도 있다. 소녀들의 속마음은 알 길이 없으나 과거의 학대 사실을 털어놓으면서 웃었다는 것은 사회에서 통용되는 감정표현을 인지하는 일에 서툴렀다는 뜻이며, 자연스럽게 낮은 사회적응력으로 이어진다.[34] 이는 매우 중요한 사항으로, 잠시 뒤에 다시 다루겠다.

위협 인식의 유용성

그러면 반대 상황은 어떨까? 일반적으로 나쁘고 건강하지 않다고 간주되는 특성이나 행동이 유용한 경우도 있을까? 위협인식threat perception이 좋은 예다. 앞에서 말했듯이 트라우마 중증도가 회복탄력성과 관계가 있기는 하지만 관련성은 약하다. 무언가 더 있다는 뜻이다. 그 '무언가'를 지금부터 다룬다. 트라우마의 심각성은 어떤 사람에게 객관적으로 발생하는 사건이 아니라 그 위협을 주관적으로 어떻게 받아들이냐에 따라 달라진다. 결국 위협에 관한 주관적 인식이 트라우마의 기본 구성요소이기 때문이다. 이 책에서 단순히 트라우마 사건이라고 하지 않고 '잠재적 트라우마 사건'이라고 하는 또 다른 이유이기도 하다.

연구 결과는 이를 뒷받침한다. 대규모 조사에 따르면 부상의 심각성을 느끼는 정도에 따라 이후 PTSD 증상의 발현 여부가 좌우된다. 이와 비슷하게 우리가 실시한 연구에서도 병원을 찾았을 때 심장마비의 위협을 크게 느꼈던 환자가 그렇지 않은 환자보다 PTSD 증상이 오래 지속되었다. 그렇게까지 위협을 느끼지 않은 환자들은 회복탄력성 궤적을 보이는 경우가 많았다. 중요한 것은 실제 심장마비 진단 여부와 상관없이 비슷한 결과가 나왔다는 점이다. 다시 말해 위협에 관한 인식이 실존하는 위협만큼 중요하다.[35]

9·11테러에 관한 연구에서도 같은 결과가 나왔다. 사람들이 겪은 실제 사건(객관적인 노출)과 특정 위험에 대한 주관적 인식이 PTSD 발병과 연관이 있었다. 중요한 사실은 우리가 두 집단을 동시에 조사한 결과, 나중에 회복탄력성 궤적을 보이는 환자들은 실제 위험에 노출되었는지 여부와 무관하게 9·11테러가 발생했을 때 자신이 비교적 덜 위험하다고 느낀 경우가 많았다는 것이다.[36]

그러나 이런 결과들 또는 적어도 이 결과들의 표면적인 일관성에도 오해의 소지가 있을 수 있다. 잠재적 트라우마 사건이 야기하는 개인적인 위험은 다면적이다. 여러 가지 위험이 사건 발생 전, 후, 중간 등 서로 다른 시점에 제각기 나타나거나 정점을 찍거나 사라진다. 눈치챘겠지만 이렇듯 반응이 다양하기 때문에 트라우마 중증도 같은 위험인식risk perception의 전반적인 영향은 비교적 약하며 맥락과 시기에 따라 달라진다. 물론 많은 경우 위험인식이 필수라고까지는 말하지 못해도 매우 중요한 것은 사실이다.

위험인식이 형성되는 과정을 자세히 들여다보면 그 이유를 알 수 있다. 위험에 대한 객관적인 평가는 비교적 간단하다. 전문가들은 그 과정을 가장 기본적인 4단계로 구분했다. 우선 실제 위협이 존재한다는 사실을 파악한다. 그다음으로 순서대로 위협의 특성, 위협에 대한 노출 수준, 전체적인 위험 수준을 파악한다. 나머지 비전문가들은 위험의 정도를 주관적인 감정 반응(전문용어로 '감정으로서의 위험risk as feelings'이라고 한다)에 따라 판단하는 경향이 강하고, 당장의 생존에 집중하는 신속하고 대체로 무의식적이며 자동적인 과정에 의존한다. 2장에서 다루었던 추단법을 연상시키는 이런 과정은 얼마 되지 않는 부분적인 정보에 근거해 빠르게 반응한다. 한정된 정보를 관련된 경험에 대한 기억과 비교하는 것이다. 기존의 경험에 비추어 상황이 위험하다는 판단이 들면 깜짝 놀라 대응한다. 그러나 위험하지 않거나 심지어 안전하다는 판단이 들면 발생 가능한 위험을 과소평가하여 적절한 주의를 기울이지 않는다.[37] 한마디로 위협에 대한 정확한 인식은 건강한 생존에 필수적이다.

위협을 과소평가했을 때의 위험성이 가장 심각한 사례는 성폭력의 희생자가 되는 상황이다. 이 분야의 전문가들은 성폭력 피해자를 탓하는 것으로 들릴까 봐 몹시 우려하면서도, 여자아이들과 성인 여성들에게 위험을 인지하고 이에 대응하는 방법을 가르치는 것이 매우 중요하다고 주장한다. "여성이 성폭력 피해의 위험을 막기 위해서 언제든지 쓸 수 있는 주요한 수단 중 하나는, 성폭력에 취약할 수 있는 위험한 상황을 미리 알아차리고 이에 효과적으로 대응하는 방법을 배우는 일입니다." "실제로 위험을 일찍 감지할수록 위험한 상황에서 벗어나 필요에 따라 효과적인 방어책을 사용할 가능성이 높아집니다."[38]

이와 관련하여 특히 까다로운 상황은 데이트 강간처럼 지인이 가해자일 때다. 애인이나 지인과의 성적 감정은 즐거움과 강한 친밀감을 형성하기 때문에 마음을 놓은 피해자가 위험신호를 무시하게 만들기도 한다. 특히 이전에 성폭력을 당한 경험이 있는 피해자에게 더욱 혼란스러울 수 있다. 한 실험에서는 여성들에게 성적 접촉을 연출한 녹음테이프를 들려주었다. 이 테이프에는 처음에는 친밀감으로 시작하지만 점차 언어적 압박, 폭력적인 위협, 결국 실제 강간까지 이어지는 상황이 녹음되어 있다. 실험 참가자에게는 테이프 속 남성이 '선을 넘어서' 데이트를 중단해야 한다고 느끼는 순간 버튼을 누르라고 요청했다. 그 결과 여러 번 성폭력 피해 경험이 있는 참가자는 그렇지 않은 참가자에 비해 위험신호를 빠르게 알아차리지 못해 버튼을 늦게 누르는 경향이 나타났다. 이런 여성들은 위협이 매우 확실해져야만 데이트를 중지시킨다(예를 들어 남성이 말로 협박하고 폭력을 휘두르며, 여자는 "내 몸에 손대

지 마!" 또는 "이거 봐!" 등의 말로 거부 의사를 강하게 표현하는 상황). 그러나 아이러니하게도 이전에 성폭력을 당한 경험이 있는 참가자라 하더라도 (다른 형태의 PTSD 증상은 없지만) 과잉각성이 포함된 PTSD 각성 증상을 보이는 참가자는 그렇지 않은 참가자보다 위험을 빨리 알아차리고 데이트를 끝내라고 버튼을 눌렀다.[39]

실제 성적인 접촉 상황에서 위협을 과소평가하면 대가는 엄청나다. 또 다른 모의실험 결과에 따르면 성폭력 피해 여부와 상관없이 위협을 늦게 알아차려 대응 행동이 늦었던 실험 참가자들은 이후에 성폭력 희생자가 될 확률이 높았다.[40]

다른 종류의 잠재적 트라우마 사건으로 시야를 넓혀보면, 위험 인식이 주는 영향은 상황에 따라 달라진다는 것을 알 수 있었다.[41] 예를 들어 도심지에 테러 공격이 발생한 뒤 곧 두 번째 공격이 있을 것이라고 생각한 시민들은 그렇지 않은 사람들보다 적극적인 대응 행동을 보였다. 예를 들어 외출 계획을 취소하고 행동반경을 축소하거나 배우자나 연인에게 연락해 도움을 요청했다. 그러나 시민들의 대응은 거주지, 연령, 성별에 따라 달랐다.[42] 또 다른 연구에서는 수해 생존자를 대상으로 연구를 진행했다. 연구에 따르면 거주지에서 홍수가 발생할 가능성에 대한 판단뿐 아니라 홍수에 대한 보편적 공포심 역시 잠재적 홍수에 적절하게 대비할 동기를 부여해준다. 그러나 이러한 공포심은 과거에 발생한 홍수 피해의 심각성만큼이나 피해자 개인의 감정적 반응에 따라 달라졌다.

고위험 상황에서는 위협에 대한 발 빠른 대처가 생존에 필수적이다. 경찰관처럼 위험한 직업군이라면 더욱 그렇다. 경찰 훈련생을 대상으로 한 추적연구에 따르면 위협을 얼마나 잘 인지하느냐에 따라 향후 직업경찰관 생활을 얼마나 잘 견디는지가 달라졌다. 끔찍한 교육용 영상을 보여줬을 때, 많은 양의 스트레스 호르몬을 분비하며 위협에 즉각 반응했던 교육생은 그 뒤로 4년간 높은 수준의 회복탄력성 궤적을 보여주었다. 반면 무딘 반응을 보이며 위협에 제대로 반응하지 못한 교육생들은 고통이 만성적으로 증가하는 궤적을 보였다.[43]

위협에 주목하는 것이 특히 더 중요해지는 경우는 평상시에는 별로 위험하지 않다가 갑자기 극도로 위험한 사태가 발생할 때다. 예를 들면 민간인이 갑자기 전쟁의 위협에 직면하는 상황이다. 한 연구는 이스라엘에서 로켓 공격이 발생했을 때 서로 다른 두 지역 주민들의 대응을 살폈다. 한 지역은 직접적인 집중 공격을 받았고 다른 지역은 위협을 받기는 했지만 직접적인 포격은 없었다. 직접적인 공격을 받은 지역의 주민은 위협에 제대로 대응했는지에 따라 생사가 갈렸다. 이 지역 주민들 가운데 위협을 제대로 감지한 사람들은 1년 뒤 특히 PTSD 증상과 우울증 발병률이 낮았고 정신적으로 건강했다.[44] 한편 시기의 역할도 중요했다. 공격이 멈추고 1년 뒤에 두 지역을 다시 조사한 결과 위협인식은 정신건강에 큰 역할을 하지 못했다.

적절하지 않은 시기에 너무 위협을 강조하면 오히려 역효과가 날 수도 있다. 예를 들어 생명이 위태로운 상황에서는 위협에 집중해도 효과가 적거나 아예 없다. 앞에서 잠깐 언급한 심장마비에 관한 연구가 이를 보여준다. 이 연구에서는 응급실에 입원한 환자가 얼마나 위협을 느끼는지 측정했다. 그때는 이미 몸에서 위협신호가 감지되었기 때문에 응급실까지 실려온 상황이다. 일단 응급실에 도착하면 차분히 치료를 기다리는 것 외에는 할 수 있는 일이 아무것도 없다. 그 시점에는 위협에 집중해봤자 아무 소용이 없고 오히려 회복 가능성만 줄어든다.[45]

유연성: 시의적절한 행동

대부분의 사람은 심각하거나 장기간의 심리적 피해 없이 트라우마성 스트레스를 견뎌낸다. 사람들은 대개 회복탄력성이 있다. 그러나 앞에서도 보았다시피 역설적이게도 회복탄력성과 관련된 특성이나 행동은 큰 효과가 없었다. 어느 한 행동이나 특성이 항상 효과를 내지는 못하기 때문이다. 모든 행동, 모든 특성에는 이득과 손실이 모두 존재한다. 어느 한 시점, 어느 한 상황에서 효과가 있어도 다른 시점, 다른 상황에서는 효과가 없을 수도 있다. 이 모든 논의를 종합하면 사람에게는 회복탄력성이 있기 때문에 어떻게든 어려운 상황을 이겨낸다는 평범한 결론에 도달한다. 다시 말해 사람에게는 유연성이 있기 때문에 어떤 시기, 어떤 상황에서 어떤 행동이 옳은지 결정하고 이를 실행하면서 앞으로 나아간다는 것이다. 여기까지 잘 따라왔다면 이런 유형의 유연성은 너무 당연해 보일 것이다. 그러나 잠시 뒤에 보겠지만 유연성은 우리가 아는 것 이상이다.

3부

유연성의 세계로

The End of Trauma

5장

유연성 마인드셋

미래에 대한 낙관주의, 자신의 대응능력에 대한 자신감, 위협을 도전으로 간주하는 태도. 이 세 가지 믿음은 각각 건강한 태도와 관련이 있지만 이들을 통합하면 더욱 큰 무언가가 생긴다.

유연성이란 쉽게 적응하고 변형되며, 구부러지기는 하지만 부러지지는 않는 특성으로 정의된다. 또한 변동성, 부드러움, 적응성, 탄력성, 신축성, 심지어는 회복탄력성과도 동의어로 사용된다. 그러나 엄밀히 말해 유연성과 회복탄력성은 다른 개념이다. 내가 이 책에서 사용한 '회복탄력성'의 의미는 끔찍한 사건이 발생한 뒤에도 양호한 정신건강을 지속적으로 유지하는 상태, 더 정확히 말하면 '오랜 기간 정상적 기능이 안정적으로 유지되는 상태'다. 유연성은 회복탄력성이 아니다. 유연성은 트라우마성 스트레스에 적응해서 회복탄력성을 찾아가는 과정이다.

이 과정의 중심에는 내가 '유연화 단계 flexibility sequence'라고 부르는 몇 가지 단계가 있다. 이 단계들이 유연성의 핵심이다. 유연화 단계에는 많은 것이 포함되어 있으며, 앞으로 각 단계를 자세히 들여다볼 것이다. 그전에 위기가 발생했을 때 우리가 유연성을 발휘하는 이유를 알아보자.

유연성은 저절로 발휘되지 않고 수동적인 특징도 아니다. 유연성이라고 하면 고무나 대나무처럼 힘을 주는 대로 휘어지는 부드럽고 고분고분한 물건을 떠올리곤 한다. 하지만 사람은 그렇게 쉽게 휘지 않는다. 휘어지려는 마음이 있어야 한다. 어느 정도의 노력과 닥친 문제를 해결하려는 태도가 있어야 하는 것이다.

모든 숙련 행위도 마찬가지다. 아무리 기술이 좋더라도 능력을 발휘하려면 동기가 있어야 한다. 최고의 운동선수나 음악가는 모든 능력을 갖추고 있지만 올바른 마음가짐, 태도, 동기가 없다면 실력을 제대로 발휘할 수 없다. 마찬가지로 우리 역시 본격적으로 문제에 뛰어들지 않으면 유연성을 제대로 활용할 수 없다. 이른바 '유연성 마인드셋flexibility mindset'이 필요한 것이다.

유연성 마인드셋은 잠재적 트라우마 사건을 겪은 뒤 특히 중요해진다. 이런 사건은 우리 몸에 직접 충격을 주는 것과 같아서, 몸에 긴급하고 위험하다는 신호를 보내고 스트레스 반응은 최고조에 이른다. 앞에서 우리는 9·11테러가 발생했을 때 월, 에바, 레이나가 미궁 같은 위험을 뚫고 나가는 과정을 통해 강렬한 트라우마성 스트레스 반응이 어떻게 일어나는지 자세히 살펴봤다. 이런 스트레스 때문에 그들은 집중할 수 있었고 육체적 고통을 견디고 필요할 때 재빨리 도망갈 에너지를 얻을 수 있었다. 그러나 안타깝게도 어떤 경우에는 사건이 끝난 뒤에도 한참 동안 그 스트레스에서 벗어나지 못한다. 그러면 월처럼 스트레스가 발전해서 장기간 지속되며 여러 가지 고통을 겪게 되는데, 이를 PTSD라고 부른다.

사건에 관한 끔찍한 생각이나 관련 장면이 사건 뒤 며칠 또는 몇 주간 지속적으로 떠오르기도 하지만 대부분은 장기간에 걸친 심각한 영향 없이 트라우마성 스트레스를 잘 넘긴다. 보통은 그런 생각이나 연상이 사라지기를 바라기만 하는데 사실 이를 없애기 위해서는 무언가 해야 한다. 적어도 우리가 무엇을 할 수 있는지 파악하기에 충분한 시간을 들여 지금 무슨 일이 일어나고 있으며 우리가 어떻게 반응하고 있는지를 살펴봐야 한다. 이 과정에서 유연성 마인드셋이 도움이 된다.

유연성 마인드셋은 본질적으로 현재의 어려움을 극복할 수 있으며, 앞으로 나아가기 위해 필요한 어떤 조치도 취할 수 있다는 확신이다. 유연성 마인드셋의 중심에는 상호연관된 세 가지의 믿음이 있다. 바로 미래에 대한 '낙관주의optimism', 자신의 대응능력에 대한 '자신감confidence', 위협을 기꺼이 '도전challenge'으로 간주하는 태도다. 이런 신념들은 각각 독립적으로 회복탄력성과 상관관계가 있는 것으로 밝혀졌다. 회복탄력성과 관련된 특성이나 행동은 회복탄력성과 약간의 상관관계만 있으며 모든 상황에서 효과적이지는 않다는 점을 앞에서 수차례 이야기했다. 따라서 낙관주의, 자신감, 도전지향성 역시 그 자체만으로 회복탄력성을 키워주지는 않는다. 그럼에도 약하게나마 회복탄력성과 관련이 있다는 사실로부터 그것들이 언젠가는 쓸모가 있으리라는 것을 알 수 있다. 이제 그 쓸모에 관해 알아보자.

이들 세 가지 믿음은 각각 건강한 태도와 관련이 있지만 이들을 통합하면 더욱 큰 무언가가 생긴다. 세 가지 믿음은 상호작용하고 서로를 보완하며 각각의 영향력을 증대시킨다. 이들이 합쳐졌을 때 확고한 신념이자 마인드셋이 생겨서 '나는 실패하지 않아. 이 어려운 상황을 반드시 극복하고 말 테야'라고 다짐하는 효과가 있다. 물론 문제해결에 본격적으로 뛰어들어 대책을 마련하는 다른 방법도 있을 수 있다. 하지만 내가 아는 한 이 세 가지 믿음이 결합했을 때만큼 직접적이고 강력한 효과를 내는 방법은 없다.

유연성 마인드셋은 여러 가지 연관 개념에 뿌리를 두고 있다. 예를 들면 심리학자 캐럴 드웩Carol Dweck이 개발한 '성장 마인드셋growth mindset'과 그 반대 개념인 '고정 마인드셋fixed mindset'도 유연성 마인드셋에 영향을 주었다. 이 두 가지 개념은 본래 학생들의 학습에 도움을 주기 위해 개발되었다. 사람이 새로운 사조나 기술을 배우려고 노력해도 실패하는 이유는 그것들을 습득하는 데 필요한 재능은 타고난다고 믿기 때문이다. 이를 고정 마인드셋이라고 한다. IQ 테스트 같은 일상적인 교육 관행으로 이런 믿음은 더욱 굳건해진다. 고정 마인드셋이 박힌 학생이 성적이 나쁘면 이런 믿음을 더욱 강화한다. 이런 학생들은 시도조차 하지 않은 채 쉽게 포기하면서 이렇게 말한다. "왜 고생해? 재능은 타고나는 거야. 나한테는 재능이 없으니 성적이 나쁜 게 당연해." 반대로 성장 마인드셋을 가진 학생은 재능은 얼마든지 키울 수 있다고 생각하며 노력과 인내, 타인의 지도를 통해 발전할 수 있다고 믿는다. 이런 학생들은 끝없이 노력해 시간이 갈수록 발전된 모습을 보여주며, 마침내 필요한 기술을 제 것으로 만든다.

유연성 마인드셋에는 성장 마인드셋과 똑같지는 않지만 매우 유사하게 난관을 극복할 수 있다는 자신감이 내포되어 있다. 그러나 드웩이 지적했듯이 유연성 마인드셋을 떠오르게 하는 "유연성, 개방성, 긍정적 전망을 성장 마인드셋과 혼동하는 사람들이 많다".[1] 드웩의 주된 논점은 이런 특징들이 성장과 양립할 수 없다는 것이 아니라, 이런 특징이 있느냐 없느냐 따지며 타고난 자질로 보는 가정과 관련이 있다. 여기서도 또다시 유연성 마인드셋과의 공통점을 확인할 수 있다. 유연성 마인드셋을 이루는 세 가지 믿음은 타고나는 것처럼 보이지만 사실은 탄력적이다. 다시 말해 얼마든지 개발하고 키울 수 있다. 뒤에서 더 자세하게 다루겠다.

또한 유연성 마인드셋은 지금은 거의 잊힌 개념인 '스트레스 강인성stress hardiness'을 떠올린다.[2] 스트레스 강인성은 1970년대에 수잰 코바사Suzanne Kobasa(지금은 우엘렛코바사Ouellette-Kobasa)와 스승인 살바토레 마디Salvatore Maddi가 발표한 이론이다. 스트레스 강인성에는 일생의 과업에 대한 헌신, 인생을 주도한다는 느낌, 스트레스를 도전으로 받아들이는 태도라는 세 가지 특징이 있다. 처음 두 가지 특징은 대응전략 중 낙관주의 및 자신감과 비슷하다. 한편 세 번째는 유연성 마인드셋의 도전지향성과 밀접하게 연관된다.

스트레스 강인성 이론이 처음 등장하자 마인드셋과 대응전략의 상호작용에 관한 새로운 이론이 많이 생겨났다. 그러나 강인성이 실제로 스트레스의 완충재 역할을 하는지에 대한 의구심이 커지면서 점차 학자들의 관심에서 멀어졌다. 하지만 너무 성급했다. 강인성이 잊힌 이유는 유용하지 않아서가 아니라 성장 마인드셋처럼 하나의 범주, 곧 강인성 범주로 잘못 이해됐기 때문이다.[3] 그 결과 강인성 개념에 대해 엄청난 혼란이 초래되어 오용되는 경우가 크게 늘었다.

우엘렛코바사와 마디는 그런 어리석은 일을 저지르지 않았다. 강인성을 범주로 보지도 않았고 구성요소들이 스트레스의 완충재 역할을 한다거나 회복탄력성을 가져온다고 생각하지도 않았다. 그들은 강인성을 일종의 중간 단계, 곧 "용기와 동기를 부여해서 고통스러운 상황을 성장의 기회로 전환시킬 수 있는" 일단의 믿음으로 보았다. 이 믿음이 '길'을 만들어 궁극적으로 회복탄력성을 얻게 된다는 것이다.[4]

유연성 마인드셋도 이 중요한 개념에서 출발한다.[5] 강인성 자체가 스트레스를 막아주지 못하듯, 유연성 마인드셋 그 자체로 회복탄력성이 생기는 것은 아니다. 단지 동기를 부여하고 스트레스 유발 요인을 막아줌으로써 회복할 수 있는 길을 열어주고 집중적으로 '노력'해 문제를 유연하게 극복하도록 해준다.

초기 단서들

지금까지 유연성 마인드셋을 세부적으로 다루지는 않았지만, 제드가 수술실에 들어가기 직전의 일화에서 그 단서를 보았다. 그 순간 제드는 이상하리만큼 차분했고 짧은 순간이지만 분명히 회복할 것이라는 믿음과 자신감을 보여주었다. 이것이 바로 유연성 마인드셋의 필수 요소다.

유연성 마인드셋은 레이나가 9·11테러에서 겪은 일을 설명할 때도 나타난다. 테러 당일은 아니고(그날은 너무나 많은 일이 일어났고 레이나는 오직 살아남아야 한다는 생각뿐이었다) 테러 발생 몇 주 뒤 레이나와 다른 생존자들에게서 그날의 경험을 들을 때 발견할 수 있었다.

무사히 집으로 돌아온 레이나는 남편과 자녀들을 다시 만났다. 처음에는 끔찍한 스트레스 때문에 엄청난 고통을 받았지만 자신을 찾아와 걱정해주는 친척과 친구들에게 경험을 털어놓고 격려를 받으며 힘을 얻은 덕분에 일찍이 괴로운 기억의 고통을 이겨낼 수 있겠다는 확신이 들었다. 테러에 대한 생각과 꿈이 반복되어 힘들었지만 어떻게든 잘 넘길 자신이 생겼다. "왜인지는 모르겠지만 극복할 수 있겠다는 생각이 들었어요."

또한 레이나는 도전지향성도 보여주었다. 다른 사람과 같이 있는 것이 불편하지는 않았지만 앞으로 어떤 상황에서는 힘들어질 수 있겠다고 예상하며 문제를 극복해보자고 마음먹었다. 되도록 자주 외출하고 사람들과 어울리면서 상황을 미리 시험해보기도 했다. 그러다 보니 점차 큰 어려움 없이 전처럼 다른 사람들과 일상생활을 할 수 있었다.

피치 못할 사정이 생겨 비행기를 타야 할 때를 대비하기도 했다. 다른 9·11 생존자들과 마찬가지로 레이나도 비행기를 타기가 몹시 겁났다. 그렇지만 어쨌든 버텨냈다. "공포에 질려 얼어붙을 정도는 아니었고 버틸 만했죠. 어쨌든 해냈어요." 본래 사교적이었던 레이나는 다른 승객과 수다를 떨어야겠다는 생각을 했다. "전부터 성격이 외향적이기는 했지만 비행기에서는 별로 말을 하지 않고 혼자 있는 걸 좋아했어요. 그런데 9·11테러 이후 비행기 타기가 겁이 났는데 가까이 앉은 사람들과 이야기를 했더니 도움이 되더군요. 이유는 모르겠지만 효과가 있어서 그 뒤로 비행기만 타면 계속 이야기를 하면서 갔어요."

인터뷰를 해보니 레이나가 의식적으로 긍정적인 태도를 유지하려 한다는 것을 알 수 있었다. 대놓고 낙관주의에 관해 물어보지는 않았지만 우리는 틈이 날 때마다 테러 생존자들에게 희망찬 미래를 기대하냐고 묻곤 했다.

"미래를 기대하냐고요? 그래요. 보통은 그렇죠. '괜찮아. 다 지나갈 거야. 넌 좋은 사람이잖아'라고 계속 스스로에게 이야기해요. 그러고는 미래의 모습에 대해 생각하죠. 테러로 모든 게 바뀌어서 어떻게 될지 모르지만……. 그래도 지금은 새로운 프로젝트를 준비하느라 정신없이 바빠요. 다 잘 되고 있고 만족해요. 미래가 어떻게 펼쳐질지 기대돼요."

지금부터 낙관주의, 자신감, 도전지향성 같은 믿음에 관해 자세히 탐구해보겠다. 이것들이 어떻게 상호작용하고 서로를 보완하며 유연성 마인드셋을 만드는지 살펴보자. 낙관주의부터 시작하자.

낙관주의: 마렌의 경우

심리학에서는 낙관주의를 특별한 증거가 없어도 미래가 더 좋아질 거라는 일반적인 믿음으로 정의한다. 다시 말하면 낙관주의란 다가올 미래에 대한 긍정적 해석이자 편견이다. 알다시피 다른 사람들보다 더 낙관적인 사람들이 분명히 있다.[6] 하지만 누구나 일정 기간은 낙관적일 수 있다.

한동안 대중서와 매체를 중심으로 낙관적인 사람이 회복탄력성이 좋다는 이야기가 돌았다.[7] 이를 증명하는 실험 결과도 많았다. 낙관성이 높게 나타난 사람들이 살면서 맞닥뜨리는 끔찍하거나 트라우마를 유발할 수 있는 사건에 더 잘 대응했다는 것이다. 우리 팀의 연구에서도 이런 사람들이 잠재적 트라우마 사건을 겪은 다음 회복탄력성 궤적을 보일 가능성이 더 큰 것으로 나타났다. 한 연구에서는 잠재적 트라우마 사건이 발생하기 몇 년 전에 측정한 낙관성이 실제 사건이 발생한 이후의 회복탄력성 궤적을 예측하는 것으로 나타났다.[8]

이런 연구 결과는 다시 회복탄력성의 역설을 상기시킨다.[9] 누구도 모든 상황에 항상 낙관적일 수는 없다. 무조건적인 낙관주의는 망상에 빠지지 않는 한 현실에서는 불가능하다. 또한 회복탄력성의 다른 요소들과 마찬가지로 낙관적이라고 해서 항상 높은 회복탄력성을 보여주지는 않으며 때로는 역효과가 날 수도 있다.[10] 그러나 트라우마를 극복하는 데 도움을 준다는 면에서는 여전히 유익하다. 사람이 항상 낙관적이지 않기 때문도 낙관주의가 회복탄력성을 부여하기 때문도 아니다. 그보다는 낙관적 사고방식이 우리에게 동기를 부여해 예상하지 못했던 긍정적 미래를 향해 나아갈 수 있도록 하기 때문이다. 곧 살펴보겠지만, 회복탄력성이 실제로 나타날지 여부는 물론 낙관주의 이상의 요인에 달려 있다.

∗

마렌은 전반적으로 낙관적인 사람이었다. 독일 뒤셀도르프의 평범한 중산층 가정에서 나고 자라면서 특히 어학에 뛰어난 재능을 보였다. 고등학교를 졸업하고 대학교에 입학하기 전, 다른 학생들처럼 해외로 나가 '갭이어gab year'(대학입학 전 사회 경험을 쌓는 기간 – 옮긴이)를 보낼 생각이었다. 이미 상당한 수준의 영어를 구사할 수 있었으므로 런던으로 갈 기회가 생기자 바로 그 기회를 잡았다. 갭이어가 거의 끝날 무렵 명문 케임브리지대학교에 지원해 합격했다. 마렌은 너무나 기뻤다. 갓 21살에 미래가 보장된 듯했다.

대학교 2학년이 된 어느 주말, 한 친구가 같이 시골로 여행을 가자고 했다. 고대 유적지로 유명한 월트셔에서 말을 키우고 있다며 늦게까지 빈둥거리다가 아침을 먹은 다음 말을 타고 여기저기 돌아다니자고 제안했다. 마렌에게는 모든 것이 매우 낭만적으로 들렸다.

월트셔는 영국의 다른 지방보다 비교적 기후가 온화하다. 여행 첫날, 승마하기에 딱 좋은 날씨여서 바로 마사로 갔는데 탈 수 있는 말은 한 마리밖에 없었다. 하지만 둘은 상관하지 않고 한 마리를 교대로 타면서 그날을 최대한 즐기기로 했다. 친구가 먼저 말을 타고 마렌이 탈 때는 자전거를 타고 따라오기로 했다.

마렌은 말을 좋아했다. 어릴 때 승마를 배웠고 심지어 점프해서 말에 올라타는 기술도 배웠다. 경험이 많지는 않았지만 말을 통제하는 데는 문제가 없다고 생각했다.

새로운 말과 친해지기는 쉽지 않다. 게다가 이 말은 관절통으로 고생하고 있었고 달려본 지도 오래된 상태였다. 마렌은 이런 사실을 전혀 모르고 있었다. 날씨가 매우 화창했고 마렌은 새로 사귄 남자친구와 함께 말을 탈 생각에 들떠 있었다.

그들은 웃으며 출발했다.

처음에는 천천히 걸었다. 마렌은 말을 타고 친구는 자전거를 탄 채 이야기하면서 멋진 날씨를 즐겼다. 그러다 평지가 나오자 마렌은 말에게 속도를 내자는 신호를 보냈다. 고통스러워였는지 아니면 새로운 기수가 불편해서였는지 알 수는 없지만 갑자기 말이 뛰어오르며 날뛰기 시작했고 마렌은 바닥으로 떨어졌.

순식간에 벌어진 일이었다. 한순간 몸이 미끄러졌고, 다음 순간에는 잔디밭에 누워 있었다. 일어나려고 했지만 몸이 움직이지 않았다.

*

척수는 중추신경계가 지나가는 주요 통로로, 감각정보와 운동정보가 뇌로 들어오고 나가는 고속도로 역할을 한다. 신경섬유nerve fiber의 네트워크는 우리 몸의 구석구석을 연결한다. 또한 숨 쉬고 움직이고 소화하고 신체감각을 느끼거나 성적 자극에 반응하는 것처럼 무의식적으로 하는 수많은 일에서 중요한 역할을 한다. 척수를 따라 전달되는 정보는 너무 중요하기 때문에 신경계 중에서 뼈로 둘러싸여 보호를 받는 기관은 두뇌를 제외하고는 척수가 유일하다.

척수부상은 항상 중상으로 이어진다. 가장 운이 좋은 경우가 척수조직에 타박상을 입는 정도다. 이는 경미한 신경손상, 손이나 발 같은 말단부의 일시적 감각 상실을 초래한다. 더욱 강한 충격은 척추뼈를 부수고 척수에 구멍을 내거나 심지어 척수를 절단할 수도 있다. 이런 사고가 발생하면 영구적인 장애와 다양한 수준의 마비 증세가 초래된다. '하반신마비paraplegia'는 다리 부분의 감각 및 운동기능 상실을 뜻하며, '사지마비tetraplegia'는 팔다리와 몸통의 마비를 뜻한다. 심각한 척수부상을 간단히 분류하기는 어렵다. 그러나 환자들에게 물어보면 몇 번 척추에 문제가 있는지 구체적으로 잘 알고 있다. 문제가 생긴 척추의 번호가 높을수록 부상 정도가 심각하다.

∗

마렌은 불과 몇 분 전만 해도 화창한 날씨를 만끽했지만 이제는 들판에 꼼짝 못하고 누워 있었다. 그 순간 어떤 생각이 들었을까? 마렌은 무슨 일이 일어났는지 전혀 몰랐다고 했다.

"몰랐어요. 이해하기 어려웠죠. 기억나는 거라곤 말 위에 있다가 떨어졌는데 잠시 후에 보니 누워 있었고 움직일 수 없다는 것뿐이었어요. 왜 그랬는지 이유도 몰랐죠."

남자친구가 옆에 있어서 다행이었다. 게다가 척수전문병원이 인근에 있어 마렌은 헬리콥터를 타고 후송되었다. 침착하려 했지만 막상 병원에 도착하니 공포가 엄습하기 시작했다.

"병원 이곳저곳을 쉴 새 없이 옮겨다니며 온몸을 엑스레이로 촬영했어요. 무서웠어요. 너무 아파서 약을 주었으면 좋겠다고 생각했어요. 고통에서 벗어나고 싶었죠."

마렌의 가족은 독일에 있었다. 어머니가 소식을 듣고 영국으로 건너와 다음 날 병원에 도착했다. 마렌은 여전히 부상의 심각성을 모르고 있었다.

"무슨 일이 일어났는지 몰랐어요. 척수부상이라고 생각을 못 했죠. 어리석게도 별것 아닌 일에 계속 신경 쓰고 있었어요. 새로 생긴 남자친구와의 관계 같은 거요. 그가 나를 어떻게 생각할까? 정말 말도 안 되죠. 이렇게 심한 부상을 입고 누워 있는 것이 얼마나 심각한 일인지 아무 생각이 없었어요. 상황을 전혀 파악하지 못했던 거죠."

어머니와 이야기를 하면서 마렌은 사태의 심각성을 깨닫기 시작했다.

마렌은 하반신마비를 지칭하는 영어와 독일어를 모두 알았지만, 영어로 들었을 때 '척수 손상 spinal cord lesion'은 그리 심각하게 다가오지 않았다. 척수 손상으로 인한 하반신마비는 독일어로 Querschnittslähmung이다. 어머니와 독일어로 이야기하면서 하반신마비라는 말을 들었을 때에야 심각성이 실감 났다.

마렌은 그 순간을 절대 잊을 수 없을 거라고 말했다.

"'세상에 어떻게 이런 일이!'라고 생각했어요."

척수부상을 당하면 인생이 바뀐다. 아직 마렌의 인생이 어떻게 펼쳐질지 확실치 않지만 무슨 일이든 상상할 수 없을 정도로 몹시 나쁘게 변할 것은 확실했다. 최악을 경험할 것이 뻔했다.

마렌은 흉추 네 곳이 골절되었다. 흉추는 척추 윗부분에 있다. 불행 중 다행으로 척수가 완전히 절단되지는 않았다. 척수가 절단되면 원상회복이 거의 불가능하다. 그럼에도 마렌의 척수는 부상이 심각했고 예후도 좋지 않았다.

이런 경우 통상적으로 약해진 척추를 지지하기 위해 금속 지지대를 삽입하는 수술을 하는 방법으로 치료한다. 그러면 척추가 압박을 견디고 약간 움직이는 것도 가능해진다. 그런데 이 수술을 해야 할 외과 의사가 부활절 휴가로 자리를 비운 바람에 나이 많고 신중한 의사가 마렌을 치료했다. 그는 수술을 반대했다. 지지대를 삽입하지 않을 경우 마렌은 무려 9주간 꼼짝 못하고 누워 있어야 했다. 욕창을 예방하기 위해 간호사가 몸을 뒤집어줄 때가 마렌이 유일하게 움직이는 시간이었다.

가만히 누워서 할 수 있는 일은 생각뿐이었다. 당연히 어두운 미래밖에 생각나지 않았다. 영원히 걷지 못하면 어떡하지? 휠체어를 타고 대학교로 돌아가는 것은 상상조차 하기 싫었다. 생각만으로도 '극도로 무섭고 우울했다'.

살면서 누구나 커다란 슬픔에 빠질 때가 있을 것이다. 우울증은 서서히 퍼진다. 독감이나 근육경련처럼 갑자기 일어나는 것이 아니라 사람을 서서히 무너뜨린다. 증상들이 섞여 상승작용을 일으키며 점점 심각한 상태로 빠지는 것이다. 주요우울삽화major depressive episode(우울한 상태가 병적이며 집중적으로 유지되는 기간 – 옮긴이)는 훨씬 더 심각하다.

본격적인 우울증에는 두 가지 전형적인 증상이 있다. 하나는 슬프거나 우울한 감정이 하루 종일 지속되는 증상이 장기간 계속된다. 또 하나는 보통 때라면 흥미를 끌고 재미있어야 할 일에 아무런 관심도 보이지 않는다. 우울증이 걷잡을 수 없을 정도로 심해지면 다른 증상도 나타난다. 집중력장애, 피로, 수면장애, 과도한 수면, 무가치감, 식욕감소 등이다. 과도한 걱정, 불안감 등의 불안증세도 함께 나타난다.

마렌이 어떻게든 우울증을 극복한다고 하더라도 부상 자체를 되돌릴 수는 없다. 어떻게 봐도 낙마로 인한 부상은 트라우마를 남길 가능성이 높다. 갑작스레 발생해 생명을 위협하고 고통스러우니 PTSD에 딱 들어맞는 조건이었다.[11]

척수가 부상당하면 몇 주간 척수충격spinal shock이 발생해서 신경섬유가 부분적 또는 전체적으로 아무런 반응을 보이지 않는다. 매우 위험한 시기로, 심할 경우 심장마비나 자율신경실조증 같은 문제가 나타날 수 있다. 또한 두통이나 이물감, 다한증 같은 증상이 나타나기도 한다.

초기에 마렌은 자신을 괴롭히는 두려운 생각을 없애기 위해 최선을 다했다. 모르핀을 다량 투여해 고통을 줄인 것도 큰 도움이 되었다. 그러나 아무리 낙관적인 성격이라도 모든 것이 저절로 나아지리라고 예상할 수는 없었다. 당시 마렌은 척수부상이 매우 심각한 문제를 야기한다는 사실을 알고 있었다. 기분이 처지지 않기 위해 할 수 있는 모든 것을 했다. 젖 먹는 힘까지 짜내 오로지 회복하겠다는 생각만 했으며, 결코 포기하지 않으리라고 굳게 마음먹었다.

"현실을 믿을 수 없었어요. 내가 다시 걷지 못한다는 사실을 받아들일 수 없었죠."

음악이 많은 도움이 되었다. 음악은 기쁨을 주었으며 건강하고 긍정적인 이미지를 떠올리게 해주었다.[12]

"치료가 되어 다시 걷는 상상을 했어요. 해변을 걷는 상상이

요."

오빠들도 영국으로 건너와 어머니와 함께 마렌의 희망을 응원했다. 그들은 할 수 있는 모든 방법을 동원해 마렌이 꿈을 잃지 않도록 지원했다. 마렌에게는 큰 힘이 되었다. 가족은 음악을 들려주고 열심히 다리를 문질러주는 등 도움이 되는 건 무엇이든 했다.

마렌의 아버지는 다른 방법을 택했다. 매우 활동적이고 성실한 그는 영국에 오자마자 딸을 돕기 위해 혼신의 힘을 기울였다. 그러나 그가 한 일은 단순히 격려나 응원이 아니었다. 마렌의 아버지는 여기저기 다니며 척수부상에 대한 모든 정보를 수집했다.

초기에 마렌은 정보를 얻는 데 관심이 없었다. "정보를 많이 모을 생각이 없었죠. 내 계획의 일부가 아니었으니까요. 오직 긍정적인 생각에 집중하고 싶었어요. 부상에 대한 자잘한 사실은 알고 싶지 않았어요."

부상 초기에는 기능이 어느 정도나 상실될지 확실하지 않다. 초기의 척수충격이 어느 정도 가신 뒤에야 부상의 중증도를 알 수 있고 치료 수준도 결정된다.

마렌의 경우 부상을 당한 지 열흘 뒤, 척수충격에서 벗어나는 바로 그때 그 일이 일어났다.

"발가락이 움직였어요……. 천천히 감각이 되살아나고 있었어요."

마렌은 너무 기뻤다.

가족과 친구들도 환호했다.

발가락을 겨우 몇 밀리미터 움직였을 따름이지만 그 의미는 엄청났다.

"정말 최고였어요. 남들에겐 아무것도 아닐지 모르지만 발가락을 움직일 수 있다는 건 내겐 시발점이었어요. 다시 걸을 수 있다는 확신이 섰죠."

그러나 모두가 기뻐하며 마렌의 적극적 태도를 지지한 것은 아니었다. 이미 이런 일을 여러 번 겪은 의료진은 완전히 비관적이지는 않더라도 매우 조심스러워했다. 발가락이 움직인 것은 좋은 일이지만 아무 의미가 없을 수도 있었다. 그들은 데이터를 자세히 들여다보고 여전히 예후가 극히 나쁘다고 걱정했다.

의료진이 조심스러워했던 이유는 척수충격이 단순한 신체감각의 마비 이상이라는 점을 알고 있었기 때문이다. 부상 초기에는 환자의 행동 자체가 달라질 수 있다. 뇌로 가는 신호가 차단되면 사고과정에 문제가 생겨 감정이 무뎌질 수도 있고, 환자가 사고를 제대로 인지하지 못할 수도 있다. 몇몇 의사의 말에 따르면 척수충격 후기 단계에는 환자가 놀랄 만큼 협조적이고 명랑해 보일 수 있으며 병원 직원과도 정상적으로 소통하는 관계가 된다. 그러나 이를 곧이곧대로 받아들이면 안 된다고 했다. 환자들이 보이는 정상적인 감정적 태도는 진짜가 아니며, 상황을 제대로 파악하고 나면 곧바로 분노에 휩싸이면서 고통과 스트레스 반응을 보인다는 것이다.[13]

동기부여

발가락이 움직였을 때 마렌은 '감전된 듯 짜릿'했다. 바로 이런 걸 원한 거였다. 희망적인 태도를 유지하려고 끊임없이 노력했더니 마침내 보답을 받은 것 같았다.

그러나 무슨 의미가 있을까? 예후는 여전히 매우 안 좋았다. 미래에 대한 장밋빛 전망이 소용 있을까? 낙관적인 태도로 그녀를 둘러싼 절망과 좌절을 극복하고 회복할 수 있을까?

낙관적이고 미래지향적인 사고방식을 가지면 동기가 부여된다. 어려운 상황을 극복하려면 노력이 필요한데, 이 노력에 계속 집중하려면 연료가 필요하다. 긍정적 미래를 상상하면 그 연료를 계속 부어줄 동기가 생긴다. 미래를 긍정적으로 상상하는 사람의 뇌를 fMRI로 찍으면 편도체amygdala와 문측전대상피질rostral anterior cingulate cortex, rACC이 매우 활성화된다고 한다. 편도체는 어떤 사건이 주는 정서적 중요성을 판단하는 기능을 하며, rACC는 정서적 의사결정과 미래의 보상에 대한 기대를 담당한다. 우리가 희망찬 미래를 상상하면 이 두 영역은 강력하게 상호작용하는 신경 연결을 공유해서 함께 작동하며, 미래의 어느 시점에 좋은 일이 생길지를 예상하고 이를 향해 나아갈 동기를 부여한다. 낙관주의 성향이 높은 사람은 이처럼 미래의 보상에 매우 강하게 반응한다.[14]

낙관주의는 희망찬 미래를 얻기 위해 필요한 일을 하도록 도와준다. 우리가 하는 모든 일에는 에너지와 노력이 필요하다. 신체활동을 하면 칼로리가 소모된다. 만보기나 핏비트Fitbit 같은 스마트워치를 사용해본 사람은 알겠지만 더 많이 움직이거나 더 강도 높은 운동을 할수록 더 많은 칼로리가 소모된다. 일반적으로 두뇌활동도 마찬가지다. 우리가 쉴 때에도 두뇌는 엄청난 양의 대사자원을 소비하면서 활동을 멈추지 않는다. 우리가 세상을 바라보는 방식이 우리가 하는 모든 일에 영향을 끼치며 이는 우리가 쏟는 에너지와 노력에 밀접하게 연결되어 있다. 정서적으로 힘겨운 주제를 오랫동안 쉬지 않고 생각하려면 더욱 많은 에너지가 필요하고 신체의 다른 기관에도 영향을 끼쳐 스트레스 호르몬이 분비되거나 심장박동이 빨라지기도 한다. 아직 심도 있는 연구는 없지만 긍정적인 생각을 하는 데도 에너지와 노력이 필요하다. 희망적인 생각을 하면 문제해결에 에너지와 노력을 쏟게 된다. 미래는 더 나아질 것이므로 노력할 만한 가치가 있다고 생각하기 때문이다.[15]

마찬가지로 긍정적인 태도로 미래가 잘 풀릴 것이라고 예상하면 그대로 이루어지는 효과가 있다. 낙관주의자들은 자신을 소중히 여기기 때문에 다른 사람들보다 건강하고 장수하는 경향이 있다.[16] 성공을 믿기 때문에 끊임없이 노력하며, 부분적으로는 이런 태도가 그들을 성공으로 이끌었을 것이다. 인간관계에서도 마찬가지다. 낙관주의자들은 그렇지 않은 경우보다 친밀하고 좋은 관계를 유지하는데, 이 역시 좋은 관계를 유지할 수 있다고 믿는 자기충족적 이유 때문에 가능한 것으로 보인다.[17]

∗

발가락이 움직였을 때 마렌은 날듯이 기뻤지만 아직도 갈 길은 멀었다. 여전히 온몸을 덮쳐오는 고통을 감내해야 했다. 척수충격이 가라앉은 뒤 한 주는 특히 힘들었다. 척수에 손상이 생기면 두뇌와 근육운동을 관장하는 운동신경세포motor neuron 사이의 연결이 끊어진다. 이는 더 이상 뇌와 연결되지 않은 채 저절로 발화하면서 자율적으로 움직인다는 뜻으로, 이때 극심한 근육 경련이 일어나기도 한다.[18] 마렌은 그 고통이 이루 말할 수 없을 정도로 심했다. 경련을 완화하기 위해 마렌은 억지로라도 몸을 최대한 이완시켜야 했다. 마침내 운동신경 경로가 회복되자 경련이 서서히 가라앉았다. 그동안 마렌은 잠시도 희망의 끈을 놓지 않았다.

"반드시 다시 걷겠다는 목표를 세웠어요. 그로부터 2년간 내 삶은 그 목표를 중심으로 돌아갔습니다."

낙관주의로 무장한 마렌은 목표를 어떻게 달성할 것인가 신중하게 계획하고 장기전에 돌입했다.

당연한 일이지만 마렌이 다시 걸을 수 있다고 굳게 믿을수록 의사들과 충돌했다. 의료진은 마렌이 현실을 부정하고 있거나 어리석다고 생각했다.

이와 관련해서 마렌에게 특히 힘들었던 기억이 있다. 사고 발생 후 6주가 지나자 의료진은 가족과 가까운 곳에서 치료받도록 마렌을 독일로 돌려보내기로 결정했다. 비행기를 타고 이동하는 것은 간단한 일이 아니었다. 추가 부상을 예방하기 위해 비행 중에 절대로 움직이지 못하도록 몸을 고정시켜야 했다. 마렌은 철저하게 준비했고 기분이 처지지 않도록 최선의 컨디션을 유지했다.

"비행기에서 나를 돌봐주는 응급팀 직원들하고 시시덕거리며 농담을 주고받았어요. 한창 재미있게 이야기하고 있는데 이 사람들이 내 의료기록을 보더니 갑자기 태도를 바꾸어 나를 아주 진지하게 대하더군요."

마렌은 혹시 자신의 진료기록을 볼 수 있냐고 응급팀에게 물어보았다. 사실 그때까지 진료기록을 한 번도 본 적이 없었다. 하지만 기록을 본 순간 힘이 빠졌다.

"진료기록은 너무 부정적이었어요. 한마디로 내가 결국 휠체어 신세를 진다는 것이었죠. 의사들이 사용한 단어들이 그러니까…… 정말로 충격적이었어요. 나는 어떻게든 희망을 품고 살려고 하는데 진료기록에 있는 용어들은 아주 절망적이었어요."

이런 의견 차이는 갈수록 더 심해졌다. 마렌은 영국의 의사들이 지나치게 보수적이라고 생각했다. 그러나 독일로 이송되고 보니 독일의 의사들은 훨씬 더 보수적이었다.

"독일 의사들은 내가 다시 걸을 수 있는가에 매우 부정적이었어요."

그렇지만 마렌은 일부분이라도 정상생활을 되찾을 수 있으리라는 희망적인 믿음을 계속 유지했다.

독일에서 처음 입원한 병원은 훌륭한 연구시설로 유명한 곳이었지만 마렌과는 맞지 않았다. 가족들은 조금 더 편안하게 마렌의 적극적인 태도를 받아줄 병원을 물색했고, 마렌은 마침내 잘 맞는 곳으로 옮겨갈 수 있었다.

낙관주의의 단점도 있을까?

마렌의 굳건한 낙관주의에 부작용이 있을까? 앞에서 보았지만 회복탄력성을 촉진하는 다른 요소들과 마찬가지로, 낙관주의도 항상 도움이 되는 것은 아니며 상황에 따라 해를 끼칠 수도 있다. 예를 들면 낙관적인 생각으로 과도한 기대를 하다 보면 그만큼 크게 실망해서 정신적으로 무너질 수도 있다. 또한 지나친 낙관주의는 바람직하지만 실현 가능성이 매우 낮은 결과에 비현실적인 희망을 갖게 만들 수도 있는데, 암 치료에서 그런 경우가 종종 있다. 많은 암 환자가 치료를 시작하면서 현실에 맞지 않는 높은 기대를 품는다고 의사들은 지적한다. 한 연구에 따르면 암을 치료하려는 환자 대부분은 자신에게만은 그 치료법이 효과가 뛰어나고 부작용은 적을 것이라 생각한다고 한다.[19] 그렇지만 끔찍한 상황에서도 원치 않는 결과가 발생할 가능성과 그 여파에 실제로 얼마나 잘 대처할 수 있을지에 대한 기대를 분리한다면 낙관주의는 여전히 도움이 된다. 실제로 암 치료로 인한 엄청난 고통에 직면해서도 낙관적인 사고를 하면 치료의 중압감을 덜어준다는 연구 결과가 있다.[20]

*

조금 더 호의적인 새로운 병원의 환경에 적응하자 마렌은 몸을 만드는 데 온힘을 쏟았다.

"병원 시스템에 나를 온전히 맡기고 할 수 있는 건 다 했어요. 병원의 시설을 최대한 이용했죠. 내 한계 이상으로 모든 걸 했어요.

체육관이 문을 닫은 다음에도 혼자 가서 웨이트트레이닝을 했으니까요."

여전히 휠체어를 이용했지만 목발과 무릎 지지대를 연결해서 걸음마를 연습했다. 건강상태가 눈에 띄게 좋아졌고, 아울러 낙관적인 사고방식도 더욱 굳건해졌다. 희망찬 미래에 대한 기대를 멈추지 않고 다시 걸을 수 있다고 끊임없이 되뇌었다. 결국 모든 것이 다 잘될 거라는 긍정적인 믿음에 힘입어 새로운 방법을 시도하기를 주저하지 않았다. 치료에 도움이 될 수만 있다면 말 그대로 어떤 것도 받아들였다. 물론 아무런 효과가 없는 경우도 있었다.

그때를 기억하며 마렌이 웃었다.

"이 정도로 심한 사고를 당하면 사람들이 다 나서서 도와주려고 해요."

그러나 길은 새로운 곳에 있었다. 영국에 있을 때 어머니가 미국의 심리학자 제럴드 잼폴스키Gerald Jampolsky의 책을 갖다준 적이 있다. 이 책에는 믿음을 바꾸어 심각한 질병이나 부상을 극복한 사람들의 감동적인 이야기가 여럿 들어 있었다.[21] 책을 읽고 감동한 마렌이 잼폴스키에게 편지를 보내 만나고 싶다는 의사를 전했다. 그로부터 얼마 되지 않아 마렌의 주치의가 하와이의 민간치료사인 카후나kahuna에 대해 말한 적이 있었다. 이들은 심각한 신체 부상을 극복할 수 있도록 로미로미lomilomi라는 마사지를 시술한다. 그런데 한 카후나가 마침 독일을 방문했고, 주치의가 마렌과의 만남을 주선했다. 만나보니 그 치료사는 놀랄 만큼 '카리스마'가 있었고, 그의 치료법이 도움이 될 것 같았다. 이런저런 이야기 끝에 그 카후나의 제자가 마렌에게 그들이 일하는 하와이의 마우이섬으로 한번 와보는 것이 어떻겠냐고 제안했다. 마렌은 하와이가 치료하는 데 최적의 장소라고 생각했다.

이동에 장애가 있는 사람에게 독일에서 마우이섬까지는 매우 먼 거리다. 비용도 많이 들고 해결해야 할 것도 많아 엄청난 사전 준비가 필요하다. 게다가 아무런 보장 없이 막연한 희망 하나 보고 가는 것이었다.

그런 상황이면 대부분의 사람은 포기했을 것이다. 그러나 마렌은 이 제안에 끌렸고 직원들과 계속 연락을 취했다. 마렌의 다리가 점점 튼튼해지면서 마침내 여행 준비가 끝났다. 마침 그때 잼폴스키에게서 답장을 받았다. 잼폴스키와 그의 아내이자 동료인 다이앤 시린시온Diane Cirincione이 하와이에 한동안 머무를 예정이니 그곳에서 볼 수 있으면 좋겠다는 이야기였다.

하와이에서 카후나에게 치료를 받고 잼폴스키 부부를 만나는 경험은 시작부터 너무나 좋았다. 4주를 묵을 계획이었지만 넉 달까지 연장했을 정도였다.

"여건만 허락되면 더 있을 수도 있었어요." 마렌이 웃으면서 말했다.

하와이에 머무는 동안 마렌은 틈만 나면 운동을 했다. 하루도 빠지지 않고 바다에서 수영을 하며 근력을 키웠다. 또한 친구들을 많이 사귀었으며 잼폴스키 부부를 비롯해 다른 사람들과 뜻깊은 이야기를 많이 나누었다.

특히 그녀의 매우 낙관적인 태도는 그곳에서 아주 잘 통했다.

"사람들이 엄청 긍정적이어서 정말 마음에 들었어요. 미국 사람들의 그런 면이 좋아요. 그들에게는 거의 전설처럼 역경을 극복한 사람들에 관한 이야기가 있어요. 미국 사람들은 고난을 극복한 사람들의 이야기를 아주 좋아했어요. 내 이야기에 감탄하면서 격려해주었죠. 그때 정말로 많은 힘이 났어요."

진도는 느렸지만 한 걸음 나아갈 때마다 마렌의 신념은 더욱 굳건해졌다.

사고 일주년을 기념해 마렌은 친구와 함께 마우이섬의 할레아칼라 분화구 정상에 올라 일출을 보았고, 그날 오후 늦게 해변으로 가서 순전히 혼자 힘으로 걷기를 시도했다.

그리고 마침내 성공했다!

열심히 싸워 얻은 결과였다. 아주 특별한 순간이었고 정말로 대단한 승리였다.

하지만 마렌은 아직 끝이라고 생각하지 않았다.

계속해서 몸의 근육을 키웠고 사고 2년 후에는 학교로 돌아가 학업을 재개했다. 마침내 승리한 것이다. 어떤 보조기구 없이 다시 자신의 두 다리로 캠퍼스를 걸어다녔다. 마렌은 자신이 이뤄낸 것을 소리없이 뿌듯해했지만 그녀는 수많은 사람에게 환호를 받을 자격이 충분했다.

6장

시너지 작용

유연성 마인드셋은 본질적으로 변화와 재창조를 겪는 과정이다. 몸이 아플 때마다 칼로는 그림을 통해 다시 태어났다. 그러면서 그녀는 역경을 극복하는 데 유연성이 어떤 역할을 하는지 가장 잘 보여주는 놀라운 사례로 남았다.

사고가 있고 몇 년이 지난 뒤에야 마렌은 당시 의료진이 왜 그렇게 조심스러워했는지 이해했다. 척수부상을 겪은 많은 사람이 어느 정도 감각은 회복하지만 대개는 거기까지가 끝이다. 대부분의 척수부상자들에게 걷는 일은 꿈에 불과하다.

결국 마렌은 자신의 회복이 얼마나 예외적인 일인지 깨달았다. 물론 엄청나게 노력한 것도 사실이다. 그러나 행운도 따랐다. 낙관주의만으로 불치의 척수장애를 극복할 수는 없다. 마렌의 부상은 회복 가능성이라는 희박한 확률 안에 들어왔기 때문에 극복할 수 있었다. 그런데 그렇지 못했으면 어떻게 됐을까? 치료되지 않았으면 어땠을까?

마렌은 가끔 이런 가능성에 대해 생각하곤 했다. 그렇게 빨리 발가락을 움직이지 못했다면, 걷는 기능을 회복하지 못했다면 과연 극복할 수 있었을까? 과연 계속 낙관적인 생각을 유지했을까?

바로 이 대목에서 유연성 마인드셋의 다른 요소인 자신감과 도전지향성의 역할이 드러난다. 마렌이 오직 낙관적 사고방식에만 의존했다면 중도에 포기하고 말았을 것이다. 낙관주의 자체만으로는 부족하다. 장밋빛 미래를 꿈꾸면 해결방법을 찾아 최선의 노력을 기울일 수 있으니 의심의 여지 없이 강력한 동기부여가 된다. 그러나 계속해서 부정적인 소식이 날아올 때마다 해결방법을 찾아 목표를 달성하는 일은 불가능까지는 아니라도 매우 어렵다.

앞에서 말했듯이 유연성 마인드셋은 어려움을 극복하고 전진하기 위해 무엇이라도 할 수 있다는 확신에 초점을 둔다. 낙관주의는 확실히 이 신념을 더욱 다져준다. 그러나 유연성 마인드셋의 다른 요소인 문제해결에 대한 자신감과 도전지향성을 추가로 고려하면 또 다른 광경이 펼쳐진다. 앞으로 보겠지만 이 요소들은 어려운 문제와 대결할 수 있는 추진력을 주지만 그 이상의 역할도 한다.

해결에 대한 확신과 도전지향성

몇 년 전 시카고에서 회복과 역경을 주제로 열린 학회에 참석한 적이 있다.[1] 거기서 지금은 고인이 된 옥스퍼드대학교의 폴 케네디Paul Kennedy 교수를 만났다. 당시 케네디는 척수부상으로 인한 심리작용의 권위자였다. 대회가 끝난 뒤 술자리에서 교수는 내가 개발한 회복탄력성 궤적 프로젝트에 매료되었다고 했다. 우리는 내가 트라우마 연구에서 본 궤적이 케네디 교수 연구진이 척수부상과 관련해서 수집한 데이터에 동일하게 적용되는지 시험해보기로 뜻을 모았다. 매우 어려운 작업일 것이 뻔했다. 그의 기록 속 환자들 누구도 마렌과 같은 결과를 보여준 사례가 없었기 때문이다. 발가락을 움직인 사람이 거의 없을뿐더러 설사 움직였다 하더라도 그 뒤로 아무 변화가 없었다. 모두 마비 상태에서 벗어나지 못한 것이다.

하지만 연구 결과는 충격적이었다. 척수부상 상태가 심각했음에도 대부분의 환자가 명확한 회복탄력성 궤적을 보였다.[2] 이는 암울한 현실을 깨닫기 전에 나타나는 과도기적 현상이 아니었다. 회복탄력성을 보이는 환자들은 사고 얼마 뒤 병원에 있을 때조차 지속적으로 낮은 수준의 심리 증상을 보였고 그 뒤로 몇 년간 추적조사를 한 결과도 마찬가지였다. 더욱 놀라운 사실은 이들의 증상 수준이 보통 사람들과 크게 차이가 나지 않았다는 점이다. 다시 말해 심한 부상을 입고 신체가 마비되었지만 대부분의 환자는 길거리에서 보는 평범한 사람들과 같은 수준의 우울증과 불안감을 보였다. 심지어 부상당한 지 얼마 되지 않았을 때도 마찬가지였다. 이 연구와 후속 연구의 결과에서 이들이 유연성 마인드셋의 모든 요소를 가지고 있다는 사실을 확인했다. 이들은 낙관적인 태도를 유지했고, 자신이 문제를 효과적으로 처리할 수 있다는 자신감이 있었으며, 그들 앞에 주어진 도전과제에 오롯이 집중하고 있었다.[3]

문제해결에 대한 자신감은 낙관주의와는 다른 방식으로 동기를 부여한다. 모험성을 좀 더 발휘하도록 추진력을 주는 것이다. 문제를 스스로 해결할 수 있겠다는 확신이 설 때 우리는 여러 가지 행동을 시도한다. 그저 성공할 수 있다는 자신감 하나로 성취 가능성을 확신하지 않는 행동까지 시도하기도 한다. 낙관주의와 마찬가지로 이런 형태의 자신감은 자기충족적 예언self-fulfilling prophecy(증거 유무와 관계없이 어떤 일이 자신에게 일어날 것이라는 반복적 믿음이 실제로 실현되는 현상 - 옮긴이)이 된다. 자신이 어떤 일에 뛰어나게 대처할 수 있다고 믿는 사람들은 그저 생각에 그치지 않고 실제로도 현재와 미래의 어떤 스트레스 요인에도 더 잘 대처한다. 이런 사람은 잠재적 트라우마 사건의 여파에도 특히 잘 대처했다.[4] 예를 들어 심각하게 다쳐 병원에 입원한 사람들을 조사한 결과 입원 당시 자신이 대처를 잘한다고 믿는 사람들은 그 뒤로 6개월간 높은 수준의 회복탄력성 궤적을 보여주었다.[5]

도전지향성은 조금 다르다. 이 개념을 좀 더 쉽게 이해하기 위해 반대 개념인 위협지향성threat orientation과 비교해보자. 사람들은 심각한 어려움을 맞닥뜨리면 처음에는 위협을 느끼고 사태가 어떻게 전개될지에 집중한다. 심리학에서는 '문제를 해결할 능력이나 수단보다 위험이 더 크다고 생각될 때' 위협이라고 인식한다고 본다.[6] 스트레스 요인 때문에 문제에 압도당하거나 전보다 상황이 더 안 좋아질 것이라고 예상하며 이렇게 생각한다. '상황이 영 안 좋은데. 앞으로 더 나빠질 거야. 감당할 수 없을 것 같아.' 위협에 집중할수록 스트레스와 불안감은 커진다. 결과적으로 스트레스와 불안감은 문제에 효과적으로 대응하는 능력을 떨어뜨린다. 위협지향성이 계속되면 수동적으로 변해 적극적으로 맞서거나 해결하려 하지 않고 그저 일이 일어나게 방치한다. 그 결과 상황을 개선하기는 더욱 힘들어진다.

반면 도전과제에 집중하면 변화가 시작된다. 우선 더욱 적극적인 자세로 문제의 원인을 다각도로 살핀다. 그러고는 그저 견뎌야 하는 위협으로 보지 않고 극복해야 하는 도전으로 본다. 다시 말해 도전으로 받아들이면 사고방식이 바뀌어 문제를 과대평가하지 않고 문제해결에 필요한 방법을 찾게 된다.

도전지향적 태도로 문제를 극복한 최근의 훌륭한 사례는 혁신적인 작곡가 존 존John Zorn에게서 찾을 수 있다. 그는 몇 개월 동안 자신의 대규모 회고전을 준비했다. 연주자들을 섭외하고 각기 다른 악기 연주를 녹음한 다음 이를 합쳐 최종 작품으로 탄생시키는 모든 과정을 감독했다. 그런데 작품이 거의 완성될 무렵 갑자기 자금 지원이 끊겼다. 엄청난 자금이 소요되는 프로젝트였는데 이제 돈줄이 마른 것이다. '초기 충격'의 위협을 도전으로 받아들이자 존은 태도를 바꾸는 수밖에 없다고 생각했다. 존이 말했다. "문제해결 모드로 들어갔죠. 난 항상 플랜B를 가지고 있었어요. 창조적으로 문제를 해결할 방법을 찾기 시작했죠."[7]

도전지향적 태도를 통해 나타나는 적응적 변화는 우리 몸에서 자동으로 일어난다. 여러 연구 결과가 이를 확증한다. 한 연구에서는 실험 참가자에게 약한 전기충격 같은 스트레스 상황이 발생하면 어떻게 반응할 것인지 질문했다. 또 다른 연구에서는 사람들에게 스트레스 요인을 구체적 위협 또는 도전 중 하나로 생각하게 했다. 애초부터 그런 태도를 가진 사람이든 실험에서 지시받은 사람이든, 스트레스 요인을 위협이 아닌 도전으로 생각한 사람들은 확실히 행동과 적응에 적합한 신체적 반응을 지속적으로 보였다.[8]

적응 반응adptive response은 다음과 같이 발생한다. 우선 교감신경계가 긴장하면서 심혈관계에 영향을 준다. 심실이 크게 수축하면서 심박출량이 늘어난다. 간단히 말하면 심장이 더욱 많은 양의 혈액을 펌프질해서 내보낸다는 이야기다. 이와 동시에 우리의 몸은 보통 아드레날린adrenaline으로 알려진 에피네프린epinephrine 호르몬을 혈액으로 방출한다. 아드레날린은 대골격근과 허파의 혈관을 확장시켜 혈압의 상승을 억제하고 신체의 에너지와 자원을 활용하도록 돕는다. 더욱 오래 지속되고 강력한 스트레스 호르몬인 코르티솔cortisol도 분비되지만 곧 조절되고, 우리 몸은 금세 적응한다. 이러한 일련의 과정은 우리가 어떤 활동에 적극적으로 참여하며 열심히 몸을 움직일 때 일어나는 신체적 반응과 비슷하다.

이와 대조적으로 문제 상황을 위협으로 인식하면 혈액의 양은 늘어나지만 혈관은 확장하지 않는다. 호르몬을 분비하는 과정이 없으면 혈압이 매우 높아지고 스트레스 반응은 더욱 오래 지속된다.[9] 그리고 우리 몸은 도전을 인식할 때와 같은 준비 상태로 전환하지 못한다. 사실 위협 상황에 나타나는 생리적 반응은 손이나 발을 얼음물에 넣었을 때 나타나는 수동적 스트레스 반응과 유사했다.[10] 다시 말해 아무것도 하지 않고 버티다가 고통이 점점 커지면 그 상황에서 벗어나기만 바라는 것과 비슷하다는 것이다.

스트레스 요인이 장기간 지속될수록 도전지향적 태도는 더욱 중요해진다. 예를 들어 학교에서 따돌림을 당했더라도 그 상황을 도전으로 생각한 어린이는 도움을 구하며 문제에서 더 잘 벗어나는 것으로 나타났다. 전선에 배치된 군인 중 전반적으로 건강하다고 판정된 군인들은 자신의 경험을 도전으로 간주하는 경향이 높았으며, 스트레스를 덜 받고 신체적 고통을 덜 느꼈다. 또한 다른 군인들보다 부정적인 감정은 적고 긍정적 감정이 더 많았다.[11]

도전지향적인 태도는 척수 손상 환자처럼 평생 장애를 안고 살아가야 하는 사람들에게 특히 유용하다. 폴 케네디 교수는 자신의 환자 중에서 20대 후반에 일을 하다 척수부상을 입은 벽돌공에 관한 이야기를 자주 했다. 이 벽돌공은 자기연민에 빠져 슬퍼하기보다 불행을 도전으로, 곧 완전히 새로운 삶을 영위할 기회라고 생각하며 인근의 대학에서 강의를 듣기 시작했다. 그 과정에서 통계학에 푹 빠지게 되었고 마침내 인정받는 계산과학자가 되었다. 이미 행복한 결말이지만 그는 더 나아가 척수장애가 그에게 닥친 최고의 사건이라고까지 말했다. 폴 케네디 교수는 심한 아일랜드 사투리로 이 이야기 끝에 이렇게 덧붙이곤 했다. "그 친구는 진로 상담만 조금 받았으면 더 쉽게 적성을 찾았을 텐데."[12]

도전지향성과 심리적 건강의 관계는 척수부상자 집단을 대상으로 한 실험에서도 명확히 나타난다. 한 연구에 따르면 도전지향적인 환자들이 다른 환자들보다 스트레스나 불안감을 덜 느낀다.[13] 이와 비슷하게 공동조사에서 나타났듯이 도전지향적인 척수부상 환자들에게 회복탄력성 궤적이 나타나는 경우가 더 많았다.[14] 같은 연구에서 회복탄력성이 높은 환자들은 '투지 fighting spirit' 항목의 측정치가 높은 것으로 나타났다.[15] 이 항목을 측정하기 위한 질문은 척수부상 환자들 전용으로 특별히 고안되었는데, 이는 유연성 마인드셋을 측정하는 항목과 매우 유사하다. 예를 들어 '나는 장애가 있지만 어떻게든 이를 극복하려 노력한다' '장애에 지배받지 않겠다' '늘 어려운 상황을 극복할 묘책을 찾으려 노력한다' 등이다.

세 요소의 합 이상

유연성 마인드셋을 구성하는 세 가지 요소는 여러 가지 면에서 비슷하다. 하지만 각각 독특한 특성이 있다. 낙관주의는 긍정적인 미래를 위해 움직이게 하고, 도전지향성은 무엇을 해야 할지를 생각하게 해주며, 자신감은 대책을 추진하도록 도와준다. 이 요소들은 분명히 커다란 장점이 되지만 동시에 다른 모든 특징이나 행동과 마찬가지로 잠재적인 단점도 있다. 앞에서 이미 지나친 낙관주의가 초래할 수 있는 문제점에 대해 다룬 바 있다. 문제해결에 대한 자신감과 도전지향성 역시 단점이 있을 수 있다. 예를 들어보자. 문제해결 능력을 지나치게 믿는 사람은 자신의 노력이 효과가 없고 행동을 바꾸기 어렵다는 증거가 있어도 이를 무시한다. 도전지향적 태도로 문제해결에 힘쓰지만 이런 태도가 끝없이 계속되면 몸이 녹초가 될 수도 있다.[16]

하지만 더 중요한 것은 이런 요소들이 결합해서 유연성 마인드셋을 이룰 때 개별적 한계를 극복하고 시너지 효과가 나타난다는 점이다. 각 요소는 다른 두 요소의 영향력을 극대화하고 능력을 효과적으로 확장하여 문제를 해결할 수 있도록 한다.

낙관주의는 여전히 가장 영향력이 큰 요소이며 시너지를 유발하는 연료 역할을 한다. 낙관적인 태도로 긍정적인 미래를 그리면 이미 문제를 해결했다고 상상하기 쉬워진다. 이 경우 그러지 않았을 때보다 당면한 문제를 다루기가 훨씬 쉽다. 미래를 긍정적으로 보면 문제를 해결할 능력을 이미 보유하고 있다는 자신감이 생기며, 이는 다시 현재 맞닥뜨린 문제를 해결할 수 있다는 자신감을 더욱 강화한다. 긍정적인 마음가짐을 가지면 위협을 구체적인 도전으로 생각할 수 있다. 미래가 밝아 보이면 상황이 위험해질까 봐 걱정하는 마음을 멈추고 할 수 있는 모든 수단을 동원해 어떤 난제라도 극복할 수 있도록 조치를 취할 수 있다.

이러한 효과는 논리적으로 이미 충분히 납득할 수 있다. 게다가 더 나아가 '경로분석path analysis'(특정 현상에 영향을 주는 변인들이 어떠한 경로를 거쳐 영향을 끼치는지 변인들 간의 관계를 밝혀 인과 모형을 찾아내는 통계적 기법 – 옮긴이)이라는 방법론을 이용한 연구에서 증명되기도 했다. 사고를 극복한 사람들의 여러 가지 예측변수를 비교한 결과 정신건강이 양호한 이유는 낙관적인 태도로 시작하여 문제해결에 대한 확신, 스트레스 및 트라우마 증상 감소까지 이어지는 '경로path'였다. 최근에 화학요법 치료를 받은 유방암 환자의 우울증에 대한 경로분석에서도 낙관주의에서 시작해 도전지향성, 낮은 우울증 발병 빈도로 이어지는 경로를 확인할 수 있었다.[17]

다른 방향으로 시너지 경로가 발견되기도 한다. 예를 들어 문제에 대처할 수 있다는 자신감은 도전지향성을 상승시킨다. 이 역시 상식적으로 충분히 추론할 수 있다. 다시 말해 대응능력에 대한 확신이 클수록 당면한 문제에 더욱 잘 집중할 수 있다. 이는 경험적으로도 증명되었다.[18] 또한 이런 경로는 실험 참가자들에게 매우 어려운 문제를 내준 상황에서도 나타난다. 이 실험에서 대부분의 참가자는 문제를 도전으로 생각했다. 그런데 어떤 참가자에게는 해결할 수 없도록 만들어진 문제가 주어졌다. 당연히 이런 문제를 받은 참가자들은 점차 문제를 도전이 아닌 위협으로 생각하게 되지만 문제를 해결할 수 있다고 확신하면 이 효과가 반감된다. 실험 초기에 문제를 해결할 수 있다고 확신했던 참가자들은 거듭 실패하더라도 끝까지 과제를 도전으로 간주하는 경향이 높았다. 중요한 점은 이 참가자들이 다른 사람들보다 우울해하거나 실망하는 비율이 낮았다는 사실이다.[19]

또 다른 실험은 그 반대의 경로를 보여준다. 곧 도전지향성이 문제해결에 대한 자신감을 높여주는 사례다. 이 연구는 한냉혈압검사cold pressor test라는 방식을 이용하는데, 얼음물에 손을 넣고 최대한 오래 견디는 고통스러운 실험이다. 손을 얼음물에 넣고 있는 동안에도 이를 도전으로 간주하는 참가자들은 자기효능감이 올라가 더 오랜 시간 고통을 견딜 수 있었다. 또 다른 연구에서는 낙관적인 태도 덕분에 문제를 해결할 수 있다는 자신감이 생기지만 그 자신감이 역으로 낙관적인 사고방식을 더욱 강화하기도 한다는 사실이 드러났다. 이 또한 논리적으로 추론할 수 있다. 자신에 대한 자신감이 커질수록 미래가 더욱 밝아 보이지 않는가?[20]

식상한 표현처럼 들릴지 모르지만 이번 연구는 유연성 마인드셋이 각 구성요소의 효과를 단지 합친 것 이상의 효과가 있음을 보여주었다. 유연성 마인드셋에 기여하는 각각의 믿음은 다른 믿음들을 서로 강화하며, 직면한 문제를 잘 해결하고 대책을 수립해 앞으로 나아갈 수 있다는 자신감을 더욱 키우고 확장한다. 자신감이 커지면 유연한 대응에도 도움이 된다. 이런 효과는 연구뿐 아니라 실생활에서 엄청난 곤경에 처했던 사람들의 이야기에서도 나타난다. 예를 들면 멕시코의 미술가 프리다 칼로Frida Kahlo의 감동적인 생애가 그렇다.

프리다 칼로의 경우

프리다 칼로는 전 세계적인 아이콘이다. 살아생전에는 작품만큼이나 급진적인 정치성향과 유명한 벽화가 디에고 리베라Diego Rivera와의 요란한 결혼으로 잘 알려졌지만, 칼로의 이미지가 하나의 상징으로 떠오른 것은 비교적 최근의 일이다. 칼로가 명성을 얻은 것은 사실 당연했다. 인간적으로 독특했고 예술가로서는 재능이 있었으니 말이다. 칼로는 그림을 통해 마음속에 품은 환상과 투쟁, 일생에 걸친 고통과 역경을 새롭게 묘사할 방법을 찾았다.

시련은 어려서부터 시작되었다. 여섯 살에 소아마비에 걸렸다가 회복했지만 이로 인해 몸에 영구적인 흔적이 남았다. 그러다가 열여덟 살에 비극이 시작되었다.

1925년 칼로와 당시 남자친구였던 알레한드로는 멕시코시티에서 버스를 탔다. 나무로 제작된 버스는 사람들로 꽉 차 있었다. 버스가 도입된 지 얼마 되지 않아서 사람들이 많이 몰렸다. 버스 운전사는 자랑하고 싶은 마음을 참지 못하고 마치 투우사가 소를 희롱하듯 위험하게 몰고 다녔다.[21]

이들이 타고 있던 버스는 전차 옆을 나란히 달리고 있었다. 버스 운전사가 속도를 내 전차 앞을 가로질러 회전하려 했으나 거리

계산을 잘못했는지 채 돌기도 전에 전차와 부딪히고 말았다.

알레한드로는 그 순간을 이렇게 묘사했다. "전차가 천천히 버스 안으로 밀고 들어왔어요. 버스가 이상하게 휘더군요. 조금씩 휘었지만 그래도 부러지지는 않았어요. 긴 벤치 형태로 마주 보고 앉는 버스인데 칼로가 내 옆에 앉아 있었죠. 어느 순간 내 무릎이 맞은편 사람의 무릎과 닿는 게 느껴지더니 버스가 더는 견디지 못하고 수천 조각으로 터져버렸어요. 그 상태로 전차는 계속 전진해서 많은 사람을 깔고 지나갔어요."[22] 버스의 철제 난간이 두 동강 나더니 거칠게 칼로의 몸 안으로 들어가 골반을 관통해서 밖으로 삐져나왔다. 칼로는 잔해 속에서 피를 흘리며 죽은 듯 누워 있었다.

"칼로를 번쩍 들었어요. 힘이 넘칠 때였으니까요. 그런데 난간 조각이 칼로의 몸 안에 들어가 있는 걸 보고 깜짝 놀랐어요. 그때 누가 '빼내야 해!'라고 소리치더니 칼로 앞에 무릎 꿇고 앉아서 '같이 빼냅시다!'라고 말했어요. 그 사람이 난간 조각을 빼내자 칼로가 고통스러운 비명을 지르는데 적십자에서 보낸 구급차의 사이렌 소리보다 클 정도였어요."[23]

구급차는 칼로를 인근의 적십자병원으로 데려갔다. 척추가 세 동강 났고 특히 엉덩이 바로 위 몸의 체중을 지탱하는 요추 부분이 크게 손상되었다. 척수는 이 부위에서 끝나고 두 개의 좌골신경으로 이어져 다리를 지나 발가락 끝까지 연결된다. 요추와 좌골신경은 우리 몸의 동작을 조정하는 데 필수적인 기관이며, 허리와 다리 통증의 원인으로도 잘 알려져 있다. 설상가상으로 칼로는 골반과 발 부분에 다발골절을 입었고 내부 장기의 부상도 심각했다.

의사들은 칼로가 다시 걷는 것은 물론이고 살 수 있을지조차 확신하지 못하는 상태에서 수술을 집도했다. 의식을 되찾았을 때 칼로는 전신 깁스를 하고 있었다. 안타깝게도 그것이 마지막 전신 깁스는 아니었다.

극심한 고통과 심각한 부상에도 불구하고 칼로는 놀랄 만큼 빠른 속도로 회복했고 고작 한 달 만에 퇴원해서 교외에 있는 부모의 집으로 돌아갔다. 여전히 깁스를 해야 했고 고통에 시달렸지만 의사들은 편안한 분위기에서 좋은 공기를 쐬면 빠르게 회복할 것이라고 생각했다. 칼로는 편지에 "아직 몹시 고통스러웠고 불편했지만 시간이 지나면 뼈가 붙을 거라고 하더군요. 그러면 조금씩 걸을 수 있다고 했어요"라고 썼다.[24]

처방이 듣는 것처럼 보였다. 칼로는 사고 3개월 만에 걸을 수 있었다. 심지어 혼자서 시내까지 갔다 오기도 했다.

하지만 기적은 잠시뿐이었다. 칼로의 상태는 다시 걷잡을 수 없이 나빠지기 시작했다. 당시는 1925년이었고 척수부상이나 치료법에 대해 알려진 것이 거의 없었다. 게다가 척추 엑스레이 가격이 말도 못 하게 비싸서 촬영을 하지 않았으므로 정확한 부상 정도를 알 수 없었다. 나중에야 골절된 척추가 제대로 치료되지 않았음이 밝혀졌다.[25]

칼로는 점차 피로와 고통으로 녹초가 되는 일이 잦아졌다. 자주 매스꺼움을 느꼈고 다리에 감각이 없어지기도 했다. 척추가 무너지고 있었던 것이다. 사고 1년 후에 다시 전신 깁스를 해야만 했다.[26] 나중에는 결국 나아서 걸을 수 있었지만 그렇다고 몸이 완전히 회복된 것은 아니었다. 평생 심각한 부작용에 시달렸으며 지속적으로 병원 치료를 받아야 했다. 요추가 녹아내리면서 뼈 사이의 충격을 흡수하는 연골 없이 평생을 살아야 했다. 여러 조각으로 부스러진 오른발 역시 제대로 치료받지 못해 만성적인 고통에 시달렸다. 여러 번 수술을 받았지만 별 효과가 없었다. 나이를 먹어가면서 고통에 시달리고 다른 합병증으로 고생하다 결국 세균 감염으로 오른다리를 절단해야 했다. 그리고 나서 1년 뒤에 사망했는데 겨우 47세였다.

프리다 칼로에게 회복탄력성이 있었냐고? 자료가 없기 때문에 오늘날의 연구방식으로는 이에 대한 정확한 답을 하기는 어렵다. 그렇지만 칼로의 전기를 작성하는 데 사용했던 풍부한 자료, 예를 들어 그림·사진·편지·일기·신문기사·친구들의 이야기를 보면 칼로는 누구도 부정할 수 없는 월등한 회복탄력성을 보여주었다. 수많은 난관에도 불구하고 편지나 일기에 트라우마 증상 비슷한 것도 보이지 않았다. 또한 우울증이나 불안증세도 없었다. 칼로의 전기를 쓴 헤이든 헤레라Hayden Herrera는 기초 자료를 검토하고 나서 칼로의 "삶을 향한 열정, 그저 견디는 것이 아니라 삶을 즐기려는 의지에서 '깊은 인상'을 받았다"고 했다.[27] 한마디로 칼로는 포기를 모르는 사람이었다. 그러나 그것이 끝이 아니었다. 칼로는 유연성 마인드셋을 구성하는 요소들을 매우 구체적으로 보여주었다. 일생을 통틀어, 심지어 학생일 때도 낙관주의가 싹트는 것을 볼 수 있으며, 역경을 극복할 수 있다는 자신감, 당면한 문제에 집중하는 도전지향성을 보였다.[28] 또한 이런 각각의 믿음이 서로 영향을 주고받으며 서로를 확장해 어떤 고난도 극복할 수 있다는 확고한 신념을 갖도록 만들었다.

칼로는 여섯 살에 소아마비를 앓았는데 당시에는 확실한 치료법이 없어 사망하는 경우까지 있었다. 아홉 달이나 앓은 끝에 결국 이겨냈지만 왼다리보다 더 가늘고 짧아진 오른다리 때문에 다리를 절었다. 칼로에게는 교정용 특수 구두가 필요했다.

칼로는 가느다란 오른다리를 창피해했다. "콤플렉스가 심각했어요. 그래서 다리를 숨기기 위해 붕대로 싼 다음 무릎까지 오는 울 양말을 신었죠."[29]

그러나 그런 열등감에도 불구하고, 아니 열등감 때문인지 모르지만 칼로는 이 상황을 극복하겠다고 굳게 다짐했다. 신체를 단련하려면 운동을 하라는 의사와 아버지의 조언을 받아들여 축구, 수영, 레슬링, 심지어 권투에도 손을 댔다. 당대 분위기로는 특히 레슬링이나 권투 같은 운동이 부유한 집안의 여자아이에게 맞지 않는다고 인식되었지만 오히려 그 점 때문에 칼로는 더욱 도전을 즐겼다.[30]

이 시기에 칼로는 자신이 공상에 소질이 있으며 이를 통해 고난을 극복할 수 있음을 깨달았다. 칼로는 어느 인터뷰에서 "이때 내겐 상상 속의 친구가 있었죠"라고 말한 적이 있다.

"유리창으로 밖을 바라보다 호 하고 입김을 분 다음 그 위에 더 작은 창문을 그렸어요. 그 창을 통해 밖으로 나가곤 했죠. 우리 집 앞에는 '핀존'이라는 아이스크림 가게가 있었는데, 핀존 철자의 'o'에 난 작은 창문을 통해 밖으로 나가 지구의 중심으로 내려가서 그곳에 있는 친구랑 춤을 추며 놀곤 했어요. 누가 나를 부르기라도 하면 나무 뒤로 숨어 아주 재미있다는 듯 웃었죠. 때로는 자갈이 깔린 뒷마당 계단에 앉아 있었어요. 부엌 앞에는 빵을 굽는 오븐이 놓여 있었는데 분홍색 옷을 입은 아이들이 오븐에서 무리 지어 튀어나왔다가 사라지곤 했어요. 엄청 재미있었죠."[31]

몇 년이 흘러, 척수부상 치료 뒤 처음으로 증상이 재발했을 때는 오랫동안 침대에 누워 있어야 했다. 이 시기는 활달하고 호기심 많은 칼로의 성격과 맞지 않았다. 소아마비를 극복하는 데는 신체 활동이 필요했지만 척수부상에서 회복하려면 가만히 누워 있어야 했다. 아예 천성이 게으르거나 심한 우울증에 빠져버렸다면 차라리 그 시기를 버티기가 훨씬 쉬웠을 것이다. 그러나 칼로는 낙관적인 사고방식과 극복에 대한 자신감 덕분에 평생 가지고 갈 매우 탄력적인 해결방법을 생각해낼 수 있었고, 새로운 도전을 향해 나아갈 수 있었다. 바로 그림이었다.

"깁스를 하고 누워 있는데 너무 따분해서 무언가 해야겠다고 생각했어요. 아빠한테 유화물감을 달라고 했고 엄마한테는 앉지 못하는 사람을 위해 특수 제작한 이젤을 주문해달라고 해서 그림을 그리기 시작했어요."[32]

눈에 보이는 것은 무엇이나 그렸다. 발, 깁스, 병문안 온 친구들 등. 나중에는 침대 바로 위에 거울을 매달아 자기 모습을 보고 자화상을 그렸다.

이런 식으로 어려운 상황을 극복하면서 칼로는 문제해결에 대한 자신감을 얻었고, 더 나아가 전부터 억누르기 힘들었던 낙관주의를 더욱 강화했다. 이는 "조용히 휴식을 취하라"는 의사의 지시를 무시하는 행동이기 때문에 의료진의 노여움을 살 수밖에 없었다.[33] 그러나 육체적 한계를 극복하려는 칼로의 마음은 너무나 절실했다.

칼로는 치료가 끝나자마자 이전의 활기찬 생활로 돌아갔다. 학교로 돌아가지는 않았지만 옛 친구들과 다시 연락했고 파티에 다녔으며 정치집회에 참여하고 문화행사에 나타나기도 했다.

이즈음 칼로는 디에고 리베라와 사귀기 시작하고 평생을 같이한다. 리베라는 당시에 이미 유명한 화가였으며 벽화를 그리기 위해 얼마 전에 멕시코로 돌아와 있었다. 사실은 몇 년 전 학생이었던 칼로가 그에게 그림 그리는 것을 보아도 되겠냐고 물어본 적이 있었다. 그는 그 순간을 이렇게 회상했다. "다른 사람에게서 보기 힘든 위엄과 자신감이 있었고 눈에서는 기이한 빛을 내뿜었어요." 나중에 본격적으로 그림을 그리기 시작하면서 칼로가 먼저 리베라에게 연락해서 자신이 그린 그림 세 점을 보여주기도 했다. 리베라는 칼로의 대담한 붓질에 "깊은 인상을 받고 탄복했으며" 일주일 후 칼로의 나머지 작품을 보러 직접 집으로 찾아갔다. 칼로의 자서전은 그 순간을 이렇게 기록하고 있다. "그때는 몰랐지만 칼로는 이미 제게 가장 중요한 존재가 되어버렸던 겁니다. 그 뒤로 그녀가 죽기 전까지 27년간 그녀가 제게 가장 소중한 존재가 아니었던 적은 한 순간도 없습니다."[34]

둘은 곧 대부분의 시간을 같이 보냈다. 하루는 칼로의 아버지가 리베라를 잠시 보자고 하더니 이렇게 말했다고 한다.

칼로의 아버지가 말했다. "내 딸한테 관심이 있는 것 같은데."
"예. 안 그러면 제가 여기 코요아칸까지 왔겠습니까?"
"칼로는 악마네."
"알고 있습니다."
"난 경고했네." 그러곤 그녀의 아버지는 자리를 떴다.[35]

사실 리베라는 칼로의 대담하고도 반항적인 성격에 반한 것이었다. 얼마 후 둘은 결혼했다. 사고를 당한 지 4년밖에 안 되었을 때였다.

그들은 튀는 커플로 금세 유명해졌다. 리베라는 180센티미터가 넘는 키에 살집이 있었고, 칼로는 키가 작고 말랐지만 인상이 강렬했다. 둘은 정치와 문화계의 중심이 되었고 '코끼리와 비둘기'라고 불리며 미디어의 조명을 받았다. 작가, 미술가, 정치인 등 유명인사와 같이 있는 장면이 자주 찍히기도 했다.[36]

이들의 삶은 역동적이고 풍부했으며 여러 가지로 충만했다. 거리로 나가 시위를 하고 같이 여행을 다녔으며 다른 사람들에게 즐거움을 주었다. 서로에게는 부드러웠고 정열적이었지만 관계가 항상 좋지만은 않았다. 자주 싸웠으며 외도를 했다. 리베라는 특히 바람기로 유명했다. 하지만 칼로 역시 망명한 러시아의 혁명가 레온 트로츠키Leon Trotsky, 조각가 이사부 노구치Isamu Noguchi와 불륜을 저질렀다.

점차 나이를 먹으면서 칼로는 복잡한 과거를 정리하고 조용히 살려고 했지만 점차 몸이 아파왔다. 고통과의 계속되는 싸움으로 삶은 지쳐갔다.

43세였던 1950년 칼로는 일기장에 이렇게 기록했다. "투병생활을 한 지 1년이 넘었다. 일곱 번의 척추 수술을 받았지만 다시 걸을 수 있을지 확실하지 않다. 석고로 된 코르셋을 차고 있다. 쳐다보기도 싫지만 이것 덕분에 척추를 펼 수 있다. 어떤 고통도 없다. 단지 처절한 피로감 그리고 당연하게 반복되는 절망감뿐이다."[37]

칼로는 살면서 여러 번 자살에 대해 생각했다. 우울증 때문이 아니었다. 끝없이 찾아오는 육체적 고통에서 '벗어나기 위한 최후의 수단'이었다.[38]

"몸만 조금 나아지면 행복하겠어요"라고 말한 적도 있다.[39] "나는 아픈 게 아니고 부서진 거예요. 하지만 그림만 그릴 수 있다면 살아 있다는 것만으로도 행복해요."[40]

빨간 부츠 이야기

몸이 점점 더 아팠지만 유연성 마인드셋 덕분에 칼로는 역경을 극복할 능력을 계속 키워나갈 수 있었다. 자신을 자신 있게 표현하는 새로운 방법을 찾아내어 본인뿐 아니라 다른 사람들에게도 커다란 기쁨을 주었으며, 이를 통해 계속되는 어려움을 극복하고 때로는 고난을 감출 수 있었다.

소설가 카를로스 푸엔테스Carlos Fuentes는 오페라에서 칼로를 만났던 충격적인 순간을 아래와 같이 기억한다.

멕시코 예술궁전에서 바그너의 오페라를 보고 있었다. 서곡이 연주되고 있는데 갑자기 소란이 일더니 음악이 멈췄다. 발코니석을 봤더니 프리다 칼로가 장엄하고도 위풍당당한 모습으로 입장하고 있었다. 칼로의 몸은 목걸이, 반지, 팔찌, 머리장식 등 장신구로 뒤덮여 있었다. 장신구들이 부딪히며 쟁그랑거리는 소리가 마치 무슨 문제가 생겨 성당의 모든 종이 동시에 울리는 소리 같았다. 그건 신체의 약점을 숨기기 위한 장치였다. 불구가 되어 점점 죽어가는 칼로의 몸에서 주의를 돌리기 위한 장치 말이다. 칼로는 보석, 화려한 복장, 자신이 주연을 맡은 오페라를 통해 몸에 생명을 불어넣었다. 무대에서는 바그너의 오페라가 상연되고 있었지만 발코니에서는 칼로의 오페라가 연주되고 있었다. 분명한 것은 칼로의 오페라가 바그너의 오페라를 압도했다는 점이다.[41]

문제를 극복하는 타고난 재능 덕분에 칼로의 낙관주의는 점점 굳건해졌다. 아니 비관주의가 오는 것을 예방했다고 하는 편이 더 맞을지도 모른다. 고통은 시간이 갈수록 더 극복하기 어려워진다. 그러나 이는 칼로에게 궁극의 도전일 뿐이었다. 칼로는 자신의 장애에 관한 사람들의 예상을 뒤집기를 좋아했다.

"8개월 정도의 짧은 기간이었지만 우리는 매우 친해졌어요. 항상 같이 춤추러 다녔죠. 칼로는 춤추는 걸 좋아했어요. 칼로는 자신이 할 수 없는 것을 좋아하는 그런 열정이 있었어요. 무언가를 하지 못하면 엄청 화를 냈죠."[42] 노구치의 말이다.

다리를 절단해야 한다는 것을 알고 칼로는 몹시 힘들어했다.

수술 전에 친구들이 방문한 적이 있는데 칼로는 친구들이 걱정할까 봐 '재미있는 이야기와 농담으로 분위기를 띄웠다'. 친구였던 미술사가 안토니오 로드리게스Antonio Rodriguez는 이렇게 말했다. "이렇게 경이롭고 아름다우며 긍정적인 사람인데 다리를 절단해야 한다니 정말 믿을 수가 없어 눈물이 날 뻔했어요."[43]

다리 절단으로 칼로의 삶은 더욱 힘들어졌다. 세상은 장애가 있는 사람이 살기 어려운 법이지만 특히 칼로가 살았던 시절은 지금보다 훨씬 더 힘들었다. 칼로처럼 활동적인 사람이 다리를 잃는 것은 거의 모욕이나 다름없었다. 수술 후 짧은 시간 동안은 포기하고 살기도 했다. 풀이 죽고 우울감에 빠져 자살을 이야기하기도 했다. 그러나 그 상태는 오래가지 않았다.

칼로는 특히 나무로 만든 의족을 보면 기분이 몹시 나빠졌다. 심미적 감각이라곤 전혀 없는 의족을 아주 싫어했고 적응하기도 힘들어했다. 하지만 그때는 칼로가 낙관주의를 거의 완전히 받아들인 효과가 나타나기 시작한 때였다. 칼로는 관심을 다른 곳으로 돌려 또 다른 새로운 도전을 하는 쪽을 택했다. 할 수 있겠다는 확신이 서자 칼로는 놀랄 만큼 창조적인 해결방법을 찾아냈다. 바로 금박 비단 자수를 화려하게 새기고 작은 종들이 달린 강렬한 빨간 부츠였다. 이 신발은 의족을 가리기도 했지만 칼로가 입은 각양각색의 복장과 정말 잘 어울리는 동시에 더욱 잘 움직일 수 있게 해주었다. 처음 부츠를 신어보고 칼로는 어찌나 좋은지 '환희의 춤'을 출 수도 있다고 생각했다. 한 친구는 "친구들 앞에서 빙빙 돌면서 자유롭게 움직일 수 있다고 자랑했다"라고 전했다. 작가 칼로타 티

본 Carlota Tibon은 칼로가 자기 앞에서 거의 곡예 수준의 하라베 타파티오 jarabe tapatio (멕시코 모자춤)를 추었다고 말했다. 너무나 자랑스러운 나머지 이렇게 말했다고 한다. "아름다운 다리들아! 내게 딱 맞는구나!"[44]

이 부츠를 계기로 칼로는 어떤 난관도 정면으로 부딪쳐 극복할 수 있다는 자신감이 더욱 강해졌다. 칼로가 만족했듯이 빨간 부츠는 그 자체로도 훌륭한 예술작품이었다. 사람들이 부츠의 사진만 봐도 어떤 경외심을 느낄 정도다. 70년 전에 제작되었지만 칼로가 처음 신었던 날뿐 아니라 오늘날에도 시대를 앞선 아름다움을 느낄 수 있다. 이 부츠는 멕시코시티의 프리다 칼로 박물관에 전시되어 있다.[45]

재창조 과정

무엇보다도 유연성 마인드셋 덕분에 칼로는 모든 노력을 그림에 쏟을 수 있었고, 뛰어난 작품을 통해 극한의 도전에 궁극적인 해답을 내놓았다.

말년까지 화가로서는 비교적 알려지지 않았지만 사후 칼로의 그림은 뛰어난 유산이 되었다. 설화 및 민속적 요소와 인물, 상징, 동물, 심지어 의료기구 등을 뒤섞어 꿈속에서나 볼 것 같은 사실주의를 자신만의 독특한 스타일로 창조한 칼로의 작품은 오늘날에도 여전히 선명하고 강렬한 인상을 남긴다. 때로는 장난스럽고 때로는 기괴하기까지 하다. 그러나 칼로에게 모든 작품은 어쩔 수 없이 안고 살아야 할 어려움을 견디게 해준 필수불가결한 해법이었다.

한번은 이렇게 말했다. "사고로 내 인생이 바뀌면서 모든 사람이 당연하다고 생각하는 욕구를 채우지 못하게 되었어요. 하지만 채우지 못한 욕구를 그리는 것보다 내게 더 당연한 것은 없답니다."46

유연성 마인드셋은 본질적으로 변화와 재창조를 겪는 과정이다. 몸이 아플 때마다 칼로는 그림을 통해 다시 태어났다. 그러면서 그녀는 역경을 극복하는 데 유연성이 어떤 역할을 하는지 가장 잘 보여주는 놀라운 사례로 남았다. 친한 친구였던 롤라 알바레스 브라보Lola Álvarez Bravo는 이렇게 말했다. "칼로는 유일하게 자신을 낳은 화가입니다."47 실제로 칼로의 그림 중에는 출생의 상징을 심도 있게 묘사한 작품이 꽤 있다.

리베라가 벽화를 그리기 위해 미국에 머물 때 칼로가 따라가서 임신한 적이 있었다. 신체적인 한계에도 불구하고 칼로는 절실하게 아이를 원했다. 의사는 어쩌면 제왕절개술로 아이를 낳을 수 있을 것이라고 희망을 주었다. 리베라가 작업 중인 디트로이트에 머물던 어느 날 밤 칼로는 엄청난 양의 하혈을 했다. 급히 병원으로 후송되었지만 아이는 사망했고 칼로도 목숨이 위험할 뻔했다. 피를 너무 많이 흘려 병원에서 회복하는 데 13일이 걸렸다. 칼로는 엄청난 슬픔에 거의 정신이 나갔다.

하지만 칼로는 고난을 극복하기로 다시 한번 마음먹고 역시 그림을 통해 해결한다.

칼로의 전기 작가 헤레라는 이렇게 기록하고 있다. "유산하고 닷새 뒤 칼로는 연필을 쥐고 상반신 자화상을 그렸다. 헤어네트를 쓰고 기모노를 입은 채 눈물로 얼굴이 부어오른 그림이었다. 불행의 한복판에서도 웃음을 찾는 여유를 보인 것이다."[48]

칼로는 진심으로 죽은 자신의 아이를 그리고 싶어했다. 그래서 병원에 해부학 도감을 구해달라고 요청했지만 환자들에게 충격을 줄 그림이 많다는 이유로 거절당했다.

헤레라는 이렇게 기록했다. "칼로는 몹시 화를 냈다. 곧 리베라가 개입해서 의사에게 말했다. '칼로를 다른 사람과 똑같이 생각하면 안 됩니다. 그걸로 무언가를 하려는 거예요. 예술작품을 만들 겁니다.'"[49]

결국 리베라가 직접 책을 구해 왔다. 칼로는 태아 그리고 유산과 관련된 신체기관을 연필로 습작한 뒤 같은 해에 같은 주제로 정교한 두 점의 작품을 완성했다. 〈헨리포드병원Henry Ford Hospital〉이라는 작품은 디트로이트시를 배경으로 벌거벗은 채 어느 공간에 결박된 듯 침대 위에서 피를 흘리는 자신을 묘사했다. 칼로는 피처럼 붉은 여섯 개의 관에 묶여 있고, 각 관은 태아·자궁·달팽이·(리베라가 준) 난꽃·골반·의료기구 등의 상징물에 연결되어 있다. 또 다른 작품 〈나의 탄생My Birth〉은 칼로 자신이 태어나는 순간을 그리고 있다. 침대에 여성의 몸통이 있고 칼로의 머리가 자궁에서 나오는 모습이다.

친구와 가족들을 전통적인 방식으로 스케치하거나 그리기도 했지만 칼로의 이 독창적인 자화상은 의심할 여지 없이 그녀의 가장 훌륭한 작품이다. 작품에서 칼로는 관람객의 눈을 정면으로 응시하며 눈을 떼기 힘들게 만든다. 입술은 굳게 닫혀 있지만 강렬한 눈동자는 어떤 정교한 이야기를 들려주는 듯하다. 칼로의 자화상 대부분은 놀랄 만큼 아름답다. 어떤 작품은 신비스럽고 어떤 작품은 거북하다. 원숭이나 새 또는 자신의 불구를 나타내는 상징물로 그림을 채우기도 했다. 가장 유명한 자화상인 〈부러진 기둥The Broken Column〉은 적나라하고 황량하며 비현실적이고 기괴하다. 반라의 상태로 고문 기구처럼 생긴 척추지지대를 장착한 자신의 모습을 그리고 있다. 메마른 벌판을 배경으로 온몸에는 못이 꽂혀 있고 눈에서는 눈물이 흐른다. 몸통은 턱부터 복부까지 갈라져 척수를 대신하는 강철 구조물을 훤히 드러내고 표정은 체념한 듯 슬퍼 보인다.

강렬한 초상화들만 보면 이 그림들 덕에 칼로가 다시 일어나서 앞으로 나아갈 기운을 얻었다는 생각을 하기 어렵다. 각각의 초상화는 투쟁의 여러 면을 나타낸다. 고통, 괴로움, 사랑, 호기심, 음모를 그리면서 칼로는 새로운 자신감 및 낙관주의와 함께 살아갈 힘을 얻었다. 각각의 그림은 세상을 향해 "이게 내 인생이고 도전하는 삶이야. 내가 어떻게 이겨냈는지 봐"라고 말하는 듯하다.

이 그림들을 무시하기는 어렵다. 회복탄력성이라는 개념과 마찬가지로 그림들의 의미는 명확한 동시에 모호하다. 다리를 절단해야 했던 중년의 나이에 칼로는 일기장에 절단된 다리를 그린 적이 있다. 다리는 홀로 서 있어 마치 로마 조각상의 일부처럼 보이지만 위로는 잘린 혈관이 뻗어 있다. 바탕은 온통 핏빛으로 덮여 있지만 이상하게도 전반적인 인상이 그리 섬뜩하지는 않다. 차라리 '장난스럽다'는 표현이 적절할 듯하다. 칼로의 낙관적인 사고방식과 불굴의 자신감, 도전을 기꺼이 수용하려는 태도는 시너지 효과를 내어 어떤 어려움이 닥치더라도 극복할 수 있다는 확신을 주었다. 칼로는 일기장의 맨 밑에 이렇게 장난스럽게 써놓았다. "발이 왜 필요하지? 내게는 날개가 있는데."[50]

마인드셋 너머

프리다 칼로가 매력적이라는 점에는 이견이 없을 것이다. 한편 마렌 역시 그 나름대로 사람을 끄는 무언가가 있었다. 내가 이들의 이야기를 선택한 이유는 이들이 유연성 마인드셋의 기본이 되는 믿음체계, 곧 낙관주의·문제해결에 대한 확신·도전지향성이 우리의 마음속에서 어떻게 작용하며 해결방안을 찾아내는지를 완벽하게 보여주기 때문이다. 하지만 이렇게 독특한 사람들의 이야기를 활용하는 일은 위험할 수 있다. 유연성 마인드셋은 오직 특별한 사람들에게만 적용되며, 어떤 식으로든 그들에게는 발휘되지만 '평범한' 사람들은 가질 수 없는 것처럼 비춰질 수 있기 때문이다. 다행스럽게도 이것은 사실이 아니다. 대부분의 사람에게는 회복탄력성이 있으며, 적정한 수준의 유연성이 있다. 낙관주의를 타고난 사람이 있는 것은 사실이지만, 유연성 마인드셋으로 이끄는 믿음은 교육으로 개발할 수 있고 마음만 먹으면 누구나 활용할 수 있다.

비범한 사람들의 이야기에 의존하면 또 다른 위험을 낳는다. 그들의 엄청난 업적을 본 사람들이 유연성 마인드셋만 있으면, 극복할 수 있다는 자신감만 개발하면 문제가 해결될 것이라고 잘못 생각할 수 있기 때문이다. 물론 여러 가지 이야기나 연구 결과를 통해서 문제를 극복할 수 있다는 자신감이 매우 중요하다는 것은 증명되었다. 그렇지만 우리는 그다음 단계로 나아가야 한다. 다시 말해 문제를 해결할 방법을 찾아야 한다. 앞에서 마렌과 프리다 칼로를 비롯해 유연한 해결방식의 사례를 여러 차례 살펴봤다. 하지만 그들이 어떻게 그런 해결방식을 만들어내는지 아직 모른다. 그렇기 때문에 우리는 유연성을 갖게 되는 과정의 두 번째 구성요소 또는 일련의 구성요소를 살펴볼 필요가 있다.

4부

유연성의 작동

The End of Trauma

7장

유연화 단계

'유연성'은 우리가 하기에 따라 달라진다. 유연성을 개발한다고 해서 반드시 회복탄력성이 커진다고 보장할 수는 없지만 확률을 높일 수는 있다. 유연성이 있으면 회복탄력성을 증진시킬 특징과 행동을 각 상황에 맞게 활용할 수 있기 때문이다.

이미 여러 번 강조했지만 일단 어떤 일에 뛰어들어 동기가 부여되면 그다음에는 어떤 식으로든 적절한 상황, 적절한 시점에 제대로 된 행동을 취해야 한다. 이것이 정말 말이 된다면, 분명 과거의 누군가도 같은 발상을 한 적이 있을 것이다. 지금부터 몇 장에 걸쳐 실제로 그렇다는 사실을 증명할 것이다. 결론부터 말하자면 고대 그리스인들은 유연성을 알고 있었다. 적어도 나는 확실하게 주장할 수 있다. 그리스 고전학을 전공하지는 않았지만 아리스토텔레스의 한 고전에 나오는 이 구절은 정말이지 딱 들어맞는다. "누구나 화를 낼 수 있다. 그건 쉽다. 그러나 알맞은 대상에게, 적당한 만큼, 적절한 시기에, 올바른 목적으로, 제대로 된 방식으로 화를 내기란 쉽지 않다."[1]

아리스토텔레스가 정확히 표현했다. 심각한 트라우마성 스트레스를 겪으며 혼란스러운 상황에서 유연성을 갖기란 쉽지 않다. 물론 아무것도 하지 않는 방법도 있다. 그저 손놓고 고통이 지나가기만을 기다리는 것이다. '시간이 약이다'라는 경구도 나름대로 의미는 있다. 하지만 시간은 천천히 흐른다. 고통이 사라지기만을 기다리다 보면 몸이 상하는 것까진 아니어도 상당히 지칠 수 있다. 혼란을 정면으로 마주하고, 앞으로 나아가는 데 필요한 일이라면 무엇이든 하는 편이 훨씬 덜 고통스럽고 치유에 효과적이다.

다시 말하지만 이것은 결코 새로운 발상이 아니다. 로마의 철학자 세네카도 같은 주제를 고민하며 이렇게 조언했다. "우리는 융통성을 가져야 한다. 목적이나 조건의 변화를 두려워하지 말고 우연이 가져다준 새로운 상태로 옮겨가야 한다. 행운의 여신은 완고함에게 양보를 강요할 때가 많은 만큼 완고함에는 불안과 비참함이 뒤따르기 때문이다."[2]

다행히 유연성을 기르는 과정은 막무가내가 아니라 순서대로 이루어진다. 점점 더 많은 연구를 통해 이 과정이 조명되기 시작했다. 이제 각 단계를 순서대로 살펴보자.

첫 번째 단계는 맥락 민감성context sensitivity이다. 자기가 대응하는 문제가 무엇인지도 모르면 제대로 대처할 수 없다. 앞뒤 상황을 파악하고 단서를 이해하면 우리에게 닥친 일을 알 수 있고 대응방법이 떠오른다. 이 단계에서 무엇을 해야 할지 깨달으면 자연스럽게 다음 단계, 대응목록repertoire으로 넘어간다. 이 단계에서는 우리가 해야 하는 일뿐 아니라 할 수 있는 일까지 고려하게 된다. 후자는 수중에 있는 바로 사용할 수 있는 수단, 곧 대응목록에 달려 있다. 다음은 마지막 단계인 피드백 모니터링feedback monitoring이다. 여기서는 별로 주목받지 못하지만 꼭 필요한 정정correction 과정을 거친다. 아무리 능숙한 사람이어도 실수를 하기 마련이고, 잘못된 판단을 내려 기대만큼의 효과가 없는 전략을 선택하는 경우도 많다. 피드백 모니터링을 통해 이러한 전략을 조정하고 바꿀 수 있다.

유연성을 기르는 과정의 두 가지 큰 구성 요소인 유연성 마인드셋과 유연화 단계flexibility sequence가 함께 작용하다 보면 경계가 모호해지기도 한다. 유연화의 단계별 특징을 정확히 파악하고 이것이 유연성 마인드셋에 따라 결정되면서도 어떻게 그 이상으로 확장되는지를 알아보기 위해 폴이라는 친구가 끔찍한 사고를 겪은 뒤로 유연성을 되찾는 과정 전체를 따라가며 살펴보겠다.

폴 이야기

그날 폴은 기분이 좋았다. 힘들었지만 그런대로 괜찮은 하루였다. 퇴근길에 마크와 로라가 사는 아파트에 들르기로 했다. 둘과는 오랜 친구였다. 폴은 미리 연락을 주지는 않았고 불쑥 찾아가기 좋은 때가 아니라는 것도 알고 있었다. 아이가 둘이나 있는 부부는 보나마나 저녁식사를 준비할 시간이었다. 오래 있을 생각은 없었고 그저 얼굴이나 보려고 했다.

운 좋게도 마침 아이들이 외할머니댁에 자러 가고 없었다. 부부는 저녁에 딱히 할 일이 없었던 마당에 폴이 놀러 왔으니 대환영이었다. 간단하게 한두 잔 하면서 꽤 오랫동안 유쾌하게 저녁식사를 했다.

늦은 밤이 돼서야 집에 가려고 나섰다. 택시를 타려 했으나 밤공기가 상쾌해 걷기로 했다. 비가 온 뒤였다. 비 갠 뒤의 시카고는 항상 상쾌했다. '더 깨끗하고 시원해졌네. 도로에 반사되는 빛이 참 예쁘다'라고 생각했다.

걸으면서 친구들과 나눴던 대화를 떠올렸다. 로라가 아들에 대해 한 우스우면서도 슬픈 이야기가 생각났다. 그것이 마음을 움직였나 보다. 별 가능성이 없다는 걸 알면서도 그 역시 자식을 가지고 싶었던 적이 있다. 여자를 여럿 사귀었지만 왠지 잘 풀리지 않았다. 지금도 사귀는 사람은 있다. 관계에 큰 문제는 없지만 여자친구는 가임기가 지났고 결정적으로 아이를 가질 생각이 없다고 했다.

이런저런 생각을 하며 걷다 보니 공원 옆길로 접어들었다. 몇 블록 지나지 않아 주머니에서 휴대폰 진동이 느껴졌다. 마크한테 온 문자였다. "만나서 정말 반가웠어. 그나저나 너 가방 두고 갔어." 폴은 그 자리에 멈춰 생각했다. 돌아가야 하나? 가방에는 내일 회사에서 필요한 서류가 있었다. 저녁 시간을 즐기다 보니 가방을 챙겨야 한다는 걸 잊었다. 잠시 고민하다가 다시 걷기 시작하며 마크에게 문자를 보냈다. "내일 아침에 가도 돼? 몇 시에 일어나?" 잠시 뒤 덧붙였다. "아참, 애들이 없지.".

마크의 답을 기다리느라 어둠 속에 빛나는 휴대폰을 바라보며 공원으로 들어갔다. 폴은 나중에 이렇게 말했다.

"밤에 종종 공원을 가로질러 가곤 했는데 문제가 생긴 적은 없었어요. 한참 전에 처음 이곳으로 이사를 왔을 때는 조금 위험했죠. 하지만 지금은 많이 바뀌어서 훨씬 안전해요. 물론 아무 일도 없진 않죠. 가끔 사건이 터지니까요. 하지만 대체로 안전해요."

멀리서 사람들이 공원을 거닐고 있었다. 안전하다는 소리였다. 시민들이 외출하러 나온 거니까.

그는 마크에게 다시 문자를 보냈다. "아침에 들러도 돼?"

30초 후에 답장이 왔다. "그래 내일 와. 집에서 기다릴게."

폴이 다시 답장했다. "고마워. 참 서류 되지지 마. 애들은 봐도 몰라."

"아 그래? 말 한번 잘했다."

"이게!" 폴은 소리내 말하고는 씩 웃었다. 다시 문자를 보내려고 "너……"라고 쓰는데, 갑자기 무언가 딱딱하고 날카로운 것이 폴의 머리를 쳤다. 폴은 영문도 모른 채 앞으로 꼬꾸라졌다. 고개를 돌려 뒤를 돌아보려는 순간 오른쪽에서 강력한 한 방이 또 들어왔다.

"숨을 쉴 수가 없었어요. 어찌나 세던지."

바닥에 쪼그린 채 보니 몇 명이 자신을 둘러싸고 있었다.

"깜깜해서 아무것도 보이지 않았어요. 하지만 상황이 몹시 안 좋은 것은 확실했죠."

뭐라고 말하려는 순간 옆구리에 강한 발길질이 들어왔다.

"숨을 쉴 수가 없었어요. 뭐라고 말하려고 했어요. 정확히 기억나지는 않지만 아마도 '그만. 그만. 아파 죽겠어요. 다 가져가요'라고 말하려고 했던 것 같아요. 당시 상황으로 볼 때 아마 그랬을 거예요. 하지만 그 말을 못했어요. 숨을 쉴 수가 없었으니까요. 너무 순식간에 벌어진 일이었죠."

한 방을 더 맞고 그는 완전히 뻗었다.

도로의 거친 표면에 얼굴이 긁히는 것이 느껴졌다. 무슨 말을 하려고 했다.

"목소리가 떠올라요. 가성처럼 일부러 고음으로 날 놀리던 그 목소리. '때리지 마요~~.' 이렇게요. 지금 생각해도 피가 거꾸로 솟아요. 고문을 받는 것처럼 고통스러웠죠."

옆구리를 또 걷어차였고 엄청난 고통이 밀려왔다.

폴은 도저히 정신을 차릴 수 없었다.

그때 딱딱한 무언가가 얼굴 옆 부분을 강타했다.

"그다음은 잘 생각나지 않지만 죽고 싶었어요. 그 순간 세상에서 사라지고 싶었어요. 정말로요. 내 머리가 돌처럼, 마치 딱딱한 콘크리트처럼 느껴졌고 귀에서 윙윙거리는 소리가 들렸어요. 그러고는 조용해지더군요. 아마 기절했나 봐요."

*

폴은 눈을 뜨려 애썼다. 지금 있는 곳이 어딘지, 얼마나 오래 있었는지 감이 잡히지 않았다. 멀리서 사람들의 목소리가 들려 최대한 들어보려 했지만 점차 약해지더니 사라져버렸다. 다시 정신을 잃었다.

다시 눈을 떴을 때는 한참이 지난 뒤였다.

"빛이 바뀐 걸 느낄 수 있었어요."

소리를 지르려고 했다. 그 순간 불안감이 엄습해왔다.

"입을 열고 말을 하려 했지만 어떤 소리도 낼 수 없었어요. 벙어리처럼 말이 나오지 않았어요."

어느 정도 시간이 흘렀을 때 개 짖는 소리가 들렸다. 폴은 자신이 바닥에 누워 있는 것을 알아차리자 정신이 번쩍 들었다.

몸을 굴려서 움직였다.

"셔츠가 다 젖어 있었어요. 몰랐는데 웅덩이 안에 있었더라고요. 아니면 피였을 수도 있죠. 무서웠죠. 엄청 무서웠어요."

무어라 외쳤지만 아무 소리도 들리지 않았다.

일어나려고 몸을 위로 비틀자 어깨와 옆구리에 통증이 밀려왔고 머리는 쪼개질듯 아팠으며 속은 매스꺼웠다.

어찌어찌 해서 겨우 몸을 일으켜 세웠다. 얼굴을 만져보고 움찔했다. 피가 굳어 있었다.

빛이 보이는 쪽으로 비틀거리며 몇 블록을 걸어갔다. 주머니를 뒤졌다. 휴대폰과 지갑이 없어졌다.

"여전히 어두워서 몇 시인지 감을 잡을 수 없었어요. 하지만 대충 내 위치는 알았죠. 근처에 병원이 있었어요. 위치를 아니까 걸어가면 될 것 같았죠."

불안한 마음에 주위를 둘러보았지만 아무도 보이지 않았다. 피투성이가 된 몸으로 놀란 마음을 추스르며 발걸음을 옮겼다.

"움직일 때마다 아팠어요. 영화에 나오는 좀비처럼 걸었어요. 그 사람들이 저기서 나를 지켜보며 기다릴 것 같은 무서운 생각이 들었어요. 날 공격했던 바로 그 사람들 말이에요. 그런데 공원 끝에 도착할 때까지 아무 일도 없었고 아무도 없었어요. 길을 건넜다가 다시 돌아왔어요. 커다란 원을 그리며 돌았죠. 혹시 누가 나한테 오는지 보려고요."

아무도 보이지 않자 폴은 멈추지 않고 계속 걸었다. 공원에서 한 블록 정도 멀어지자 마음이 조금은 가라앉았다. 손을 들어 머리와 얼굴을 만져보았다. 얼굴이 부었고 피가 묻어 있었지만 아주 심하지는 않았다. 병원이 멀지 않았으니 일단 거기에 가면 안전하게 치료를 받을 수 있다고 생각했다.

그런데 그 사람들이 놀리던 것이 자꾸만 생각났다.

"머릿속에 계속해서 높은 목소리가 들렸어요."

폴은 비웃는 표정과 목소리를 흉내냈다. "제~바~아~알 때리지 마요. 제~발, 제~발 때리지 마세요."

그가 몸을 떨었다.

"아직도 기억나요. 지금 눈앞에 있는 것처럼 선명하게. 시퍼런 칼날이 내 몸 한가운데로 뚫고 지나간 것 같아요. 그날 밤 기분은 정말 최악이었어요. 스스로가 하찮고 한심하게 느껴졌어요. 수치스럽고 바보 같았죠. 밤에 공원을 걸어가다니. 그렇게 겁쟁이처럼 행동하다니. 다 내 잘못처럼 느껴졌어요."

∗

폴의 부상은 다행히 걱정만큼 심각하지는 않았다. 오른쪽 눈 위 이마를 몇 바늘 꿰매야 했고 얼굴에는 찰과상을 입었다. 몸에 심하게 멍이 들기는 했지만 뼈도 부러지지 않았고 뇌진탕 증세도 없었다. 병원에서 조심해야 할 증상을 알려주기는 했지만 그것 말고는 예후도 좋았다.

폴이 마침내 아파트에 도착할 때쯤 해가 떴다. 기진맥진했지만 자기 전에 급하게 해결해야 할 일이 있었다. 우선 인터넷을 켜고 은행 사이트에 접속하여 신용카드를 해지했다. 그다음엔 운전면허증 분실 및 재발급 신고를 해야 했다. 보통은 이런 일이 짜증나게 마련이나 이상하게도 머리가 식으며 편안해졌다. 다행히 도용 결제된 금액은 없었다. 다시 제자리를 찾아가는 느낌이 들었다.

인터넷에서 휴대폰의 흔적을 찾았으나 아무것도 없었다. 아마 크게 쓸모가 없다는 걸 알고 부숴버린 듯했다. 다행이었다. 하지만 휴대폰을 생각하니 아픈 기억이 되살아났다. 그 사람들이 휴대폰을 바닥에 던지면서 자기를 비웃는 것 같았다.

"생각하지 않으려고 했어요. 사람들에게 알려야 한다고 생각했지만 이런 일을 당한 게 너무 창피했어요."

휴가를 쓰겠다고 회사에 연락한 다음 마크에게 가지 못할 것 같다고 메일을 썼지만 이유는 밝히지 않았다. 여자친구 캐리에게도 연락이 어려울 것 같다고 메일을 보냈지만 강도를 당했다는 이야기는 하지 않고 휴대폰을 분실했다고만 했다.

"머리가 어지러웠고 구역질이 났어요. 안 그러려고 해도 자꾸만 떠올랐죠. 전부 생생해요. 그놈들이 나를 어떻게 생각할까? 그놈들 눈에 내가 어떻게 보였을까? 바닥에 엎드려 공포에 질린 채 애원했어요. 훌쩍이면서 '때리지 마세요'라고 빌었죠. 찌질해 보였을 거예요."

폴은 정말로 그 기억을 지우고 싶었다. 하지만 어떻게?

1단계: 맥락 민감성

유연화 단계 중 첫 단계인 '맥락 민감성'은 가장 중요한 기술이다. 이를 통해 어떤 순간에 무슨 일이 벌어지고 있는지, 어떻게 대응해야 하는지를 알 수 있기 때문이다. 우리는 앞에서 유연성 마인드셋을 구성하는 낙관주의, 자신감, 도전지향성이 상호작용하며 문제를 극복할 힘을 주고 동기를 부여하는 과정을 보았다. 맥락 민감성 단계에는 이 과정을 바탕으로 구체적인 세부 사항, 특정 상황별 뉘앙스, 우리에게 필요한 해결방법에 더욱 집중한다. 한마디로 말하면 이 단계에서는 우리 스스로에게 이렇게 물어보는 것이다. "지금 나한테 무슨 일이 일어나고 있는가?" "무엇이 문제인가?" "이를 극복하려면 어떤 조치를 취해야 하는가?"

대부분의 사람은 어느 정도 상황을 파악할 수 있는 능력, 곧 맥락 민감성이 있지만 다른 능력과 마찬가지로 개인차가 있다. 하지만 이상하게도 사람들은 상황을 제대로 판단할 능력이 있으면서도 충분히 생각하지 않는 경우가 많다. 예를 들어 기분이 나쁘거나 불편하거나 불안해하면서 그 원인은 모른다. 이때 "문제가 뭐지?"라고 묻는 것만으로도 현재 상황을 더욱 잘 이해할 수 있다. 그러나 스스로에게 이런 질문을 하더라도 상황이 주는 단서를 읽지 못하면 소용이 없다. 분명한 것은 이런 데 소질이 없는 사람이 존재한다는 점이다. 다시 말해 어떤 사람들은 맥락에 둔감하다.

연구 결과에 따르면 맥락 민감성이 떨어지는 사람은 심리적으로 불안하며 전반적으로 정신건강이 안 좋다.[3] 우리 연구진도 실험 참가자에게 여러 가상의 상황, 예를 들면 엘리베이터에 갇힌다거나 휴가를 마치고 왔더니 집에 도둑이 든 상황을 가정한 다음 상이한 형태의 상황 단서 situational cue(그 상황에 나타나는 위협의 정도, 상황의 긴급성, 상황의 통제 가능성 수준 등)를 기준으로 각 상황을 파악하도록 했다.[4] 실험 결과 단서를 파악하는 능력은 천차만별이었다. 예를 들어 우울증이 있거나 불안 증세를 보이는 사람은 어떤 상황이 위험한지 아닌지를 결정하고 그에 따라 대응하기를 어려워했다. 이 둘의 연관관계를 규명하기는 쉽지 않다. 심리적 문제의 원인은 수천 가지가 있기 때문이다. 그리고 심지어 우울증 환자도 상황 단서를 제대로 파악하는 경우가 있다. 실제로 우울증 환자 중에서도 맥락 민감성이 뛰어난 사람들이 그렇지 않은 사람들보다 증상이 더 잘 개선된다는 연구 결과도 있다. 맥락 민감성이 뛰어난 사람들은 회복탄력성 궤적을 보여주는 반면 그렇지 않은 환자들은 장기간에 걸쳐 우울증으로 고생한다는 것이다.[5]

맥락 민감성의 가장 중요한 요소는 맥락 단서contextual cue의 변화를 감지하는 능력이다.[6] 동료 교수 아이낫 레비기기Einat Levy-Gigi는 단순한 컴퓨터 게임을 이용해 이를 잘 보여주었다.[7] 실험에서는 참가자에게 한 번에 하나씩 여러 가지 상자가 주어지는데, 각각 색깔과 그려진 사물이 다르다. 예를 들어 초록색 상자에는 TV가, 노란색 상자에는 모자가 그려져 있다. 상자가 주어질 때마다 참가자들은 상자를 열지 말지를 결정해야 한다. 상자를 열었는데 안에 돈이 들어 있으면 점수를 따고 폭탄이 들어 있으면 잃는다. 실험이 거듭될수록 참가자들은 어떤 색깔과 어떤 물건의 조합이 점수를 따는지 알게 된다. 참가자들이 규칙에 익숙해질 때쯤 실험에 변화가 생긴다. 사전통보 없이 기존 상자에 새로운 조합을 도입한 것이다. 예를 들면 TV가 그려진 초록색 상자는 여전히 점수를 따지만 붉은색 상자에 TV가 그려져 있으면 점수를 잃는다. 결국 점수를 따기 위해서는 맥락 단서에 나타난 미묘한 변화를 알아차려야 한다.

처음에는 점수를 잃었던 색깔이 실험이 진행되면서 점수를 따도록 바뀌자 매우 흥미로운 사실이 발견되었다. 예를 들어 파란색 상자에 모자가 그려진 조합은 안에 폭탄이 들어 있지만 얼마 뒤 같은 파란색 상자에 자동차가 그려져 있으면 안에 돈이 들어 있는 식이다. 연구에 따르면 처음에는 점수를 잃었던 상자가 나중에 점수를 따도록 바뀐 것을 알아차리는 능력은 실험 참가자의 해마 hippocampus의 크기에 달려 있었다. 이는 매우 중요한 발견이다. 해마는 인지능력, 기억력. 맥락 이해에 필수적인 기관이다. 아이낫 교수 연구진에 따르면 만성 PTSD 증상이 있는 환자들이 특히 점수를 잃다가 갑자기 따는 조합으로 바뀌는 상황을 간파하는 데 어려움을 겪는다. 만성 PTSD 증상의 전형적인 특징은 일반적으로 안전하고 해가 없는 상황에서도 최초의 트라우마 발작을 계속 일으키는 것이기 때문에 이런 결론이 신빙성이 있다고 할 수 있다.

특정 상황에 대응하는 방식은 인생의 목적과 우리의 삶이라는 더 넓은 맥락에 따라서도 달라진다.[8] 우리는 이런 상호작용을 프리다 칼로가 다리를 절단한 다음 새로운 의족 때문에 고뇌하던 상황에서 발견할 수 있었다. 칼로는 의족을 매우 싫어했다. 움직일 때 도움이 되지 않았고 미적으로도 몹시 추했기 때문이다. 그녀는 좌절했고 슬픔에 빠졌다. 이것만 문제였다면 칼로는 아마 감정적인 고통을 줄일 방법 정도만 찾아나섰을 것이다. 그러나 의족은 칼로의 더욱 큰 삶의 목적을 침해했기 때문에 당면한 위협 이상의 존재가 되어버렸다. 칼로에게 삶의 목적은 자유롭게 움직이고, 화려한 옷을 입으며 자신을 표현하고, 무엇보다 춤추는 것이었다. 이처럼 큰 목적이라는 관점에서 상황에 무엇이 필요한지를 스스로에게 질문하면서 칼로는 닥친 문제뿐 아니라 장기적인 문제 모두를 만족시킬 창의적인 방법을 찾아낼 수 있었다.

폴은 장기적인 목표는 생각해본 적이 없었다. 누가 물어보면 지금 하는 일이 좋고 이 분야에서 성공하고 싶다고 말하곤 했다. 스스로 친구를 좋아하는 사교적인 성격이라고 생각했으며 회사에서 늦게까지 일하면서도 친구들을 더 자주 만나려고 했다. 또한 안정적이고 오래가는 관계를 원했다. 지금까지의 연애가 썩 성공적이라고 할 수는 없지만 그래도 지금 여자친구 캐리와는 좋은 관계를 유지해왔다. 아이를 갖지 않으려는 점만 빼면 그런대로 캐리와 잘 지냈고, 관계를 계속 유지하고 싶어 했다.

✳

트라우마를 유발할 가능성이 있는 끔찍한 사건이 발생하면 인생의 모든 목표가 뒷전으로 밀려나는 경우가 많다. 폴 역시 강도를 당한 후 며칠은 트라우마성 스트레스로 그동안 생각해왔던 목표가 전부 희미해졌다. 친구나 직장동료에게 이 사실을 알리는 것이 맞지만 누구에게도 털어놓을 용기가 나지 않았다. 심지어 캐리에게조차 말할 수 없었다. 또 얼굴에 꿰맨 자국과 멍이 남아 있어서 사람을 만날 수도 없었다. 새로운 휴대폰을 수령했지만 아직 설정을 끝내지 못했다. 이 문제로 캐리한테 여러 번 이메일을 받았다. "아니, 테크 전문가라는 사람이 아직도 휴대폰 설정을 안 했다고? 도

대체 무슨 일이야?" 캐리가 만나자고 하면 이런저런 이유를 대며 피했으나 더는 댈 핑계도 없었다.

"나 자신이 정말 끔찍한 존재처럼 느껴졌어요."

그는 불안했다. 스스로가 수치스러웠으며 잠을 제대로 잘 수가 없었다. 졸다가 가위에 눌려 이상한 꿈에서 깨곤 했다. 아파트 밖으로 나가야 한다고 생각했지만 혹시 자신이 노출될까 봐 두려웠다. 그 사람들을 다시 만나면 어떡하지? 사실 그들이 어떻게 생겼는지 몰랐고, 최소한 그들의 생김새에 대한 실질적인 기억이 없었다. 하지만 그들이 자신을 알아볼까 봐 무서웠다. 그들이 자신을 바라보며 놀릴지도 모르는 일이었다. 최악의 경우 그들에게 다시 잡혀 온몸을 두들겨 맞을 수도 있었다.

사고 후 3일째 밤, 폴은 자리에 앉아 밖을 내다보고 있었다. 이미 어두워졌지만 거리를 거니는 사람이 많았다. 어딘지 모를 목적지로 바쁘게 움직이는 사람도 있고 천천히 산책하는 사람들도 있었다. 자신도 얼마 전까지 그렇게 돌아다니는 사람이었다고 생각하니 더욱 고통스러웠다.

그런데 자신이 아무런 걱정 없이 안전하게 거리를 걷고 있다고 상상하자 마음이 바뀌기 시작했다. 자신에게 닥친 상황에 대해 생각해보았다. 이전에 안전하다고 느꼈다면 그때의 느낌을 되찾을 수 있다는 생각도 들었다. 세상이 제자리로 돌아갈 것 같았다. 최근 들어 처음으로 희망의 빛이 보였고, 낙관적인 기분까지 들기 시작했다.

그 순간 만약 내가 폴에게 유연성 마인드셋을 가졌느냐고 물어보았다면 그는 영문을 몰라 멍하니 나를 봤을 것이다. 그가 유연성 마인드셋을 알았든 몰랐든, 폴은 창밖을 보며 자신의 인생을 가만히 돌아보면서 마음을 추스르고 어려움을 극복하겠다고 결심했다.

순간의 느낌이었다. 폴은 그 순간을 잡으려 했다. 자기 자신을 믿고 싶었다.

"자…… 폴, 잘 생각해봐. 넌 할 수 있어. 너 똑똑하잖아. 극복할 수 있어."

그는 용기를 북돋아 문제를 해결하려 했다.

아주 미묘한 태도의 변화였지만 극복할 수 있다는 자신감을 품기에 충분했다.

"할 수 있어!"라고 큰 소리로 외치자 머릿속 안개가 걷히는 듯했다. 그를 둘러싼 세계가 더욱 선명해졌고 점차 맥락 단서를 인식하게 되었다.

"창밖으로 동네를 바라보았어요. 살기 좋은 동네예요. 활기차게 생동하는 곳이죠. 물론 안 좋은 일이 생기기도 하죠. 어디서나 범죄는 일어나기 마련이니까요. 도시가 크잖아요. 그래도 전반적으로 살기 좋은 곳이에요. 내가 여태까지 살아본 바로는 안전해요. 전에 안전하다고 느꼈는데 다시금 안전하다고 느끼지 못할 이유가 없어요."

단순한 사실이었지만 폴에게는 깨달음과 같았고, 여러 가지 번뜩이는 통찰을 얻었다.

"창밖을 내다보고 있는데 갑자기 그런 생각이 들었어요. 나는 나를 때린 놈들이 누군지 전혀 몰랐어요. 그 사람들도 저를 몰랐어요. 아마 이 동네에 살지도 않을 거예요. 설사 저를 본 적이 있어도 못 알아봤을 거예요. 어두웠으니까요. 길에서 마주쳐도 제가 누군지 모를 거예요. 그리고 아마 신경도 안 쓸 거예요. 그 사람들은 그저 누군가를 털러 나갔을 뿐이니까요. 저는 우연히 거기서 휴대폰을 보고 있었고요. 그냥 재수가 없었던 거예요. 잘못된 시간에 잘못된 장소에 있었죠. 그 순간 모든 것이 명료해지더군요. 모든 것이 내 상상 속에서 꾸며낸 일이었어요. 그 사람들이 다시 나를 찾아와서 공격할 거라고 생각했지만 그들은 이미 원하는 걸 다 얻었으니 다른 일을 꾸미겠죠. 그들이 무슨 짓을 하든 상관할 바가 아니죠. 그들은 내 생각을 전혀 안 할 거예요."

폴은 해결점을 찾았다. 우선 끔찍한 생각이나 감정에 휘둘리지 않기로 했다. 논리적으로 생각하면 폴이 사는 동네는 안전하다. 안전감을 되찾고 싶지만 아직 진심으로 안전하다고 믿지는 못했다. 이제는 의심을 떨쳐버리고 앞으로 나아갈 방법을 찾아야 했다. 일단 방법만 찾으면 이 상황에서 벗어나 다시 일상생활로 복귀할 수 있을 것이다. 그 과정이 결코 쉽지 않고 어떻게 해야 할지도 명확하지 않았지만 최소한 무엇을 해야 하는지는 정확히 알고 있었다.

2단계: 대응목록

직면한 상황에서 단서를 읽는 능력은 유연화 단계에서 매우 큰 비중을 차지한다. 이 과정이 제대로 이행되면 그다음 단계인 대응목록으로 넘어간다. 이 단계에서는 연장통에 연장을 쌓아놓듯 대응목록을 비축한다. 이제 질문은 '무엇을 해야 하지?'에서 '무엇을 할 수 있지?'로 바뀐다.

앞에서 보았듯이 모든 사람은 어느 정도 상황 단서를 읽는 능력이 있다. 물론 특히 뛰어난 사람도 있기는 하다. 대응목록도 마찬가지다. 예를 들어 대응 및 정서조절 전략을 살펴보자. 대부분은 어느 정도 문제에 대처하고 감정을 조절하는 능력이 있다. 그런데 어떤 사람들은 천성적으로 다른 사람들보다 이 능력이 뛰어나며, 구사할 수 있는 대응 도구를 많이 가지고 있다. 한마디로 대응할 수 있는 전략의 목록이 많다.

그렇지만 대응전략이 많다고 해서 반드시 효과적으로 대응한다는 뜻은 아니다. 사실 이용 가능한 전략은 무궁무진하다고 봐도 된다.[9] 앞 장에서 다루었지만 가장 일반적인 형태의 전략은 감정을 표출하거나 억제하기, 주의 분산하기, 사건의 의미를 재평가하거나 변경하기, 문제를 해결하기 위한 전략과 계획 세우기, 상황 자체를 변화시키기 등 다양하다. 그러나 연구 결과에 따르면 가장 많이 쓰이는 전략이 반드시 가장 높은 성공률을 보이지는 않는다.[10] 문제별 특히 상황에 따라 여러 가지 전략을 구사할 수 있다. 희망적인 생각에 몰두하거나 수동적으로 수용하기, 아무것도 하지 않기, 스스로를 속이기, 주의를 돌리기, 도망치거나 도피하기, 새로운 정보 모으기, 약물이나 알코올에 의존하기, 불평하기, 다른 사람에게 의존하기, 자기연민에 빠지기, 음식이나 섹스에 탐닉하기, 대면 만남 피하기, 도움 요청하기, 다른 사람 비난하기, 운동을 통해 방출하기,

유머나 재미있는 활동으로 기분 전환하기, 그 밖에 생각할 수 있는 모든 것. 어떤 전략은 매우 건강하지만 조금 덜 건강한 전략, 나아가 이미 눈치챘겠지만 '추한 대응전략'도 있다. 여기서 요점은 조금만 사용해도 효과가 큰 전략이 많을수록 특정 상황에 대응할 수 있는 선택지가 많아진다는 것이다.

내가 대응목록에 관한 연구를 처음 시작할 때, 두 개의 상반된 전략인 감정 표출과 감정 억제 능력을 측정하기 위한 실험을 진행했다. 참가자들에게 컴퓨터 모니터를 통해 몇 가지 사진을 보여주고 그들이 자신의 정서적 반응에 점수를 매기도록 했다. 몇몇 사진은 매우 충격적이었고 몇몇은 훈훈했다. 실험을 어느 정도 반복한 뒤에는 똑같이 사진을 보며 정서적 반응에 점수를 매기게 하되, 옆방에서 다른 사람들이 모니터로 그들을 보면서 감정적 반응을 추측하고 있다고 알려주었다. 또한 실험 참가자들에게는 사진마다 감정 표현을 어떻게 하라는 지시가 모니터를 통해 전달되었다. 어떤 때는 옆방 사람들이 감정을 더욱 잘 알 수 있도록 되도록 풍부하게 감정을 표현하라는 지시가 내려졌다. 이를 표현조건expression condition이라고 한다. 반대로 다른 사람들이 알 수 없도록 감정을 숨기라는 지시가 내려지기도 했다. 이는 억제조건supression condition이다. 또한 통제조건control condition도 있는데, 이 조건에서는 참가자에게 카메라가 잠시 꺼져서 다른 방에서 볼 수 없다고 알려준다. 이 경우 기존처럼 그냥 사진을 보면 된다. 통제조건을 포함시킨 이유는 사람들이 감정을 표현하는 수준이 모두 다르기 때문에 통제조건을 통해 일반적인 수준보다 상대적으로 얼마나 더 표현하거나 반대로 억압했는지를 보고 싶었기 때문이다.

　실험 결과는 내가 예상한 대로였다. 참가자들에게 사진을 보고 감정 표현을 변화시키지 말라고 했을 때는 예상대로 상황이 어떻게 바뀌어도 동일 수준의 감정을 표현했다. 하지만 최대한 감정 표현의 수준을 다양하게 요청했을 때 참가자들은 곧잘 따랐다. 이를 표현유연성expressive flexibility이라고 한다. 또한 당연하게도 우리는 사람들마다 이러한 표현유연성에 편차가 있음을 발견했다. 감정을 잘 표현하거나 억제하는 사람이 있는 반면 잘 조절하지 못하는 사람도 있었다.[11]

　그렇다면 대응목록에 표현유연성을 포함시키는 것이 좋을까? 표현유연성은 트라우마성 스트레스를 관리할 때 도움이 될까? 이 문제를 고민하고 있을 때 마치 운명처럼 9·11테러 사건이 터졌다. 사실 2001년 여름에 표현유연성과 관련된 연구를 시작했다. 계획상으로는 학부생들을 대상으로 한 장기 연구로 삼을 예정이었다. 그런데 시작한 지 얼마 되지 않아 테러가 터지면서 이 연구는 잠시 미루어졌다. 몇 주 뒤에 다시 연구를 시작하고 보니, 주제가 트라우마 연구로 바뀌어 있었다. 연구 결과 9·11테러 뒤 측정된 학생들의 표현유연성이 스트레스 극복에 일조했음을 알 수 있었다. 더 유연하게 감정을 표현하는 학생들은 2년 뒤 정신건강을 다시 측정했을 때 정신건강이 더욱 양호했다. 이 결과를 통해 우리는 감정 표현이나 억압 중 어느 하나만 뛰어난 것은 크게 도움이 되지 않음을 알았다. 다시 말해 대응목록의 개념이 이미 말해주듯이, 전략 그 자체보다는 어떤 전략이건 필요에 맞게 구사할 수 있는 능력이 더 중요했

다.¹²

이때 까다로운 의문이 생겼다. 만일 표현유연성 덕분에 트라우마를 잘 극복할 수 있다면 그 사람들은 자신에게 이런 능력이 있다는 것을 알까? 앞서 본 대로 대부분의 사람은 자신이 무슨 전략을 구사했는지 잘 의식하지 못한다. 그렇다면 사람들에게 그들이 잘 구사하는 전략에 대해 묻는다면 얘기가 달라질까? 내 직감대로라면 이 질문에 대한 대답은 '그렇다'다. 자신이 무엇에 뛰어난지에 관해 아는 것은 그것을 얼마나 자주 하느냐를 아는 것과는 다른 종류의 지식이다. 얼마나 자주 하는지를 알려면 구체적인 사건을 떠올리며 발생 빈도까지 알아야 한다. 그러나 잘하는지를 알려면 과거에 잘한 경험만 떠올려보면 된다. 이를 직접 실험한 결과 실제로 감정 표현을 효과적으로 통제하는 능력이 있다고 생각하는 참가자가 실제 실험에서도 감정을 통제하는 능력이 뛰어났다.¹³

다른 연구에서도 같은 접근방법으로 대응 및 정서조절 전략을 연구했다. 앞에서 유연성의 역설을 다루면서 몇몇 연구를 언급했는데, 모든 논문에 똑같은 기본적인 결론이 반복된다. 바로 특정 전략 자체보다는 그 전략을 얼마나 상황에 맞게 구사하느냐가 더 중요하다는 것이다.¹⁴ 그렇지만 뛰어난 대응목록만이 문제 대응과 정서조절 전략에 중요한 것은 아니다. 효과적으로 사용할 수 있고 어려운 상황을 해결하는 데 도움이 된다면 어떤 행동이나 자원을 사용해도 좋다.

∗

폴은 주의를 다른 곳으로 돌리는 데 소질이 있었고, 아주 간단한 행동에도 푹 빠지곤 했다.

"스스로를 아주 바쁘게 혹사시키기로 했어요. 머리를 온통 다른 것으로 채워서 그 빌어먹을 강도 사건을 더는 생각하지 않으려고 했죠."

술을 마셔보기도 하고 코미디 영화를 보기도 했다. 계획이 구체적이지는 않았지만 계획이 있다는 사실만으로도 들떴다. 폴이 말했다.

"아주 뛰어난 영화는 아니었지만 그런대로 볼 만했어요. 술을 많이 마신 것도 도움이 되었죠."

효과가 있었을까?

"있었죠. 짧아서 그렇지. 영화를 보면서 웃었어요. 잠깐이나마 괴로운 기억에서 벗어났으니 효과가 있었죠. 그런데 다음 날이 되자 기분이 다시 나빠졌어요. 이유는 모르겠어요. 어떻게 표현해야 할지 모르겠어요. 그래도 뭔가를 했잖아요? 기분이 나아지지는 않았지만 스스로 조금 변화했어요. 이상하게 들리겠지만 엉망진창이라고 느껴지면서도 무언가 상황이 통제되고 있다는 느낌이 왔어요. 스스로가 엉망으로 느껴지는 것 역시도 나의 선택이었죠. 조금이나마 머릿속을 바꿨어요. 적어도 무언가를 하기는 했어요. 앞으로 한발 나아갔고 계속 나아가기로 했죠. 화라도 난 듯이 단호하게 마음을 먹고 주먹을 꽉 쥐었어요."

이 말은 폴의 자신감과 도전지향성을 잘 보여준다. 시간이 지남에 따라 그는 확고한 자신감으로 동기를 유지시켰다. 실내에서

운동도 시작했다. 제자리에서 팔 벌려 뛰기, 팔굽혀펴기, 윗몸일으키기 등 할 수 있는 모든 것을 했다. 음악을 크게 틀어놓고 땀에 젖을 때까지 집 안을 뛰어다니기도 했다.

"맞아요. 움직이는 게 도움이 되었죠. 운동을 하고 나면 기분이 좋아지니까요. 계속 이렇게 해야겠다고 생각했어요."

인터넷에 접속해 웹서핑을 하면서 주의를 다른 곳으로 돌렸다. 그런데 어떤 사이트에서 범죄에 관한 이야기가 나왔다. 폴은 그 자리에서 얼어붙었다.

"본능적으로 느꼈어요. 그 순간에 바로 긴장이 되더군요. 하지만 처음에만 그랬어요. 범죄에 대해 잘 모르니까요. 범죄에 대해 생각했어요. 나 같은 사람은 어떻게 되는 걸까? 나처럼 범죄를 당한 사람한테는 무슨 일이 일어날까? 알 길이 없었죠. 사람들은 대체 어떻게 반응할까? 다른 사람들도 다 이렇게 느낄까? 궁금해졌어요."

자료 조사에도 소질이 있는 폴은 문제를 해결할 방법을 찾기 시작했다. 어찌 보면 그것도 하나의 현실도피였다. 하지만 인터넷에는 강도를 당한 남자에 관한 이야기가 별로 없었다. 남성들이 저지른 범죄행위는 많았지만 피해자는 대부분 여성이었다. 그렇다고 남성이 공격받지 않는다는 이야기는 아니다. 국내외 범죄 통계를 보면 성범죄를 제외한 거의 모든 종류의 범죄에서 여성보다 남성 피해자가 사실상 더 많다. 하지만 강력범죄 피해를 입은 남성이 심리적으로 어떤 반응을 보이는지에 대한 정보는 놀랄 만큼 거의 없다. 수많은 이유가 있겠지만 남성이 남성에게 휘두르는 폭력은 종

종 대수롭지 않게 넘기거나, 무시되거나, 심지어 신고 자체를 하지 않기 때문이다.[15]

그래도 폴과 같은 경험을 한 남성이 어떻게 반응하는지에 관한 조사가 있기는 하다. 희생자들이 가장 많이 보이는 반응은 자책감, 수치심, 패배감, 무력감 등이다. 남성 피해자들은 피해가 아무리 커도 자신이 겪은 일을 인정하거나 털어놓기를 꺼린다. 집 밖으로 나가기를 두려워하며 다른 사람에 대한 의심이 커지고 또다시 범죄를 당할지 모른다는 일종의 피해망상에 시달린다.[16]

안타깝게도 폴은 이런 연구 결과에서 자신의 문제에 대한 해결 방법을 찾지 못했다. 그러나 비슷한 처지의 남성 피해자들이 직접 당한 경험을 이야기하는 사이트를 찾았다.

"그 사이트에 빠져서 글들을 순식간에 읽어 내려갔어요. 마치 지금 내가 겪고 있는 일을 똑같이 겪은 사람들이 모인 동호회에 간 것 같았으니까요. 내 반응이 정상일까? 별거 아닌 것처럼 보이겠지만, 그때는 내 반응이 정상이라는 사실이 나에게는 정말 충격이었어요. 알고 보니 (그는 픽 하고 웃었다) 난 그렇게 한심한 것도 아니더라고요. 하지만 진심으로 하는 말인데, 그게 무슨 의미인지 모르겠어요. 내게는 큰일이라 도저히 받아들일 수 없었죠. 아직도 완전히 믿기지 않아요. 피해자들의 이야기를 다운로드받아서 읽고 또 읽었어요. 완전히 내 것으로 흡수하려고 노력했어요. 나 자신에게 확신을 주고 싶었던 거죠."

폴은 점차 자신감과 희망을 갖게 되었다. 그가 컴퓨터 앞에서 시간을 보내는 것은 유익한 주의분산 전략이었다. 또한 엄청난 깨달음과 기다렸던 안도감을 주기도 했다. 하지만 다른 피해자의 이야기를 읽으면서 감정 소모가 심했던 탓에 폴은 자신에게 보상을 해주기로 했다. 영화를 보았다. 이번에는 효과가 없었다. 머릿속에 새로운 정보가 너무 많이 들어오자 여전히 집에 앉아 있다는 사실이 자꾸만 걸렸다. 그때까지도 집 밖으로 나가지 않았던 것이다.

"심호흡을 크게 한 다음에 일어섰어요. '그런 감정은 없애버려.' 정말 그런 말을 했는지 모르겠지만 느낌은 그랬어요. 마치 '될 대로 되라. 난 나간다.' 이런 느낌이었어요."

아파트의 문을 열면서 살짝 긴장했지만 공포를 극복하겠다고 굳세게 마음먹었다. 그러고는 복도를 지나 계단을 내려가 밖으로 나왔다.

3단계: 피드백 모니터링

폴이 자신이 사는 동네가 안전하다고 느낀 순간부터 집 밖으로 나가겠다는 갑작스럽지만 단호한 결심을 하기까지 꼬박 24시간이 걸렸다. 그 시간 동안 폴은 대응목록에 있는 여러 가지 전략을 돌아가면서 구사했다. 수차례 다른 방법으로 주의를 분산시켰고 문제 중심의 사고를 하기도 했다. 행동 방침을 세워보기도 하고, 술을 마시기도 했다. 재구성 및 재평가 전략을 이용하기도 했다. 운동을 하면서 의도적으로 근심과 불안을 억눌렀다. 이런 방법이 대부분 통하기는 했으나 통하지 않을 때도 있었다. 하지만 폴이 앞으로 나아갈 수 있었던 이유는 단지 대응목록의 여러 가지 전략을 이용하는 데 그치지 않았기 때문이다. 그 24시간 동안 폴은 끊임없이 전략의 효율성을 모니터링했고 필요에 따라 전략을 수정하고 업데이트하고 변경했다.

그러면서 폴은 유연화의 세 번째 단계인 피드백 모니터링을 작동시켰다. 앞서 맥락 민감성과 대응목록 단계에서 우리는 가용한 전략으로 문제를 극복하는 데 집중했다. 우리가 많이 전진한 것도 사실이지만 끝은 아니다. 피드백 모니터링 단계까지 와야 모든 과정이 완성된다. 이 단계에서는 질문이 바뀐다. 무엇을 해야 하고 무엇을 할 수 있는가에 집중하는 대신, 우리가 이용했던 방식이 제대로 작동하는지를 질문한다. 다시 말해 자기 자신에게 이렇게 물어본다. "그 문제를 극복했나?" "대응방식이 효과가 있나?" "방식을 바꿔야 할까?" "다른 전략을 사용해야 하나?" 다른 전략을 시도했는데도 여전히 효과가 없다면 상황이 바뀌었을 가능성이 높으며, 이 경우 맨 처음 단계로 되돌아가서 상황 맥락을 재평가할 필요가 있다.

이런 판단을 할 때는 가능한 한 모든 단서를 이용한다. 피드백 모니터링에 최적화된 자료는 우리와 항상 함께하는 것들에 있다. 바로 우리의 몸과 마음이다. 대부분의 경우, 특히 잠재적 트라우마 사건을 겪고 나면 사람들의 목표는 불안감·공포·슬픔을 덜 느끼고 기분이 나아지는 것이 된다. 이론상으로 이런 종류의 판단은 간단해야 한다. 감정 상태에 관심을 기울여 자신의 상태를 점검하면 기분이 좋아졌는지 판단할 수 있다. 그러나 안타깝게도 이런 평가가 늘 그렇게 단순하거나 쉽지는 않다.

우리를 둘러싼 세계에 대한 우리의 반응은 의식하지 못하는 사이에 발생한다. 평범하기는 하지만 가장 완벽한 예는 인간이 체온을 조절하는 방법이다. 인간의 신체는 체온 조절에 매우 뛰어나다. 사람의 몸에는 '온도수용기thermoreceptors'라고 하는, 온도에 민감한 세포들이 말 그대로 수백만 개가 있다. 여기에서 수집된 정보는 두뇌 위쪽의 시상하부hypothalamus라는 주요 기관으로 모인다. 시상하부에서 체온이 낮다고 판단하면 몸을 떨게 하거나 혈관을 수축시키는 등의 생리적 반응을 작동시켜 몸을 덥힌다. 반대로 체온이 높다고 판단하면 땀을 흘리게 하거나 혈관을 확장시키는 등의 조치를 취해 몸을 식힌다. 신체의 이런 생물학적 조절 작용은 우리가 의식하지 못하는 사이에 일어나며 매우 효율적이다. 포식자로부터 도망치고 지하철 승강장에서 떨어지지 않도록 조심하는 등 다른 중요한 것에 주의를 기울일 수 있기 때문이다.

그러나 생리적 장치를 통해서만 체온을 조절하는 일은 신진대사의 효율성 측면에서 보면 비용이 크다. 칼로리를 소모하려면 에너지가 필요한데 그 에너지가 비싸기 때문이다. 비용을 상쇄시키고 과정을 더욱 효율적으로 진행시키기 위해 동물들은 진화 과정에서 또 다른 온도조절 방식을 습득했다. 바로 너무 춥거나 너무 더운 것을 의식적으로 느낄 수 있는 능력이다. 이런 방식이 꼭 필요한 것은 아니지만 매우 유용하다. 인간을 포함해서 모든 동물이 의도적인 행동을 통해 효율적으로 간단하게 체온을 조절하도록 해주기 때문이다. 너무 덥다고 느끼면 스웨터를 벗거나 창문을 열거나 선

풍기나 에어컨을 켤 수 있다.

이와 동일한 효율성 원칙이 위협과 공포의 진화에도 작용했을 것이다. 체온조절과 마찬가지로 위협에 대해서도 우리 몸은 무의식적으로 반응한다. 위협적인 상황과 마주하면 무슨 일인지 파악하기도 전에 우리의 두뇌는 재빨리 피질하 영역의 공포회로 subcortical threat circuit를 작동시켜 투쟁 – 도피반응 fight-or-flight response 이라고 부르는 여러 가지 신체적 반응을 일으킨다. 공포를 의식적으로 경험하지 않더라도 공포회로는 작동한다. 공포는 선택사항이다. 사실 공포회로가 작동하고 배측면전두엽피질 dorsolateral prefrontal cortex과 섬엽 insula 같은 고차원적인 대뇌피질 부위로부터 정보를 수집해서 판단하기 전에는 공포를 느낄 수 없다.[17] 하지만 공포는 필수적이지는 않아도 쓸모가 있다. 너무 더우면 스웨터를 벗듯이 공포심을 느끼면 위협에 반응하게 된다. 다시 말해 공포의 근원에 주의를 집중하고 모든 수단을 동원해서 어떻게든 살아남을 생각만 한다.

그런데 여기에 문제가 있다. 공포심을 포함해서 모든 감정은 짧은 시간만 효과가 있다. 공포가 지속되면 본래 목적에서 벗어나 불길한 예감이나 아직 발생하지 않은 일에 대한 일상적인 걱정으로 변질된다. 이 상태가 장기간 유지되면 결국 불안증이나 PTSD 같은 증상이 발생하여 신체가 제 기능을 하지 못한다. 나아가 판단 능력이 크게 떨어져 효과적인 대응책을 선별하는 능력이 전부는 아니더라도 상당 부분 심각하게 상실된다.[18]

✻

　강도를 당하고 며칠 동안 폴은 트라우마성 스트레스와 두려움, 불안감으로 매우 힘들어했다. 이 사고 때문에 자신과 세상에 대한 인식이 심하게 왜곡되었다. 하지만 아직 초기였기 때문에 중증의 불안 증세나 PTSD로 발전하지는 않았고, 신체가 보내는 피드백을 반영해 여전히 전략을 변경할지 결정할 수 있었다.

　이런 능력이 일반인에게도 있는지 알아보기 위해 우리는 실험을 했다. 참가자들에게 모니터로 역겨운 사진과 훈훈한 사진을 보여주고 인지적 재평가cognitive reappraisal와 유사한 전략인 '관점 바꾸기reframing' 전략을 이용해 부정적인 감정을 줄여보도록 요청했다. 예를 들어 사진 속에 묘사된 상황이 처음 본 것만큼 나쁘지 않다거나 상황이 나아질 수 있다고 긍정적으로 생각해보라고 말했다. 참가자들이 요청을 이행하는 동안 연구자들은 참가자의 심장박동수나 앞선 실험에서 부정적인 감정이 생겼을 때 나타난 얼굴 근육의 패턴 등 신체적 반응을 추적했다. 재평가 방식은 일반적으로 효과가 좋지만 피해자의 감정이 극단적으로 힘들 때는 큰 효과가 없다. 또한 사람들이 그리 선호하는 방식이 아니다. 반면에 주의분산과 같은 다른 전략은 효과가 지속되는 시간이 짧기는 하지만 극심한 감정 상태를 누그러뜨리는 데 효과가 좋다. 우리는 이런 식의 전략 전환 능력을 알아보기 위해 다른 실험을 실시했다. 실험 참가자들이 사진을 보고 4초 뒤에 삐 소리가 들리면 재평가를 계속할지, 주의분산을 택할지 선택할 수 있다. 결과는 예상대로 극심한 신체적 반응을 보였던 참가자들이 주의분산 전략을 더 많이 선택했다. 이 결과는 참가자들이 내부 피드백에 근거하여 전략을 변경함을 의미한다. 그리고 역시 예상했던 대로 어떤 참가자들은 이런 경향이 높았다. 이는 그들이 내부 피드백을 더욱 효과적으로 이용할 줄 안다는 뜻이다. 또한 이런 사람들은 정신건강 상태가 양호한 경우가 많았다.[19]

그 뒤에 실시한 다른 실험에서는 피드백을 외부에서 제공했다. 참가자들에게 정서조절을 잘할 때와 못 할 때의 생리적 반응 측정 결과를 알려주었다. 참가자들에게는 비밀이지만 사실 측정 결과는 거짓이었다. 완전히 임의값으로, 실제 참가자들의 반응과 아무런 관련이 없었다. 이제 실험은 전보다 복잡해졌다. 참가자들은 우리가 제공한 거짓 피드백 데이터를 사용할지, 아니면 신뢰할 수 있는 자기 내부의 피드백을 참조할지 결정해야 했다. 참가자들은 처음 얼마간은 외부 피드백을 사용했으나 전반적으로 내부 정보에 더 의존했다. 그리고 결정적으로, 신뢰할 수 있는 내부 피드백에 가장 크게 의존한 참가자들이 결과적으로 감정적 반응을 더 잘 조절할 수 있었다.[20]

실험팀이 제공한 외부 데이터는 거짓이었지만 어떤 외부 피드백은 전략을 수정하는 데 도움이 되기도 한다. 가장 도움이 되는 경우는 아마도 다른 사람을 인식할 때일 것이다. 우리가 자기조절self-regulation 같은 기본적인 기술을 포함한 새로운 행동은 사회적 반응을 제대로 읽을 때 더욱 쉽게 배울 수 있다. 이런 피드백을 제대로 이용하지 못하면 사회적 상황에서 적절한 행동을 하는 데 곤란을 겪는다. 예를 들어 사회적 피드백을 제대로 인식하지 못한다고 알려진 자폐인은 상황이 바뀌어도 자기 행동을 바꾸지 못한다. 안와전두피질orbitofrontal cortex에 손상을 입은 환자 역시 사회적 반응을 제대로 읽지 못해서 상황에 맞는 행동을 하지 못한다. 반대로 우울증 환자들은 사회적 피드백에 과잉반응을 보여 사회로부터 숨어버리는 사례가 많다.[21]

*

밖으로 나오니 불안하기는 했지만 폴은 마음을 굳게 고쳐먹었다. 바깥 바람을 쐬니 일단 좋았다. 동네를 여기저기 돌아다니다 빈 벤치를 발견하고 앉았다. 아무런 일도 생기지 않았다. 거의 문제가 없었다. 잠시 앉아 있다가 가게에 가서 식료품을 샀다.

"카운터에는 항상 같은 친구가 앉아 있었어요. 자주 가니까 나를 알았죠. 들어가니 그 친구가 나를 유심히 보더군요. 내 얼굴에 꿰맨 상처가 있다는 걸 그때 깨달았어요. 정확하진 않지만 그가 '무슨 일이에요?'라고 물었던 것 같아요. 그 말에 놀라서 갑자기 엄청나게 불안해졌어요. 칠칠맞게 넘어졌다고 얼버무렸죠. 어떻게 대답하든 그 친구는 크게 신경 쓰지 않는 듯했어요. 그도 웃고 나도 웃고 그걸로 끝이었죠. 처음엔 아주 떨렸지만 잘 넘어갔어요."

폴은 만족스럽게 가게를 나와 집 쪽으로 걸어갔다. 그런데 저 앞 모퉁이에 젊은이들이 모여 있었다. 자신을 폭행한 무리와 비슷했다. 아니 그냥 그렇게 느꼈는지도 모른다. "아! 큰일 났다. 드디어 시작이구나'라고 생각했어요. 그냥 놀러 나온 건지 모르지만 여하튼 날 바라보고 있었으니까요."

7장. 유연화 단계 243

폴은 공포심에 사로잡혔다.

"잠깐 동안 어쩔 줄 몰라 가만히 있었어요. 그렇다고 멈출 수도 없었죠. 갑자기 멈춰 서면 이상하게 보일 것 같았어요. 속으로 다짐 했어요. '계속 가는 거야. 계속 걸어.'"

불안감을 숨기며 걸어가는데 가게에서 나온 한 할머니가 천천히 폴 쪽으로 다가왔다. 할머니를 피하다 보니 어쩔 수 없이 그 무리 가까이로 가게 되었다. 그런데 놀랍게도 그들은 폴이 지나갈 수 있도록 뒤로 물러서더니 아무 일도 없다는 듯 다시 이야기를 나누었다. 뒤를 흘끗 돌아보았으나 그에게 큰 관심이 없는 듯했다.

"정말 다행이었어요. 마음이 놓였고 스스로가 자랑스러웠어요. 해보니 별거 아니더군요. '좋아, 밖으로 다시 나온 거야. 여긴 우리 동네니까'라고 생각했어요."

폴은 밖에 더 있기로 하고 돌아다니다가 맨 처음 앉았던 벤치로 가서 다시 앉았다. 가만히 앉아서 생각하다 보니 강도를 당한 지 사흘이나 되었는데 친구들에게 아직 연락하지 않았음을 깨달았다. 또한 여자친구 캐리에게도 전화를 한 번도 하지 않았다.

"캐리한테 전화하는 게 문제였어요. 아마 엄청 화가 나 있을 테고 이제 관계가 끝났다고 생각할 거예요. 누가 안 그러겠어요? 며칠 동안 전화를 한 번도 안 했는데."

우선 쉬운 것부터 하기로 했다. 회사의 상사에게 메일을 보내 강도를 당했다고 설명했다. 그 방법이 편안했다. 마크와 로라 등 친구들에게도 메일을 보냈다. 메일을 보내고 있는데 상사로부터 전화가 왔다. 잠시 멈칫했지만 전화를 받았다. 상사는 폴을 매우 걱정하며 회사 일은 신경 쓰지 말고 치료에 전념하라고 했다. 상사의 태도가 놀라웠다. 조금 지나니 다른 친구들에게서도 전화나 메일이 오기 시작했다.

"누구한테 연락했는지 따져보기도 전에 물밀듯이 연락이 오더군요. 1시간 정도는 통화하고 메일 보내고 했던 것 같아요. 기분이 정말 좋았어요. 다들 많이 걱정해줘서 마치 고통에서 벗어난 것 같았죠. 정확하게 기억나지는 않지만 기분이 조금 왔다 갔다 했어요. 하지만 그때 처음으로 내 탓이라는 생각, 내게 문제가 있다는 생각을 멈춘 것 같아요. 왜냐하면 아무도 내 잘못이라고 생각하지 않았으니까요. 모두 다 나를 걱정하고 염려해주었어요. '그래, 내 잘못이 아냐. 애당초 어떻게 그렇게 생각하게 된 거야?'라고 생각했어요."

폴은 마침내 용기를 내어 캐리한테 전화했다.

"예상했던 대로 엄청 화가 나 있더군요. 처음엔 화를 냈어요. 제가 연락 한 번 안 했으니 당연하죠. 그런데 그녀는 좋은 사람이었어요. 마음이 따뜻한 사람이죠. 울더라고요. 통화하면서 그녀의 사랑을 느낄 수 있었어요. 사랑을 확인하고 나니 기분이 정말 최고로 좋았어요."

그렇게 한바탕 연락을 돌린 다음 폴은 잠시 가만히 앉아 숨을 돌렸다.

"긴장이 풀려 안도의 한숨을 크게 쉬었어요. 그러고는 이렇게 생각했어요. '여기 한동안 앉아 있었지만 아무 일도 없었어.' 안전하다고 느끼니 더는 걱정할 필요가 없었어요."

기억하고 재창조하기

폴은 자신을 괴롭히던 스트레스를 다른 것으로 변화시켰다. 폭력의 기억을 재창조하고, 감당할 수 있는 것으로 재구성했다.

    우리는 기억이 고정된 사실이며, 경험을 영구적으로 기록하는 변치 않는 사진처럼 여긴다. 그러나 기억은 얼마든지 수정할 수 있다. 맨 처음 기억을 입력할 때는 그 장면과 소리, 당시의 생각 등 경험의 파편이 합쳐져서 신경회로에 저장된다. 그 뒤로 기억을 떠올리면 같은 신경세포들이 재활성화된다. 다만 이 과정은 창고에서 무얼 꺼내듯이 단순하지는 않다. 우리의 두뇌는 기억을 적극적으로 재창조한다. 이러한 생물학적 과정은 여러 가지 요인의 영향을 받는다. 기억을 구성하는 요소들이 얼마나 강렬한지, 얼마나 많이 불러낼 수 있는지, 기억을 유발하는 조건이 무엇인지, 기억을 불러낼 때 무슨 생각을 하고 있었는지 등에 따라 달라지는 것이다. 이런 요인들은 기억의 내용뿐 아니라 기억이 기존 신경회로에 재통합되면서 어떻게 바뀔지까지 결정한다.[22]

    폴은 두들겨 맞는 순간의 세세한 것까지 선명하게 기억했다. 그러나 그는 유연성을 발휘하여 다양한 전략을 활용한 덕분에 자기가 처한 상황을 좀 더 섬세하게 이해할 수 있었다. 폴은 더는 자신을 멍청하게 위험을 자초한 겁쟁이라고 생각하지 않았으며, 기억을 수정하고 업데이트해서 자신을 단지 안 좋은 사건을 겪은 죄 없는 사람으로 생각하게 되었다. 또한 사건에 대한 자신의 반응은 지극히 자연스럽고 당연하다고 여기게 되었다. 그런 상황이면 대부분의 사람이 그렇게 반응할 것이라고 말이다.

9·11테러에 관한 연구에서 우리는 비슷한 방식으로 기억이 진화하는 사례를 보았다. 무역센터 빌딩 안이나 가까이에 있었던 사람들은 공격이 진행되는 동안 자신이 경험한 내용을 또렷이 기억한다. 만성 PTSD 증상 궤적을 보였던 사람들은 세세한 내용까지 반복해서 기억했다. 그러나 회복궤적이나 회복탄력성 궤적을 보인 사람들은 세부적인 내용까지는 기억하지 못했고, 시간이 갈수록 그날의 사건을 처음보다 덜 끔찍하다고 여겼다.[23]

잠재적 트라우마 기억이 수정된다는 사실은 실험을 통해서도 입증되었다. 실험 참가자들에게 끔찍한 영화를 보여준 다음 날 그 영화를 되도록 생생하게 기억해보라고 요청했다. 그다음 참가자 일부에게는 중요한 애착 대상과 함께 있어 안전감을 느끼는 상황을 생각해보라고 했다. 실험 참가자들에게 "항상 당신을 응원하는 사람" "어려울 때 도와주는 사람" "당신과 아주 가깝고 필요할 때 옆에 있어주는 사람" 등과 같이 있다고 상상하라고 하자 끔찍한 영화에 대한 기억이 누그러졌다. 다음 주에 다시 측정한 결과, 이들은 애착 대상을 떠올려보라는 요청을 받지 않았던 대조군과 비교해서 영화에 대한 기억이 덜 생생해지고 끔찍했던 느낌도 약해졌다.[24]

*

폴은 트라우마성 스트레스를 안정적으로 극복했다. 그렇다고 문제가 완전히 사라진 것은 아니었다. 주위에 다시 사람들을 받아들이자 변화는 빨라졌다. 캐리는 그날 늦게 폴을 찾아왔다. 둘은 오랜만에 좋은 시간을 보냈지만 티격태격하기도 했다. 다행히 회사에서 빨리 복귀하라고 재촉하지 않아서 며칠 더 집에서 쉬기로 했다. 그동안 그는 '외출을 연습했다'.

다시 출근하면서 일상생활에 안정을 찾았지만 강도에 대한 기억이 완전히 치유되지는 못했음을 깨달았다. 밤에 혼자 걸어도 편안하다고 느끼기까지는 시간이 꽤 걸렸다. 불안한 마음에 계속 뒤를 보았다. 폭력에 따른 고통스러운 기억과 수치심이 더는 떠오르지 않게 될 때까지도 오랜 시간이 걸렸다. 폴은 그런 반응을 떨쳐버리려고 무진 애를 썼고, 시간이 지나며 증상들은 완전히 없어지진 않았지만 서서히 줄어들었다.

그동안 폴은 유연화 단계를 수없이 반복해서 겪었을 것이다. 폴은 이 과정을 인지하고 있었을까? 알 길은 없다. 강도를 당한 뒤 처음 며칠간의 고통스러운 기억은 매우 선명하고 구체적이었다. 하지만 다시 일상생활로 돌아오자 전만큼 바빠지면서 기억도 비교적 희미해졌다.

여기서 흥미로운 질문이 생겨난다. 폴은 자신의 유연성을 인지하고 있었을까? 당시에 폴이 유연성에 관해 알고 있었다면 강도 경험을 재해석하며 고통스러운 기간을 줄이고 모든 과정을 덜 힘들게 지나갈 수 있었을까? 비슷한 피해를 당한 피해자가 유연성을 안다면 무슨 도움이 될까?

유연성에 관해 연구하는 동안 나는 누구나 유연성 전략을 배우면 도움이 된다고 생각했다. 사람들에게 '회복탄력성'을 가르치는 것은 마음대로 할 수 있는 일이 아니다. 회복탄력성은 매우 복잡하며 앞에서도 보았지만 정확히 예측하기 힘들다. 회복탄력성을 높이는 특성이라고 생각되는 자질을 개발하는 데 엄청난 노력을 기울여도 실제로 바뀌는 것은 거의 없다. 반면 '유연성'은 우리가 하기에 따라 달라진다. 유연성을 개발한다고 해서 반드시 회복탄력성이 커진다고 보장할 수는 없지만 확률을 높일 수는 있다. 유연성이 있으면 회복탄력성을 증진시킬 특징과 행동을 각 상황에 맞게 활용할 수 있기 때문이다. 이 방법은 가장 효과가 좋은 특징을 찾아내는 데 도움이 될 뿐 아니라 시간이 흐름에 따라 이를 수정하고 개선해나가는 데도 도움이 된다.

우리는 연구를 통해 대부분의 사람이 낙관주의·문제해결에 대한 자신감·도전지향성으로 대표되는 유연성 마인드셋을 가지고 있으며, 그렇지 않더라도 최소한 이런 요소들을 개발할 능력이 있음을 밝혔다. 또한 대부분의 사람은 맥락 민감성, 대응목록, 피드백 모니터링 등 유연화의 각 단계에서도 적어도 중간 수준의 기술을 지니고 있는 것으로 나타났다. 유연성 마인드셋과 유연화 단계의 구성요소들은 동시에 발생하는 경향이 있다. 어느 하나를 할 줄 아는 사람이 나머지도 할 줄 알 가능성이 높다는 뜻이다.[25] 그러나 내 경험에 따르면 이상하게도 사람들은 이것들을 체계적으로 사용할 줄 모르고, 안다고 해도 극히 미흡한 수준이다. 물론 유연성 마인드셋과 유연화 단계에는 여러 가지 가변적인 요소가 있지만 이해하기 어려운 수준은 아니다. 애초에 내가 유연성에 관한 연구를 시작하기로 한 이유 중 하나가 이들 개념은 충분히 '학습할 수 있는' 것들이기 때문이다. 이 책을 쓰게 된 동기이기도 하다.

그렇다면 우리는 더 유연해지는 법을 어떻게 배울까? 앞서 우리는 대부분의 사람이 자신도 모르는 사이에 이미 어느 정도의 유연성을 지니고 있음을 확인했다. 그러니 이제 좀 더 근본적인 질문을 던져보는 것이 좋겠다. 먼저 우리는 어떻게 해서 유연해질까?

8장

유연해진다는 것

이번에는 정말로 미래를 알 수 없었다. 희망이 사라지면서 기분이 매우 나빠졌다. 하지만 이 증상을 막을 방법이 없었다. 어느 때보다 그는 알고 싶었다. 왜 자신은 괜찮았는가? 그는 여전히 그 답을 갈구했다.

나는 고등학교를 졸업한 뒤 몇 년 동안 여기저기 돌아다니며 과수원이나 농장에서 잠깐씩 일한 적이 있다. 어느 염소 농장에서는 젖을 짜는 일을 맡았다. 내가 염소에 관해 아는 것이라고는 성질이 고약하고 고집이 세다는 사실뿐이었다. 직접 염소를 접해보니 과연 그랬다. 젖을 짜는 게 아니라 염소랑 몸싸움을 하는 게 아닌가 싶을 정도였다. 그래도 어찌어찌 일을 해냈다.

어느 날 아침, 외양간에 들어가다가 염소가 새끼를 낳는 장면을 목격하게 되었다. 잠시 뒤에 어미 염소가 갓 태어난 새끼의 몸에서 양수를 핥아주자 놀랍게도 새끼는 큰 소리로 울며 벌떡 일어서더니 걸어서 돌아다니기 시작했다. 나중에 알고 보니 이런 포유류들이 많았다. 이런 특징을 조숙성precocial이라고 한다. 태어나자마자 활동을 할 수 있다는 뜻이다. 반대로 사람은 만성성altricial이다. 이 단어는 양육, 돌봄, 수유 등을 뜻하는 라틴어 alere에서 유래했다. 갓 태어난 사람의 아기는 혼자서 아무것도 할 수 없으며 유아기를 넘어서도 계속 돌봐주어야 사람으로서 역할을 할 수 있다. 사실 인간은 모든 것이 느리다. 인간의 유년기와 청소년기는 우리와 가장 가까운 영장류보다도 2배나 더 길며 두뇌가 완전히 성숙하려면 대략 25년, 자그마치 사반세기가 걸린다.

인간의 성장이 느린 데는 여러 가지 이유가 있다. 가장 그럴듯한 설명은 700여 동물종의 대뇌피질 내 신경세포의 수와 성장시간을 비교한 최초의 연구 결과에서 찾아볼 수 있다. 논문의 저자인 수자나 에르쿨라누오젤Suzana Herculano-Houzel은 "피질 내에 신경세포가 많을수록 생리적 성숙 및 정신적 자립에 도달하는 기간이 오래 걸린다"라고 주장하면서 "피질 신경세포cortical neurons가 많은 종은 성장이 늦은 만큼 주위 환경과 교감하면서 많은 것을 경험할 수 있다"라고 덧붙였다.

대뇌피질 신경세포의 수는 또한 한 종의 평균수명을 결정한다. 특히 이는 사람에게 딱 들어맞는다. 왜냐하면 에르쿨라누오젤이 말했듯이 대뇌피질은 "인지, 암산, 논리적 추론을 훨씬 넘어서는 방식으로 우리의 행동을 복잡하고 유연하게 만들 수 있기 때문"이다. 대뇌피질은 "스트레스에 반응하고 예측하는 방법을 조절하고 학습해서 적응력adaptability을 키워주며, 지금 하는 일, 기분, 앞으로 일어나리라 예상하는 일을 파악하여 내부 생리적 반응이 일치하도록 도와준다".[1]

*

인간이 태어나 복잡한 성장 과정을 거칠 때, 초기에는 매우 기초적인 수준의 자기조절 능력밖에 없다. 주로 울음이나 웃음을 통해 기본적인 사회적 신호를 보내지만 그게 전부다. 처음에는 이 신호들이 다 거기서 거기다. 주로 배고픔이나 소화불량처럼 몸 안에서 발생하는 증상에 대한 반응이며 외부의 자극과는 상관이 없다.

그러나 이런 초기 유아기에도 두뇌가 발달함에 따라 점차 주위 환경에 반응하며 더욱 다양한 신호를 보낸다. 태어나서 한두 달 뒤면 '사회적 미소social smiling'를 짓는 능력이 생긴다. 아이를 돌보는 사람은 아기의 미소에 크게 반응하고 이는 다시 아기의 표현 행동에 영향을 끼친다. 그러나 모든 사회적 소통이 그렇듯 영향은 상호적이다. 유아심리학자 에메스 너지Emese Nagy는 이렇게 말했다. "아기들은 부모의 행동을 조종하는 능력을 매우 빨리 습득한다."[2]

이 시점부터 맥락 단서를 읽고 이에 반응하는 능력, 곧 맥락 민감성이 서서히 발달하기 시작해서 유년기 내내 발전한다.[3] 또한 두뇌가 발달함에 따라 외부세계와의 상호작용도 확대된다. 수행 통제executive control 능력과 더불어 계획하고 관찰하는 능력도 생긴다. 아이들은 점차 행동을 결정하는 규칙과 조건을 배우고, 각 상황에 따라 어떤 규칙과 조건을 적용해야 하는지 알게 된다. 큰 문제가 없다면 맥락 민감성을 받아들일 준비가 되고, 학교에 입학할 즈음에는 각기 다른 상황에 따른 제약조건에 반응해서 전략을 수정하는 능력을 갖춘다.

그러나 문제가 생겨 맥락 민감성의 발전이 지연되면 어린 나이에도 문제 행동을 할 수 있다. 예를 들어 한 연구에서는 서로 다른 상황에서 두 살배기 어린이들의 공포와 관련된 얼굴 표정과 울음을 연구했다. 어린이 대다수는 상황이 바뀌면 행동이 바뀌었다. 다시 말해 위협을 느끼는 정도에 따라 반응이 달라졌다. 그러나 '조절 장애가 있는dysregulated' 어린이들은 별로 위협적이지 않은 상황에서도 지나친 공포심을 표출했다. 이렇게 상황에 제대로 반응하지 못하는 어린이들에게는 생리적인 스트레스가 지속적으로 발생한다. 또 다른 연구에서는 취학 전 4~5세 어린이들에게 맥락 민감성이 부족할 때 감정표현 행동이 사회적 관계에 어떤 영향을 끼치는지 관찰했다. 기쁨 같은 긍정적 감정을 더욱 적극적으로 표현한 어린이들은 또래 사이에서 인기가 있는 반면 다른 아이들과 의견이 어긋날 때처럼 기분 좋을 상황이 아닌데도 기쁨을 표현한 어린이들은 인기가 없고 교사도 이들을 사회성이 부족하다고 평가했다. 분노처럼 파괴적인 감정도 마찬가지였다. 전반적으로 지나친 분노를 표현한 어린이들은 또래에게서 호감을 덜 받는 반면, 다른 아이들과의 갈등 같은 맥락에 맞게 적절한 분노를 표현한 어린이들은 아이들이 싫어하지 않았다.[4]

대응 및 정서조절 대응목록의 발달에서도 비슷한 궤적이 발견된다. 아기들은 애초에 싫은 것을 피하거나 좋아하는 것에 집중하는 것처럼 기초적인 분산전략을 통해 자기가 받는 고통을 조절하는 방법을 배운다. 또한 울기, 고개 돌리기, 시선 마주치기 등 구체적인 행동을 이용해서 사람들의 도움을 끌어내는 방법을 배운다. 점점 더 세련된 조절방법을 습득함에 따라 아이들은 영리하게 행동해서 고통스러운 상황을 전환시킬 줄도 알게 된다. 취학 전 아이들은 분주한 활동이나 놀이 등 주변 외부세계를 이용하여 주의를 분산시키기도 한다. 학창 시절에는 대응전략이 훨씬 확장된다. 청소년기에는 회피전략이 더욱 고도화되어 내적으로 생겨나는 주의전환 사고까지 가능하다. 이 기간에는 보호자의 범위도 확장된다. 아이의 인생에서 가까운 보호자 외에 교사와 또래 친구들이 차지하는 비중이 점차 커진다. 지각능력이 발달함에 따라 맥락 단서에 근거해 의지할 대상을 선택한다. 예를 들면 상황이 얼마나 통제 가능한지, 같이 있는 어른이 얼마나 권위가 있는지에 따라 선택을 한다. 인지적 대응방식은 청소년기가 시작되면서 나타난다. 내적 문제 해결이나 재평가와 같은 인지적 재구성을 통해 더욱 직접적인 대응이 가능해지는 시기다.[5]

유연화의 세 번째 단계인 피드백 모니터링도 명확하게 드러난다. 문제해결과 반성적reflective 학습에 필요한 기본 기술은 어릴 때 나타난다. 취학 전 어린이들은 필요에 따라 문제해결 전략을 바꾸기도 하고, 기존의 전략이 효과적이지 않다고 판단되면 새로운 전략으로 바꾸기도 한다. 이렇게 다른 문제해결책을 찾아낼 줄 알게 되면 감정을 조절하는 새로운 전략을 찾아내는 능력도 생긴다. 학교에 들어가면 자신의 사고 과정을 인식하는 메타인지meta-cognition도 갖게 된다. 청소년기가 되면 메타인지가 더욱 가다듬어지며, 동시에 의도적인 인지 재구성과 교정을 통한 성찰을 거쳐 전략을 바꾼다.[6]

이 모든 복잡한 과정을 거쳐 각종 전략이 제대로 작용하기까지는 20여 년이 걸린다. 발달이론학자 엘런 스키너Ellen Skinner와 멜라니 치머겜벡Melanie Zimmer-Gembeck이 설명했듯 이 모든 과정이 잘 진행되면 "산만한 상태에서 집중하는 상태로, 분산된 상태에서 체계적인 상태로, 이기적인 태도에서 협조적인 태도로, 반항적인 태도에서 자율적으로 사전에 통제하는 태도로 바뀐다". 종착점인 성인이 되면 "주위 환경의 중요성을 평가하여 흥분된 감정을 조절하고,

환경을 바꾸어 조절 전략의 성공 여부를 피드백받는 도구"를 보유하게 된다.[7] 한마디로 유연성을 갖춘다는 뜻이다.

문제의 이면

사고가 난 날, 제드의 마지막 기억은 여자친구 메건에게 "나중에 봐"라고 말한 것이었다. 그 '나중'이 얼마나 오랜 시간 뒤일지 전혀 감을 잡을 수 없었다. 수차례에 걸친 수술, 재활 훈련, 모든 것이 불확실했던 기간 등 상상조차 힘들 정도로 괴롭고 무자비한 시간이었다. 하지만 그는 극복했고 매우 잘 이겨냈다.

앞서 우리는 사고가 일어난 날 밤, 아수라장 같은 병원에서조차 제드에게 유연성 마인드셋이 있음을 보았다. 오래전부터 그를 알았기 때문에 그가 정말로 유연성 마인드셋을 가지고 있음을 자신 있게 말할 수 있다. 그는 곤경이 닥쳐도 대체로 낙관적이다. 겸손하면서도 자신의 대응능력을 믿으며, 살면서 생기는 여러 가지 어려움을 잘 처리한다. 물론 그가 한 치의 의심도 하지 않았다고 말하기는 어렵다. 그렇지만 그는 "결국에는 모든 게 다 정상으로 돌아온다고 생각했다"라고 내게 말했다.

유연한 성격을 타고난 그는 유연화 단계를 제대로 이용할 줄 알았고 단서를 잘 포착했다. 항상 자신이 해야 할 일을 알았고 당장 할 일에 집중했다. 또한 자신의 장점을 잘 알았고 다양한 대응 수단이 있었다. 사교성이 뛰어났고 대인관계에서 매력과 온화함을 발산하면서도 다른 사람의 도움을 기꺼이 받아들였다. 또한 분산전략을 채택해서 어려움을 재구성하여 긍정적인 측면에 집중했다. 여러 사람과 농담을 즐겼고 유머감각이 뛰어났다. 전략을 바꿀 줄도 알아서 잘 안 된다고 판단되면 다른 방법을 시도했다.

한번은 회복 과정에서 퇴원 전에 입원환자를 위한 재활시설로 잠시 옮긴 적이 있었다. 그곳에서 제드와는 달리 오른다리가 절단된 환자와 같은 병실을 사용하게 되었다. 기가 막힌 상황이었다. 제드 역시 그렇게 생각했다. 제드는 내게 다리가 한쪽씩 없는 두 환자가 완벽한 대칭을 이루며 나란히 서서 환하게 웃는 사진을 보여주기도 했다. 신발 한 켤레를 사면 둘이서 하나씩 신을 수 있다고 말하며 웃었다. 어딘가 어두운 유머였지만 동시에 그 여유에서 안도감을 찾을 수 있었다.

제드가 이 모든 시련을 이겨낼 수 있었던 것은 무엇보다 가족과 친구들, 특히 어머니와 여동생, 메건의 도움 덕분이었다. "수술은 고통스럽고 끔찍했어요. 모든 신체 기능이 제대로 돌아올지 확신할 수 없었죠. 그동안 메건의 인생이 얼마나 바뀌었는지 생각해 봤어요. 이런 걸 원하진 않았겠죠."

그때는 제드와 메건이 사귄 지 2~3년 정도 되었을 때였다. 둘의 사랑은 굳건했고 조만간 메건에게 프로포즈를 할 생각이었지만 사고로 모든 것이 바뀌었고 원점으로 돌아갔다. 제드는 사력을 다해 한 가지 목표인 '생존'에 몰두했다. 메건이 제드를 떠난다 해도 누구도 그녀를 비난하지 않았을 것이다. 하지만 그녀는 곁에 남았고 제드의 어머니, 여동생과 함께 제드의 강력한 지원군이 되었다.

"어머니와 여동생과 메건의 지원은 정말 큰 힘이 되었어요. 항상 옆에 있어줬고 병원에서 의식을 되찾았을 때는 돌아가며 24시간 간호를 했어요.

의식이 돌아왔던 순간을 떠올려보면, 모든 것이 희미했어요. 마치 의식이라는 얇은 베일로 가려진 듯한 느낌이었죠. 사고가 워낙 끔찍했고 약물까지 투입되어서 살아 있다는 느낌이 거의 들지 않았어요. 존재한다는 느낌도 희미했죠. 그런데 그때마다 메건이 나타나곤 했어요. 내 의식 안으로 들어왔죠. 빛처럼 스며들어와 의식을 달래주는 듯했어요. 어머니와 여동생도 나타났어요. 그들의 지지는 말 그대로 몸으로 느껴졌어요. 그야말로 이 세상으로 돌아오는 다리처럼 느껴졌죠."

당시는 기관지에 삽입했던 호스를 뺀 지 얼마 되지 않아 아직 말을 하지 못할 때였다. 공책에 글자를 써서 의사소통을 했다. 제드는 그 공책을 아직도 가지고 있다. 하루는 그가 메건과 어머니, 여동생에게 적은 메모를 내게 보여주었다. "셋은 정말 멋진 팀이야. 내 인생에 어떤 일이 있어도 함께해줘요."

이들의 연대는 한 번도 삐걱거린 적이 없었다. 제드는 회복했고 2년 뒤에는 메건과 결혼까지 했다.

하지만 그때도 아직 모든 고통에서 완전히 벗어나지는 못한 상태였다.

"파도가 한 차례 지나가고 후유증이 점점 약해졌어요. 하지만 큰 위기를 몇 번 넘긴 다음 웬만큼 일상생활을 할 수 있기까지는 추가로 1년 정도가 더 걸리더군요."

제드에게 일상으로 돌아온다는 것은 시티칼리지에 복학해서 마침내 심리학 석사학위를 취득하는 것을 뜻했다. 그리고 그 목표를 달성하자마자 제드는 더욱 원대한 목표인 박사학위를 향해 나아갔다.

내가 제드를 처음 만난 것은 그로부터 얼마 뒤, 사고를 당한 지 약 5년 후였다. 내 연구진의 박사과정 보결 선발 면접에서였다. 너끈히 합격한 제드는 처음부터 능력을 발휘하며 연구진의 중요한 멤버가 되었다. 1년 뒤에는 아기도 가졌다. 모든 것이 제자리를 찾아갔다.

제드의 감동적인 성공 스토리는 사람들이 자신의 유연성을 알고 있을까 하는 질문을 다시 던지게 만든다. 제드는 자신이 가진 극복 수단을 잘 알고 이것들을 효과적으로 사용할 정도로 유연하기는 했지만, 그는 유연성이라는 개념이 존재하는지조차 몰랐다. 하지만 그게 무슨 상관인가. 그는 최악의 사고를 이겨냈고, 정신적·육체적 충격을 수차례 극복하며 정상 생활로 돌아왔다. 그가 어떻게 극복했는지를 아는 것이 그리 중요할까? 잠시 뒤에도 보겠지만, 중요하다는 것이 밝혀졌다. 그런데 약간의 반전이 있다. 자세히 살펴보면 무언가를 안다는 것은 생각만큼 간단명료하지 않다.

의식적이거나 무의식적이거나

사람들은 인생의 어려움에 의식적이고 계획적으로 대응한다고 생각한다. 심리학자들 역시 이 생각에 동조한다. 예를 들어 발달 과정을 연구하는 영향력 있는 연구 집단은 대응coping을 "고통스러운 사건이나 상황에 반응하여 감정, 인식, 행동, 신체작용, 환경을 조절하려는 의식적이고 자발적인 노력"이라고 정의한다.[8]

하지만 항상 그럴까? 대응은 항상 의식적이고 계획적일까? 심리학자들이 그렇다고 믿는 근거는 부분적으로 이러한 대응 과정을 연구하는 방식에서 기인한다. 우리는 실험 참가자들에게 어떤 식으로든 자신을 통제하라고 요청한다. 그러고는 설문지를 이용해서 어떻게 그리고 언제 대응하는지 물어본다. 만약 우리가 항상 의식적으로 대응한다면, 그 대응방식에 관해 엄청나게 많은 것을 알고 있어야 한다. 하지만 앞에서 보았듯이 대부분의 사람은 자신의 대응방식이 무엇인지 정확히 알지 못한다.

유연성이라는 개념은 더욱 까다롭다. 유연성이 무엇인지 모르면 유연해지기는 (불가능까지는 아니어도) 어려울 것처럼 보인다. 하지만 사석에서 대다수의 사람이 내게 말하길, 자신들이 유연화 단계 같은 전략을 구사하고 있는지 몰랐으며 심지어 그런 전략이 존재한다는 것조차 몰랐다고 했다. 그렇다면 의식하지 않고도 유연해질 수 있다는 뜻인가?

＊

'무의식unconsciousness'이라는 단어를 들으면 막연하게 지그문트 프로이트Sigmund Freud의 저작을 떠올리고는 원초적 충동과 욕구의 비밀스러운 저장고를 연상하는 사람이 여전히 많다. 하지만 지금은 프로이트 때와는 많이 다르다. 심리학, 신경과학, 생물학 등의 분야에서 우리의 두뇌가 의식적 또는 무의식적으로 정보를 처리하는 방식에 관해 엄청난 양의 연구가 진행되어왔다. 앞에서도 말했지만 두뇌에서 발생하는 모든 일은 우리가 모르는 사이에 일어난다. 하지만 인간은 의식이 있는 존재이기 때문에 무언가를 의식적으로 생각한다면 많은 일이 생긴다. 유연성 측면에서 가장 중요하게는, 우리가 정보를 이용하는 방법을 바꿀 수 있다.[9]

심리학자들은 이런 형태의 정보 변화에 관해 오래전부터 알고 있었다. 1970년대에 이미 '자동처리automatic process'와 '통제처리controlled process'라고 부르는 과정에 관한 많은 연구가 진행되었다. 자동처리는 매우 빠른 시간에 일어나고, 의식적인 조절이 필요하지 않으며, 일단 작동하기 시작하면 중단하거나 무시할 수 없다. 예를 들어 신호등의 빨간불을 보면 운전자가 자동으로 브레이크를 밟는 반응과 같다. 신호가 바뀌는 걸 뒤늦게 알아차리고는 그냥 지나치려고 해도, 미리 알아차렸다면 브레이크를 밟았을 다리에 힘이 들어가는 것까지는 피할 수 없다. 반면 통제처리는 항상 고의적이고 의식적인 의도를 가지고 움직인다. 자동처리보다 느리고 많은 노력이 필요하며 더 제한적이다. 의식적으로 주의를 기울일 수 있는 용량에 한계가 있기 때문이다. 통제처리는 중간에 쉽게 멈추고 자동처리로 변환되기도 한다.[10]

자동처리는 적어도 처음 시작될 때는 무의식적인 작용이라고 보는 것이 합리적이다. 하지만 여기서 말하는 무의식은 프로이트가 말하는 무의식과는 의미가 다르다. 프로이트가 말하는 무의식의 세계에서는 사고와 행동이 우리 마음속 깊은 곳에 숨어 있다가 다른 형태로 의식 위로 나타난다. 하지만 많은 연구가 자동처리는 그 반대의 순서로 진행된다고 주장한다. 자동처리는 처음에는 의도적이고 의식적인 생각과 행동으로 시작하지만, 시간이 지나 반복되면서 결국 무의식적·자동적으로 변한다.

다시 운전의 예로 돌아가보자. 태어날 때부터 운전을 할 줄 아는 사람은 없다. 사실 자동차 운전은 의식적이고 복잡한 행위다. 처음에는 몇 가지 특이한 동작을 배워야 하고 그다음에는 이것들을 동시에 할 수 있도록 능숙해져야 한다. 예를 들면 다양한 손발의 동작과 목표물까지의 거리, 중간에 출현하는 다른 차량이나 방해물의 존재까지 종합적으로 감안해야 한다. 초기에는 운전이 도저히 사람이 할 수 없는 일처럼 느껴진다. 나는 아직도 고등학생 때 시뮬레이터로 교육받을 때 화면에 튀어나오는 보행자나 방해물을 보고도 제대로 브레이크를 잡지 못했던 기억이 생생하다. 내 자동차가 화면에 보이는 물체로 정면으로 돌진해서 놀라곤 했다. 하지만 다른 초보 운전자들과 마찬가지로 결국에는 운전을 능숙하게 하게 되었다.

연습을 하다 보면 운전은 제2의 천성이 된다. 자동차의 속도를 조정해서 다른 차량을 따라가고, 도로에 물체가 나타나면 브레이크를 밟으면서도 가뿐히 대화를 나누거나 라디오를 들을 수 있다. 한마디로 이 모든 과정이 자동화되어 자면서도 할 수 있을 정도가 된다. 연구에 따르면 실제로 사람들은 비록 짧은 순간이기는 하지만 운전 중 잔다고 한다.[11] 다행히 무의식적으로 운전하는 시간은 오래가지 않는다. 과잉학습이라고 할 수도 있지만 모든 복잡한 행동과 마찬가지로 운전을 하려면 의식적인 모니터링이 필요하다. 예를 들면 자주 그리고 의식적으로 자동차의 속도를 점검하는 행위 등이다. 언제 차량을 회전할지, 다른 차량을 추월할지와 같이 구체적으로 결정을 내리는 순간에는 신중하게 행동해야 한다. 항상 뜻밖의 방해물이나 도로의 상황 변화를 인식하고 대응할 준비가 되어 있어야 한다.

예상하다시피 유연화 단계도 마찬가지다. 유연화 단계를 구성하는 기술을 가지고 태어나는 사람은 없다. 각 요소를 의식적이고 계획적으로, 때로는 고통스럽게 배워야 한다. 어린이들에게는 매우 힘든 과정이다. 상황 단서를 해독하고, 충동을 억제하고, 감정을 조절하며 수정하고 맞춰나가야 한다. 이 뛰어난 기술은 부모나 다른 어른들의 지도를 받고 수많은 시행착오를 거쳐 습득된다. 나이를 먹고 두뇌가 발달하면서 이런 기술은 점점 쉬워지고 결국 자동화되기까지 한다. 하지만 앞에서도 보았듯이 각 요소 자체로는 한계가 있다. 아무리 최선의 대응전략을 구사하고 아무리 정확히 맥락 단서를 파악해도 한계가 있는 것이다. 유연성에는 서로 다른 기술들을 조합해서 추적하고, 조정하고, 변화시키는 작업이 모두 포함되어 있다. 따라서 의식적인 모니터링이 필요하다. 모니터링이 없다면 우리의 적응능력은 바로 궤도를 이탈한다.

∗

우리의 삶은 끝없이 진화하면서 이어진다. 식탁에 앉거나 이웃에게 인사하고 이메일을 확인하는 등 일상생활에서 마주치는 상황은 매우 평범하고 예측 가능하다. 이런 상황에서 다음에 어떤 일이 일어날지, 어떻게 대응해야 할지를 알려주는 단서는 너무나 잘 보이기 때문에 거의 인식하지 못한다. 아니 어쩌면 인식한다고 생각하지도 않는다. 물론 모든 상황을 그렇게 쉽게 파악할 수 있는 것은 아니다. 새롭고 불편한 상황에 처하면 사고 과정에 집중하며 어떤 행동을 해야 할지를 알려줄 만한 단서에 의식적으로 주의를 기울여야 한다. 이렇게 해도 중요한 정보를 놓치거나 단서를 잘못 이해할 가능성은 여전히 남는다.

아무리 주의를 기울여도 상황이 어떻게 돌아가는지 제대로 파악하지 못하는 가장 큰 이유 중 하나는 우리가 주의를 기울일 수 있는 시간이 길지 않기 때문이다. 다시 말해 의식적인 집중에는 한계가 있다. 상당히 많은 보고서가 이를 입증한다. 독자 여러분이 직접 검증할 수도 있다. 1,754부터 거꾸로 셋씩 떼어 세보라. 단, 반드시 눈을 뜨고 해야 한다. 끝까지 다 셀 필요는 없으니 몇 초간이라도 해보기 바란다. 쉽지는 않지만 그렇다고 아예 불가능한 일도 아니다. 이번에는 눈을 감고 똑같이 세어보자. 훨씬 쉬울 것이다. 시각적인 요소가 없기 때문에 의식적으로 집중해야 할 대상이 그만큼 줄어드는 반면, 거꾸로 세는 데 필요한 의식적 집중 자원은 늘어나기 때문이다.

이제 다른 실험을 해보자. 지금 보고 있는 쪽에서 동사만 골라보라. 문법 실력에 따라 꽤 어려울 수도 있지만 못할 것도 없다. 이번에는 거꾸로 수를 세는 동시에 동사를 골라보자. 거의 불가능하다. 동사를 식별하고 수를 거꾸로 세는 두 작업은 모두 의식적 자원이 필요한데 우리에게는 두 가지를 동시에 할 만큼 자원이 충분하지 않기 때문이다.

이는 우리가 의식적으로 주변의 맥락 단서를 찾아낸 뒤 이를 해석하려고 노력하는 상황과 유사하다. 아무것도 하지 않고 찾기에만 집중하면 크게 어렵지 않다. 그러나 의식적으로 문제를 해결하려 한다거나, 곧 어떤 일이 닥칠지 예상한다거나, 걱정을 하며 다른 사람과 이야기를 하는 등 다른 행동으로 정신이 없다면 의식적인 집중에 몰두할 자원이 부족하기 때문에 중요한 맥락 단서를 놓칠 가능성이 높아진다.

이처럼 우리가 의식적으로 집중할 수 있는 자원이 부족하기 때문에 유연화 단계 중에서도 맥락 단서를 해석하는 단계는 어느 정도 자동화하는 것이 좋다는 주장이 설득력을 얻기도 한다. 자동처리는 쉽고 빠르며 주위의 상황에 대해 빠른 판단을 내리게 해준다. 사실 어린이들도 이른 나이부터 자동적 맥락 인식이 가능하며, 이 능력은 나이가 들면서 더욱 발전한다.[12]

그러나 자동처리가 항상 정확하지는 않기 때문에 이에 너무 의존하면 심각한 문제가 발생할 수 있다. 의식적으로 맥락 단서에 집중하고 있을 때에도 어떤 단서는 자동적이고 무의식적으로 처리하는 경향이 있다. 또한 앞서 살펴본 추단법으로 인해 매우 잘못된 해석을 할 수 있다. 이런 실수는 특히 위험에 빠졌거나 고통스러운 상황에 직면해서 빠른 결정을 해야 할 때 많이 한다.

자동적 단서 인식과 의식적 의사결정이 충돌하는 전형적인 사례는 스트룹 색상-단어 검사 Stroop Color and Word Test라는 고전적 실험에서 볼 수 있다. 실험은 아주 간단해 보인다. 참가자들에게 각각 다른 색의 단어를 한 번에 하나씩 보여준다. 예를 들어 '집'이라는 단어는 빨간색 글씨, '개'는 파란색 글씨다. 참가자들은 최대한 빠르고 정확하게 글자의 색을 말하면 된다. 너무 쉽다. 단, 그 단어가 집이나 개처럼 평범해서 크게 관심을 불러일으키지 않고 쉽게 잊을 수 있을 때만 그렇다. 만일 단어가 색 이름이면 어떨까? 이 경우 단어의 뜻에서 자동으로 추가적인 중요 정보가 연상된다. 무엇을 읽는 행위는 고도의 기술이지만 글을 읽을 줄 안다면 자동적인 행동이다. 파란색 글자로 '파란색'이라고 적은 것처럼 단어의 뜻과 색이 같으면 우리는 거의 자동으로 더 빨리 색을 말할 수 있다. 그런데 빨간색으로 '파란색'이라고 적어놓으면 정보가 충돌하기 때문에 색을 말하는 데 시간이 걸린다. 모순을 해결하기 위해 시간과 노력이 추가로 필요하기 때문이다. 대개 이런 노력에는 의식적 주의가 필요하다.

이렇게 무의식과 의식이 충돌하는 불편한 사례는 실생활에서는 자동적 인종차별적 고정관념에 관한 연구에서 나타난다. 이 저명한 연구에서는 참가자들에게 컴퓨터 모니터에 두 개의 사진을 잇달아 보여준다. 첫 번째 사진은 사람의 얼굴인데, 이를 무시하고 오로지 두 번째 사진에만 집중해달라고 요청한다. 그런 다음 두 번째 사진이 총인지 연장인지를 가장 빠르고 정확하게 말해달라고 한다. 이 실험은 인종차별적 고정관념을 살펴보기 위해 고안되었다. 실험 참가자들은 모두 백인이었고 사진 속의 얼굴은 백인 또는 흑인 남자의 얼굴로, 0.2초만 보여주었다. 의식적으로 피부색을 알아보기에는 부족하지만 우리의 두뇌가 자동으로 정보를 받아들이기에는 충분한 시간이다. 실험 결과는 충격적이었다. 백인 참가자들에게 흑인의 얼굴을 보여주고 연장 사진을 보여주면 연장이라고 제대로 말하는 사람도 있었지만 총이라고 잘못 말하는 사람도 많았다. 강력한 효과 아닌가. 모르는 흑인 남자의 얼굴을 지나가듯 잠깐 보여주는 것만으로도 흑인 남자와 총을 연결하는 것은 인종차별적 고정관념의 충분한 단서였고, 그 고정관념은 백인 참가자의 맥락 인식을 위험한 방향으로 몰고 가기에 충분했다. 인종적 편견은 백인 남자의 얼굴을 보여주었을 때에도 똑같이 나타났다. 다만 방향이 반대였을 뿐이다. 백인 남자의 얼굴을 보여주니 자동적으로 상황이 안전하다고 인식했다.[13]

유연화 단계 중 대응목록과 관련해서 자동처리에 관한 증거만큼이나 자동오류automatic mistake에 관한 증거도 많다. 실험에서 한 집단에는 인지재평가 전략을 사용하라고 무의식중에 주입하고 다른 집단에게는 명시적으로 그 전략을 사용하라고 지시했다. 그 결과 잠재적으로 주입받은 집단은 명시적으로 재평가 전략을 사용하라는 지시를 받은 집단과 동일한 수준으로 스트레스가 많은 과제에 잘 대처하고 낮은 수준의 생리적 반응을 보였다.[14]

이런 결과는 적어도 어떤 상황에서는 우리가 자동으로 특정한 조절 전략을 사용할 수 있음을 보여준다. 하지만 이러한 자동처리를 통해 얼마나 자주 이득을 얻을 수 있을지는 불분명하다. 유연성이라는 측면에서 보면 자동처리는 분명히 한계가 있다. 앞에서도 보았지만 재평가 전략을 포함한 그 어떤 전략도 항상 유효하지는 않다. 스트레스 요인에 대해 어느 정도 통제권을 가지고 있는 상황에서는 재평가를 통해 감정적 반응을 없애는 전략은 별로 효과가 없으며 심지어 해를 끼치기도 한다. 다른 더 효율적인 문제해결 전략을 구사하기 어려워지기 때문이다. 다른 전략들도 비슷한 단점을 가지고 있다. 예를 들어 자동으로 위험하다는 감정을 억누르면 기분이 좋아질 수도 있지만, 앞에서도 보았듯이 어떤 상황에서는 의식적으로 위험을 인식하지 않으면 생존이 위협받는다.

따라서 유연화의 세 번째 단계인 피드백 모니터링이 매우 중요하다. 전략이 효과적이지 않을 때 우리의 몸이나 주변 환경의 피드백을 통해 전략을 수정하거나 다른 시도를 할 수 있기 때문이다. 그러나 전략이 자동으로 활성화되었다면 모니터링과 조정 과정이 제대로 이루어지지 않을 수도 있다. 무의식적으로 발현된 전략이 실험 참가자의 고통을 줄여주더라도 참가자가 이런 변화를 알아차리지 못한다는 연구 결과도 있다.[15] 어떤 전략이 우리를 도와주고 있는데 우리가 모른다면 무심코 효과가 적은 다른 전략으로 전환할 수도 있다. 특히 자동적인 전략이 어떤 상황에 적합하지 않은데도 이를 모른다면 문제가 될 수 있다. 여건만 된다면 전략 수정 과정을 자동화해도 된다는 연구 결과도 있다.[16] 그러나 그런 여건이 가능한지 여부를 떠나, 지금까지의 연구 결과에 따르면 피드백 수정은 명확히 의식적인 결정이다. 다시 말해 우리는 주의를 기울여야 할 필요가 있다는 뜻이다. 특히 예상치 못한 문제에 봉착할 때는 더욱 그렇다. 커다란 스트레스 요인의 공격을 받을 때는 말할 것도 없이 주의를 더 기울여야 한다.

악몽이 되돌아올 때

다시 제드의 이야기로 돌아가보자. 제드는 지금까지 엄청난 고통을 이겨냈지만 안타깝게도 예상치 못한 시련이 다가오고 있었다. 게다가 새로운 시련은 여러 가지 면에서 이전의 고난보다 더 힘들고 고통스러웠다. 모든 일은 처음에는 극복할 수 있는 것처럼 보였던 문제가 계속되면서 시작됐다.

사지를 절단하면 팔다리에서 오던 모든 감각정보가 사라진다. 그러나 환자들은 여전히 팔다리가 그대로 붙어 있다고 느끼는 경우가 많고, 안타깝게도 이로 인해 극심한 고통을 느낀다. 과거에는 이런 환지통phantom limb pain을 심리적인 현상으로 간주하고 심리치료를 통해 극복 가능한 일종의 환각이라고 생각했다. 그러나 환지통은 실재하는 생리적 현상이다. 사지가 절단되면 사지로부터 척수를 거쳐 두뇌로 감각정보를 전달하는 신경섬유까지 절단된다. 그러나 절단부부터 뇌까지 가는 신경섬유는 그대로 남아 있다. 두뇌는 남아 있는 신경섬유에서 오는 모든 자극을 절단된 사지에서 온다고 판단한다. 신경섬유가 손상되어 제 기능을 하지 못하기 때문에 때로는 극도의 불안 상태를 초래하기도 하고 절단부에 신경종neuroma이라고 불리는 종양이 생기기도 한다. 신경종이 생기면 고통은 더욱 심해진다.[17]

제드에게 처음 환각지가 나타난 것은 사고가 발생한 지 얼마 안 되어 병원에 누워 있을 때였다.

"자다가 깼는데 다리가 그대로 붙어 있는 느낌이었어요. 다리를 구부린 채 발이 침대 밖으로 삐져나와 몸 쪽을 향해 있는 것 같았어요. 느낌과 현실이 달랐죠. 다리가 없는 걸 알았지만 감각은 마치 그대로 있는 것처럼 아주 이상했어요. 신체 일부에 정신을 집중하면 그 부위를 느낄 수 있잖아요. 뇌로 느낄 수 있어요. 꼭 그런 느낌이었어요. 뼈와 살이 붙어 있는 그런 게 아니라 홀로그램에 가깝죠. 발이 뒤집혔다는 것만 제외하고는 다리 전체가 느껴졌어요."

점차 사고에서 회복했지만 다리를 느끼는 증상은 사라지지 않았다. 적어도 당분간은 있는 그대로 받아들여야 할 것 같았다. 고통에 익숙해지는 수밖에 다른 도리가 없었고 점차 적응해나갔다.

"침대에서 나오거나 침대로 들어갈 때, 또 몸을 뒤집을 때 넘어지곤 했어요. 체중의 4분의 1이 없어졌으니까요. 나는 다리가 없는 걸 알지만 내 뇌는 여전히 다리가 있다고 생각했어요. 거기에 맞춰 적응해야죠. 아주 이상한 느낌이에요. 신경이 바싹 곤두섰다고 해야 하나. 그렇게밖에 표현할 수 없어요. 반딧불이처럼 엉덩이 전체에 크리스마스트리같이 환하게 불이 들어와 타는 느낌이에요. 백열등처럼요. 온 신경이 다 타는 느낌이죠."

시간이 흐름에 따라 환지통은 확실히 나아졌다. 그런데 양상이 좀 특이했다. 제드는 잘린 다리가 점점 짧아진다고 느꼈다. 이는 절단 환자들에게서 흔히 나타나는 현상이다. 발이 점점 다리 위쪽으로 올라오는 것 같은 느낌을 '텔레스코핑telescoping'이라고 한다.

"사고 첫해에는 없는 발가락 다섯 개를 다 느낄 수 있었어요. 그런데 발이 천천히 올라오더니 무릎을 지나 대퇴골까지 왔어요. 발가락은 여전히 그 자리에 있더군요. 텔레스코핑이 발생하면 피질 신경세포의 경로가 바뀌어 신체감각을 재구성하게 되므로 좋은 신호로 해석된다고 해요. 지금은 집중하면 골반 끝 이 부분에 발가락 두 개가 느껴져요. 꼼지락거릴 수도 있어요."

게다가 제드는 점점 줄어들기는 했지만 여전히 날카로운 통증을 느꼈다. 그리고 문제는 점차 심각해졌다.

"서서히 나아지기는 했지만 아직도 한번씩 불에 타는 것 같은 통증이 생기면 아파서 며칠이고 잠을 못 자죠. 특히 밤에는 잠이 들어버리기 때문에 더욱 힘들어요. 고통이 심해도 깨어 있으면 음악을 듣거나 게임을 하면서 주의를 분산시킬 수 있는데 잠들어버리면 그럴 수도 없고 몸을 더 깊게 인식하게 돼요. 몸으로 느끼는 것이라 누워 있으면 통증이 더 심해져요."

환지통에 대해서는 아직까지 알려진 것이 많지 않다. 고통을 누그러뜨리기 위해 제드는 많은 통증 전문가를 만났다. 처방법은 다들 달랐다. 신경의 말단 부위를 지지는 방법부터 신경차단물질을 주입하여 절단부를 마취하는 방법, 신경을 냉각시켜 죽이는 방법, 절단부 근처의 척수를 둘러싼 경막dura layer에 전극을 삽입하여 마취시키는 방법 등. 절단부가 척수의 민감한 부위와 가까웠기 때문에 어떤 방법을 쓰더라도 위험하기는 마찬가지였다. 하지만 이런 방법을 써도 통증은 줄어들지 않았다.

그러던 2016년 봄, 모든 것이 엉망이 되고 말았다.

제드는 어떤 의사의 지도하에 FDA에서 막 승인받은 새로운 치료법을 시작했다. 일반적인 경막외 마취에서는 경막층이라는 척수 외막 근처에 전극을 삽입하여 신경정보의 전달을 차단해서 통증을 줄이는 방법을 사용한다. 하지만 이런 일반적인 방식은 손상된 부위에 전극을 정확히 삽입하는 것이 아니기 때문에 별로 효과가 없는 경우가 많다. 새로운 방식은 관련된 신경 부위에 훨씬 가깝게 전극을 삽입하여 정확성을 높이는 것을 목표로 한다. 그러나 이 방식은 일반적인 경막외 마취보다 더 위험하다. 척수에서 돌출된 극도로 중요하고 민감한 부위인 배근신경절dorsal root ganglia에 삽입하기 때문이다. 막 승인된 새로운 시술이라 더욱 위험하기도 했다. 더구나 당시만 해도 그 의사는 단 한 명의 환자에게만 기술을 적용해봤을 뿐이었다.

제드의 첫 번째 시도는 실패로 돌아갔다. 지나치게 척수 위쪽에 삽입했기 때문에 아무런 효과가 없었고 고통만 지속됐다. 몇 달 뒤, 제드는 다시 시도했다.

이번의 결과는 아주 안 좋았다. 전극을 삽입하던 바늘이 척수의 경막층에 구멍을 내는 바람에 경막하혈종subdural hematoma이 발생했다. 혈액이 서서히 척추로 침투하여 혈전이 생기더니 낭종으로 발전했고, 결국 뇌척수액 누출까지 생겼다. 제드로서는 처음 겪는 신경 반응이었다. 처음에는 고통스럽기는 했지만 참을 만했다. 그러나 통증은 점점 심해졌다. 힘들기는 했지만 그는 이 기간을 어떻게든 버텨냈다.

이 시기에 제드에 관해 생생하게 남은 기억이 하나 있다. 제드를 포함한 우리 연구진은 어느 날 저녁 콘서트를 보러 시내 한 클럽에 간 적이 있었다. 사람이 많아서 서서 봤다. 조명이 번쩍일 때마다 그의 얼굴을 잠깐 봤는데, 뭔가 불편한 것 같았다. 그는 그때까지만 해도 자신에게 무슨 일이 일어나고 있는지 몰랐다. 새로 시작한 치료방법 때문인 줄도 몰랐다. 그는 끝까지 버텨보려 했지만 결국 중간에 나갈 수밖에 없었다.

얼마 후 실험실에서 혼자 작업을 하던 제드에게 이상 증상이 나타났다. "몸에 열이 올랐다가 금세 추워지는 등 온갖 괴상한 증상이 나타났어요. 온 신경이 이상하게 돌아가는 것 같았죠."

그때부터 증상이 급속도로 악화되었다.

"병원에서 인턴십을 하고 있을 때였어요. 갑자기 말도 못하게 어지러워서 일을 할 수가 없었어요. 서 있을 수도 없었죠. 몇 개월이나 누워 있어야 했어요. 처음 증상이 나타났을 땐 너무 무서웠어요. 정신이 나갈 정도로 무서웠죠. 제대로 볼 수도 없고 균형을 잡고 서 있을 수도 없었어요. 심장을 비롯해 모든 게 엉망이었어요. 지독한 두통이 끝없이 반복됐어요. 속이 메스꺼워 곧 토할 것 같았고요. 응급실에 실려 갔는데 병원에서는 심장마비가 온 것 같다고 하더군요."

설상가상으로 검사를 위해 5일간 병원에 입원했다가 퇴원한 지 얼마 안 되어 둘째 아이가 태어났다. 보통의 가정이라면 온 식구들이 크게 축하해야 할 일이지만 까닭 없이 악화된 제드의 건강 때문에 분위기가 무거웠다. 게다가 의사들도 뭐라고 확실하게 얘기해주지 않았다. 혈관을 수축시켜 누출을 완화할 수 있도록 카페인을 많이 섭취하고 가능한 한 누워 있으라는 게 전부였다.

"그나마 통증이나 어지러움 같은 증상들이 나아지기는 했어요. 누워 있는 동안에는 증상이 완전히 사라지진 않아도 참을 만했어요. 하지만 일어나기만 하면 이 모든 증상이 다시 날카롭게 찾아왔어요. 모든 게 바로 사라져버리더군요. 누워 있는 것 말고는 아무것도 할 수 없었어요."

변화는 엄청난 충격으로 다가왔다. 모든 고통을 이겨내고 이제 겨우 벗어나려던 순간, 또다시 살기 위해 투쟁해야 하는 고난이 닥쳤으니 말이다. 이런 상황에서 심각하게 우울해지지 않을 수가 있겠는가?

"이런 느낌을 뭐라 해야 할지 모르겠어요. 정확히는 우울증은 아닌 것 같고. 내게 기쁨과 자신감을 선사하던 것들이 사라질 때, 그걸 뭐라고 하나요? 자신의 삶에 대한 주도권을 막 잡으려고 하다가 다시 놓쳐버리는 느낌 말이에요. 정말 기분이 더럽더군요. 미래가 어떻게 될지 모르니 희망이 없잖아요. 막막했어요."

이번에는 정말로 미래를 알 수 없었다. 희망이 사라지면서 기분이 매우 나빠졌다. 하지만 이 증상을 막을 방법이 없었다. 어느 때보다 그는 알고 싶었다. 왜 자신은 괜찮았는가? 그는 여전히 그 답을 갈구했다. 일부는 알아냈다. 하지만 그 어느 때보다 큰 위기가 닥친 지금, 조만간 만족스러운 답을 얻지 못한다면 그 의문이 제드를 집어삼킬지도 몰랐다.

5부

따라 해보세요

The End of Trauma

9장

우리 자신에게 말 걸기

유연성 마인드셋이 목표지향적 자기대화와 결합되면 긍정적인 독백이 만들어지고, 이는 유연성 마인드셋을 구성하는 세 가지 요소를 더욱 강화시킨다.

웬디 리히텐탈Wendy Lichtenthal 박사는 환자들의 스트레스와 혼란을 많이 봐왔다. 박사는 뉴욕에 있는 메모리얼 슬론 케터링 암센터에서 심리학자로 근무하면서 많은 환자가 전혀 예상치 못하고 바라지도 않았던 전혀 달갑지 않은 문제들로 고통받는 모습을 봤다. 박사는 어떻게 하면 환자의 고통을 덜어줄 새로운 방법을 찾을지 항상 고민했다.

우리가 처음 만난 것은 박사가 펜실베이니아대학교에서 박사과정을 밟을 때였다. 나는 그곳에서 강연을 하다 그녀를 알게 되었다. 이미 그때도 나는 어려운 임상 문제에 과학적 데이터를 적용하려는 그녀의 열정에 탄복했다. 계속 교류해오던 중에 박사가 뉴욕 쪽으로 옮겨왔다.

몇 년 전에 나는 유연화 단계를 다룬 논문을 발표했다. 당시는 아직 그 용어를 사용하지 않을 때였다. 리히텐탈 박사가 논문을 읽고 나서 환자들에게 필요한 것이 바로 이 유연화 전략이라며 연락해왔다. 그녀는 환자들이 자신에게 닥친 일을 이해하지 못하고 어떻게 대응할지 몰라 우왕좌왕하는 경우가 많다고 했다. 박사의 표현을 빌리면, 환자들은 상황이 불확실할 때 "딱 잘라 이야기해주길 원한다". "예를 들어 '어떻게 대처해야 할지 알려주세요. 어떤 방법이 제일 좋은가요?'라고 제게 물어봐요. 하지만 환자마다 상황이 다르고 심지어 오늘과 내일이 달라요. '제일 좋은 방법' 같은 건 없죠." 박사는 유연화 단계를 적용하면 환자들이 자신만의 치유의 길을 다지며 어려움을 극복할 수 있을 것이라고 생각했다.

그로부터 얼마 뒤, 유방암 진단을 받은 젊은 엄마에게 유연화 단계를 적용해보기로 했다며 연락이 왔다. 이 환자는 암 치료를 받으면서 미래에 대한 불안과 아이 양육에 대한 걱정으로 몹시 힘들어했다. 혼돈과 불안을 어떻게 극복해야 할지 몰라 거의 넋이 나간 상태였다. 박사는 환자에게 그런 상황을 위한 '사용설명서' 같은 것은 없지만 유연성 전략을 사용하면 도움이 될 것이라고 설명했다. 주어진 상황을 제대로 파악하여, 여러 대응목록 중에서 적당하다고 생각되는 방식을 선택하여 적용해보고 결과를 평가한 뒤, 효과가 없는 것 같으면 '효과가 있는 전략'을 찾을 때까지 이 과정을 '반복'하는 것이다. 또한 유연성의 기본 전제를 설명하면서 "상황이 항상 변하기 때문에, 어제 효과가 있던 것도 오늘은 효과가 없을 수 있으므로 유연한 접근방법이 치료에 도움이 될 것"이라고 덧붙였다. 환자의 반응은 매우 긍정적이라고 했다. "환자와 이야기를 나눠보니 큰 도움이 될 거라고 수긍했어요."

하나의 사례만 가지고 평가하기는 어렵지만 그 뒤로도 박사는 환자들에게 여러 가지 방식으로 유연화 단계를 적용해보았다. 최근에는 유연화 단계를 이해하는 것이 중요한 검사 결과를 기다리는 환자에게 특히 효과가 있음을 밝혀내기도 했다. 이 기간은 환자에게 유독 힘든 시간이다. 대다수 환자는 이 시간에 '원인이 무엇인지도 알 수 없어 아무것도 할 수 없다. 그저 기다리는 수밖에 없다'.

유연화 단계는 좀 더 다루기 쉬운 세부사항으로 쪼개볼 수 있다. 우선 상황의 맥락과 필요한 것을 생각해보며 해결할 문제가 무엇인지 발견한다. 이러면 상황에 압도되는 것을 막을 수 있다. 다음으로 문제를 어떻게 해결할까 고민한다. 대표적인 방식이 회피전략이다. 문제에 대한 관심을 다른 곳으로 돌리는 것이다. 박사 역시 이 방식에 동의하면서도 이 방식을 잘 설명하는 것이 중요하다고 강조했다. 박사는 유연성의 개념에 충실하면서도, 환자들에게 주의 돌리기 전략을 포함한 어떤 형태의 회피전략도 유일한 방법은 아니며 최선의 방법은 더더욱 아니라는 점을 강조한다.

또한 박사는 이렇게 말했다. "내가 볼 때는 용어가 중요한 것 같아요. '기분전환'이라고 하면 현재 기분이 안 좋다는 전제가 깔려 있잖아요. 사실 기분전환을 좋아서 하는 사람이 어디 있겠어요? 필요하기 때문에 감정을 조절하는 능력을 키우려는 것뿐이잖아요? 그래서 저라면 '전환'이라는 말을 쓰는 대신 이렇게 물어볼 겁니다. '당신은 어떤 일을 해볼 수 있나요? 무엇을 하면 주의를 분산시킬 수 있을까요? 무엇이 당신에게 중요하거나 의미 있고, 무엇이 당신을 기쁘게 하나요?' 물론 원치 않는 생각들이 끼어들게 마련이죠. 누구나 그럴 겁니다. 가장 최선은, 필요할 때 자기감정을 포용하면서도 그 감정이 도움이 되지 않을 때는 주의를 돌릴 줄 아는 겁니다."

불안감을 표현하는 것도 중요하다. 박사는 환자들에게 자신의 걱정을 더욱 적극적으로 표현할 수 있는 좀 더 안전한 다른 상황을 떠올려보라고 했다. 환자들이 가장 자주 떠올린 상황 맥락은 가까운 사람과 함께 있는 것이었다. 사회적 지지가 위기 상황에서 하는 역할을 고려하면 놀라운 결과는 아니다. 하지만 바로 이 지점에서 박사는 환자들에게 피드백 모니터링이 매우 중요하다고 강조한다. 내면의 상태뿐 아니라 자신이 어려움을 털어놓을 때 다른 사람이 보이는 반응도 피드백에 포함된다.

"환자가 불안을 표현하다 보면 어느 순간 악순환으로 빠져들 우려가 있어요. '난 불안하고 무서워요. 그래서 더 불안하고 더 무서워요.' 하는 식이죠. 그러다 보면 감정을 표출해도 효과가 없고 이런저런 생각으로 머리만 복잡해져요. 도와주는 사람들에게도 짜증을 내게 되죠."

바로 이때 환자는 자신의 전략을 재고하며 다른 전략으로 바꿔야 한다. 그러나 안타깝게도 삶과 죽음의 문턱에 있는 환자에게는 말처럼 쉬운 일이 아니다. 박사가 환자들에게 가장 흔히 듣는 이야기는 도대체 어떤 다른 방법을 사용해야 할지 모르겠다는 것이다.

그럼 박사는 환자들에게 사용 가능한 다른 방법을 알려주려고 하지만 그렇게 간단하지 않다. 박사에 따르면 우선 극복해야 할 장애물이 몇 개 있다. 첫째, 다른 것을 해볼 능력이 없다는 환자들의 믿음이다.

"예를 들어 환자들에게 이렇게 말한다고 해보죠. '명상을 해보는 건 어때요?' 그때 가장 흔하게 나오는 반응은 이거예요. '난 명상할 줄 몰라요.' 그러면 제가 스님들도 평생 명상을 연습하지만 제대로 못 하는 사람이 많다고, 모든 걸 다 잘하는 사람은 없지만 시도는 해볼 수 있다고, 중요한 것은 연습과 배움이라고 대답하죠."

둘째, 급박한 상황에 대처하며 나타나는 일종의 실존적 공포 상황이다. 사람은 생존을 좌우하는 중요한 수술이나 검사를 앞두고 인간 존재의 유한함에 대해 깊이 생각하게 된다.

"중요한 검사 결과를 기다릴 때 엄청난 공포를 느끼는 것은 진화적인 측면에서 당연하지만 환자에게는 그보다 더 큰 실존적인 질문이 생깁니다. '인생이 얼마 남지 않았다는 것을 이제 막 깨달았는데 앞으로 남은 시간을 어떻게 살아야 하나' 하는 문제죠."

사람들은 이런 존재론적 질문이 중요하다는 것을 알지만 평상시에는 이에 대해 별로 생각하지 않는다. 그러나 심각한 검사 결과를 기다릴 때처럼 힘든 시간에는 생각하게 되어 있다.

"실존적 문제는 생각해봐야죠, 무시해서는 안 됩니다. 하지만 그건 마치 해를 정면으로 쳐다보는 것과 같아요. 오래 하지는 못하죠."

환자들이 이런 장애물을 극복하고 대응전략을 확장하도록 돕기 위해서 박사는 기존에 나와 있는 자기조절 전략 목록을 자주 검토한다. 이 대응전략들은 구사하기도 쉽고, 치료방법에 따라 다양하게 적용할 수 있다. 그러나 우리가 앞에서 보았듯이 목록에 오르내리는 전략과 특징은 매우 고통스럽고 스트레스를 유발할 가능성이 있는 상황에서 반드시 도움이 되지는 않는다. 그 한계에 관해 질문했을 때 박사의 대답은 깊은 울림을 남겼다.

"위기의 한복판에서 제대로 생각하기란 쉽지 않습니다. 환자를 공식적으로 치료하는 상황이고 당장 위급한 상황이 아니라면, 환자에게 어떤 대응방법을 쓰면 좋을지 함께 고민하는 데 많은 시간을 할애합니다. 여러 가지 방법을 연습해보고 그중에서 제일 잘 맞는 것을 선택하도록 도울 수 있죠. 음악 듣기, 산책하기, 다른 사람과 이야기하기, 책 읽기, 영화 보기 등 효과가 있다면 무엇이든 상관없어요. 환자가 극심한 위기 상황에서 모든 신경이 곤두서 있을 때는 '내가 할 일이 뭐지?'라고 생각하기가 쉽지 않아요. 그 상황에서는 그런 생각을 할 수가 없어요. 그냥 압도되어버리죠. 이전에 대응방법을 생각해보지 못했다면, 목록을 만들어보는 것이 큰 도움이 됩니다."

*

리히텐탈 박사는 임종간호 전문가이자 사별 연구로 유명한 홀리 프리거슨Holly Prigerson과 함께 더욱 공식적인 개입 절차를 만들었다. 그리고 이를 필요로 하는 중환자실의 대리 의사결정자들을 대상으로 유연성을 전파하고 있다. 중환자실의 환자가 의료진과 정상적인 의사소통을 할 수 없을 때 가족 중 한 명이 대리로 그 역할을 맡는다. 대리 의사결정자에게는 환자를 대신해서 임종과 관련된 결정을 떠맡아야 하는 일이 매우 큰 부담으로 작용할 수 있다. 이들은 당연하게도 죄의식, 후회, 결정에 대한 극도의 불안감뿐 아니라 엄청난 슬픔과 트라우마성 스트레스를 호소한다. 게다가 다른 방법도 없다 보니 대리 의사결정자들은 환자의 치료와 관련하여 의료진과 불필요한 마찰을 일으키기도 한다. 이는 오히려 문제를 악화시킬 뿐이다.

박사는 이렇게 설명한다. "환자를 가장 잘 돌보는 사람은 의료진입니다. 또한 치료가 어느 방향으로 진행되는지, 어떤 결과가 초래될지 잘 알지요. 가족과 달리 감정에 휩싸이지 않기 때문에 가족들이 듣고 싶지 않고 받아들이기 어려운 치료법을 제안하기도 합니다. 그러다 보면 주도권 경쟁이 되어버릴 수 있어요."

초기에 대리 의사결정자들에게 개입할 때는 임종간호 전문가와 함께 환자의 가족과 면담을 가졌다. 목적은 만나서 도와주고 정보를 주는 것이었다.

"전문가들이 하는 말은 매우 상식적이었어요. 예를 들면 이래요. '계획을 짜서 이거 한번 해보죠. 서로 원하는 걸 말해봅시다. 간호의 목표라든지.' 그런데 이것이 오히려 대리 결정자를 더욱 힘들게 했어요."

이런 방식이 도움이 된다는 결정적인 증거는 사실상 어디에도 없었다. 그래서 모든 치료의 표준인 무작위 임상실험randomized clinical trial(실험 참가자를 대조군과 시험군 중 하나에 무작위로 배정하여 결과를 비교하는 임상실험 방식 – 옮긴이)으로 테스트해봤다. 그 결과 대리인의 불안감과 스트레스를 줄이지 못한 것은 물론이고 오히려 PTSD 증상을 악화시킬 뿐이었다.[1]

다른 방법이 없자 좌절한 의료진은 프리거슨에게 도움을 요청했다. 리히텐탈 박사는 그때의 상황을 이렇게 전했다. "중환자실 담당의가 도와달라고 하더군요. 가족들이 더 적극적이고 집중적으로 치료해달라고 하는데 지금은 더 이상 그런 치료를 할 수 있는 상태가 아니라고 했어요. 의료진과 매일 싸우고 변덕이 장난이 아니에요. 의사들한테도 안 좋고 가족들한테도 끔찍한 일이죠."

박사는 프리거슨과 머리를 맞대고 대리 의사결정자들을 도와줄 실질적이고 실행 가능한 방법을 찾기 위해 고민했다. "이런 상황에서 대리 결정자들은 마치 자동차 헤드라이트에 놀란 사슴 같은 처지죠. 의사가 이야기해도 안 들려요. 너무 놀라서 어떤 정보도 받아들이지 못하죠. 애도의 감정에 압도당해버린 거예요. 그렇지만 중환자실에서는 현실적인 문제를 결정해야 할 때가 반드시 오게 되어 있어요. 그때는 애도의 감정에서 벗어날 수 있어야 합니다."

이것이 결국 유연성의 문제라고 생각한 두 사람은 유연성을 알리기 위해 세 개 세션으로 구성된 간단한 세미나를 계획했다.[2] 가장 긴 첫 번째 세션은 맥락 민감성을 기르며 시작된다. 의료진과 환자 가족 사이에 감정 싸움이 벌어진 상황과 그때 발생하는 문제를 대강 그려본다. 또한 대응목록을 확장하는 세부 과정을 마련하여 대리 결정자가 어려움에 처했을 때 활용할 수 있도록 정보를 제공한다. 나머지 두 세션은 2주 간격으로 유선으로 진행된다. 피드백 모니터링을 통해 대리 결정자들의 진행 상황을 의료진들과 공유하고, 배운 전략을 사전 연습해서 보완하는 과정으로 구성된다.

박사와 프리거슨의 개입은 큰 진전을 낳았다. 이들의 활동은 극도의 스트레스 상황에서도 유연한 접근방식의 기초를 배울 수 있음을 보여준다. 하지만 이것이 쉽지만은 않다는 사실을 인정해야 한다. 스트레스에 압도당하면 우리의 자원은 이미 바닥난 상태이므로 올바른 생각을 하기 힘들다. 덜 힘들고 더욱 많은 걸 배울 수 있는 방법은, 스트레스에 압도되지 않고 평범한 일상생활을 할 때 미리 유연성을 연습하고 기르는 것이다.

유연성 마인드셋 강화하기

유연성 마인드셋에서부터 시작해보자. 기억을 되살릴 겸 다시 한 번 설명하자면 유연성 마인드셋은 상호관련된 세 가지 믿음, 곧 낙관주의, 대응능력에 대한 자신감, 도전지향성으로 구성된다. 이 세 요소가 함께 작용하며 필요하다면 무엇이든 할 수 있다는 자신감을 불어넣어주고, 우리를 유연하게 적응시키며, 힘겨운 문제를 해결할 수 있게 한다.

여러 연구 결과가 낙관주의를 실질적으로 향상할 수 있음을 증명했다. 예를 들어 어느 연구에서 연구자들은 '최선의 나best possible self' 기술을 활용했다. 이는 '최선의 결과가 도출된 미래'에 살고 있는 자기 자신을 그리는 기법이다. 이때 참가자들은 자신들이 달성하고 싶은 목표·구체적인 방법·소망을 적고, 그것들을 모두 가진 미래의 모습을 상상했다. 2주 뒤 이 기법을 적용하지 않은 사람들과 비교했을 때 이들은 여러 가지 측면에서 더욱 낙관적인 태도를 보였다.[3]

대응능력에 대한 자신감을 끌어올리려면 실제적인 성공에 초점을 맞추는 더욱 경험적인 접근이 필요하다. 일례로 과거에 효과적으로 문제를 해결했던 긍정적인 경험을 글로 쓰게 하는 훈련이 있다. 상황에 특화된 접근방식 또한 효과적이다. 다시 말해 특정 상황에 맞춘 구체적인 대응 행동을 가르치는 방식이다. 럭비 선수나 만성 천식 환자처럼 이질적인 집단 각각에서 이 방식을 연습한 뒤 문제 대응능력에 대한 자신감이 향상됐다는 연구 결과가 있다. 또 다른 연구는 극도로 스트레스를 받는 상황에서조차 자신감을 기를 수 있다는 것을 입증했다. 예를 들어 한 연구에 따르면 집단폭력에 노출된 후 지속적인 스트레스를 호소했던 대학생들이 숙달감과 대응능력을 기르도록 특별히 설계된 글쓰기 연습에 참여한 뒤 대응능력에 좀 더 자신감을 갖게 되었다.[4]

도전지향성 역시 비슷한 방식으로 기를 수 있다. 우리가 역경을 성공적으로 극복했다면 그 성취감 덕분에 다른 과제 역시 무난히 해결할 가능성이 높아진다. 교육자들은 이러한 성공 경험의 중요성을 인식하고, 학생과 교사를 도전과 숙달의 방향으로 평가하는 여러 가지 방법을 고안했다.[5] 또 다른 실험 연구에 따르면, 참가자에게 해결해야 할 스트레스 요인을 도전이라고 생각하도록 단순하게 지시하는 것만으로도 도전지향성과 연관된 생리적 반응을 활성화시켰다.[6]

그렇다면 유연화 단계는 어떨까? 일련의 연구는 사람들이 특정 상황 단서에 대응하는 새로운 전략을 배우는 방법을 밝혔다. 이를 '이프-덴 시행법if-then implementation'이라고 한다. 이를테면 어떤 상황 단서가 있을 때 특정 전략을 시행하는 것이다. 이 시행법을 적용한 실험을 예로 들어보겠다. 실험 참가자들에게 중립적인 사진, 기분 좋은 사진, 절단되거나 화상을 입고 피를 흘리는 장면처럼 섬뜩한 사진을 보여준다. 첫 번째 집단에게는 별다른 지시 없이 사진을 보여주었고, 두 번째 집단에게는 충격받지 않겠다는 생각을 거듭하도록 지시했다. 가장 중요한 세 번째 집단에게는 다음의 이프-덴 시행법을 적용한 문장을 반복시켰다. "나는 섬뜩한 사진을 보고도 충격받지 않겠다. 유혈이 낭자한 사진을 보더라도 평정심을 가지고 여유 있게 대처하겠다." 실험 결과 이프-덴 시행법을 배운 그룹만이 역겨운 사진을 보고도 감정적 반응을 줄일 수 있었다.[7]

또한 이미 사용 중인 전략의 효율성도 높일 수 있다. 나와 동료들이 함께 진행한 연구에서는 앞에서 설명한 표현 유연성을 이용해 사람들이 얼마나 감정을 조절하는지 측정했다. 다른 연구에서 우리는 전보다 측정 기간을 두 배로 늘렸고, 시간이 지날수록 더 잘 조절한다는 사실을 밝혀냈다. 오직 우울증에 빠진 환자들만 변화가 없었다. 우울증이 학습을 어렵게 한다는 점에서 당연한 결과다. 이외의 사람들은 연습만 하면 전략을 바꿔가며 적용하는 기술도 향상된다는 사실을 알아냈다.[8]

연습을 하면 재평가의 효과도 높아진다. 한 연구에서는 참가자들에게 상황을 재평가하는 다양한 자기선언문을 알려주었다. 예를 들어 "살다 보면 안 좋은 일도 생기지만 모든 걸 뒤로하고 나는 전진한다" "어떤 상황에도 반드시 좋은 면이 있는 법이고 나는 그것에 집중한다"와 같은 것들이다. 그다음에는 끔찍한 영화 여러 편을 보여주며 감상 도중과 감상 후에 이런 자기선언문을 떠올리게 했다. 한참이 지난 뒤 다시 끔찍한 영화를 보여주면서 실험을 했더니 단순히 영화만 본 대조군과 비교했을 때 자기선언문을 훈련한 참가자들은 영화가 상영되는 동안 스트레스를 덜 받았고 생리적 반응도 약했다.[9] 또 다른 연구에 따르면 재평가 훈련을 단 한 번만 하더라도 그 효과는 최소 몇 주간 지속된다.[10]

사회적 지지처럼 역경을 극복하기 위해 사용할 수 있는 도구들은 비교적 고정되어 있다. 하지만 이런 것들도 훈련을 통해 계획적으로 강화할 수 있다. 훈련과 교육 프로그램을 이용하면 만성질환과 함께 살아가거나 금연을 시도하는 등의 특정한 상황에서도 지원 도구를 강화할 수 있음이 밝혀졌다.[11] 그러나 훨씬 간단한 방법도 효과가 있었다. 예를 들어 한 연구에 따르면, 관계에 초점을 두고 감사한 마음과 친절을 연습하면 관계의 만족도와 친밀도가 높아진다. 연습의 일환으로 실험 참가자들은 "사회적 관계에 있는 어떤 사람에게 감사의 말을 써서 전달하거나 고마운 면을 칭찬하라"라는 지시를 받았다. 다른 참가자들은 "사회적 관계에 있는 어떤 사람에게 친절을 베풀라"라는 지시를 받았다. 이 연구에서 사회적 지지의 변화를 측정하지는 않았지만 관계의 질이 향상되면 지지 자원에 긍정적인 영향을 끼칠 것으로 보인다.[12]

'자기대화' 전략

유연성 마인드셋과 유연화 단계 사이의 역동적인 상호작용을 높일 수 있는 더욱 쉬운 접근법은 '자기대화self-talk'라는 평범한 전략이다. 재평가 전략의 변형으로 방금 전에 다루었다(예를 들어 실험 참가자에게 '살다 보면 안 좋은 일도 생기지만 모든 걸 뒤로하고 나는 전진한다'와 같은 자기선언문을 반복시키는 방법 등).

자기대화가 교육, 스포츠, 정신건강 등 여러 가지 분야에 효과적인 교육 수단임은 이미 밝혀졌다. 이는 자기발화self-verbalization 또는 내적 언어inner speech라는 이름으로 불리기도 한다. 이름이 무엇이든 핵심은 복잡한 개념을 몇 마디로 단순화하는 것이다. 우리는 엄청난 감정을 표현하기 위해 즉흥적이고 자동적이며 무의식적으로 드물지 않게 이미 이 전략을 사용해왔다. 예를 들어 헷갈리는 시험문제에 대한 정답이 갑자기 생각났다거나 농구 게임에서 어려운 슛을 성공시키거나 저녁식사에 초대한 손님이 자신이 요리한 음식을 맛있어한다는 것을 알았을 때와 같은 상황을 상상해보자. 이때 할 수 있는 말은 "여기까지 오느라 정말 힘들었어. 그런데 걱정이 많이 되네. 내가 감당하기 어려울지도 몰라. 하지만 어떻게든 해냈어"처럼 길 수도 있다. 이를 짧게 줄여볼 수 있다. 이런 자기대화는 우리의 무의식중에 훨씬 간단하고 상징적인 말로 튀어나온다. "이거야!" 물론 즉흥적인 자기대화도 단점은 있다. 때로는 부정적으로 사용될 수도 있다. 앞의 상황에서 정답이 생각나지 않거나 슛에 실패할 수도 있고, 손님이 음식을 옆으로 치우는 것을 보며 괴로워할 수도 있다. 이런 상황에서 우리는 자신에게 "제길!" "에이, 바보같이!"라고 말하곤 한다.

자기대화는 계획적으로 사용할 때 효과가 있다. 이를 '목표지향적 자기대화goal-directed self-talk'라고 한다. 즉흥적인 자기대화와 목표지향적 자기대화는 매우 다르다. 즉흥적 자기대화는 내면의 심리상태가 표출되어 의식 밖으로 내뱉은 것이다. 반면에 목표지향적 자기대화는 내적 언어가 통제된 형태로 표출되며, 이를 계획적으로 이용하여 심리적인 과정과 기술을 쉽게 동원할 수 있다. 또한 목표지향적 자기대화는 유연성의 구성 요소들과 깊은 연관성이 있다. 예를 들어 상황을 재평가하고, 자신감을 키우고, 전략적 의사결정 과정을 손쉽게 만들고, 노력을 증대시키며, 감정을 조절하고, 대응방식을 변화시키는 등의 효과가 있다.[13]

특히 유연성 마인드셋이 목표지향적 자기대화와 결합되면 긍정적인 독백이 만들어지고, 이는 유연성 마인드셋을 구성하는 세 가지 요소를 더욱 강화시킨다. 예를 들어 낙관적 사고를 작동시키기 위해서는 "앞으로는 괜찮을 거야", 문제해결의 자신감을 높이기 위해서는 "이 정도는 내가 처리할 수 있지", 문제해결에 집중하기 위해서는 "필요한 대책을 마련하겠어"라고 하면 된다.

그러나 간단한 자기선언문 그 자체만으로는 우리를 더욱 낙관적으로 만들지도, 자신감이나 도전지향성을 키우지도 않는다. 자기대화는 이런 믿음을 이용하여 낙관적인 태도, 위기 극복에 대한 확신, 도전지향성을 기를 수 있음을 상기하는 역할을 한다. 당신에게 이런 믿음이 있는지 확신이 서지 않는다면, 이런 종류의 자기대화를 간단히 연습하며 유연성 마인드셋을 기르면 된다. 예를 들어 심각한 상황뿐 아니라 일상생활에서 부딪히는 여러 가지 사소한 문제를 해결할 때도 자기대화를 이용해보는 것이다.

자기대화와 유연화 단계의 관계는 또 다르다. 유연화 단계는 믿음이 아니라 일련의 행동으로 구성되어 있으며, 이 행동들이 순서대로 이어진다. 따라서 유연화 단계에서 자기대화는 질문하는 단계다. 동기를 부여하는 독백이라기보다는 우리 자신에게 물어보는 내면의 '대화'라고 할 수 있다.[14] 앞에서 본 폴의 사례에서 이와 같은 질문을 언급했다. 우리가 의도적으로 이런 방식을 이용하면서 맥락에 따라 어떻게 대응할지를 고민하다 보면 "무슨 일이 일어나고 있는 거지?" "어떻게 대처해야 하지?"라고 물어볼 수 있다. 이에 대한 우리의 대답은 대응목록에 있는 도구나 전략에 따라 달라지며 결국 "내가 할 수 있는 게 무엇이지?"라는 질문으로 이어진다. 최종적으로는 우리가 한 결정의 결과를 보고 "효과가 있는가?"라고 물어보며 다음 단계를 준비한다.

유연성 마인드셋의 자기대화와 마찬가지로, 유연화 단계에서 자기대화 질문은 우리가 또 다른 행동을 시도하고 이행할 수 있음을 상기시켜준다. 이런 질문을 통해 문제 대처 능력을 연습하고 강화할 수 있다. 특히 유연화 단계 중 어느 단계가 매우 힘들다고 느낄 때 자기대화 연습이 효과를 발휘한다. 연구에 따르면 대부분의 사람이 유연화의 각 단계를 제대로 활용하지만 특정 단계에서 어려움을 느끼는 사람도 있다. 이런 경우 어렵다고 느껴지는 단계에서 자기대화 연습을 하면 어려움을 극복하는 데 커다란 도움이 될 수 있다.

자기대화는 또한 유연화 단계가 순서대로 진행되어야 한다는 사실을 일깨워준다. 유연화 단계의 순서가 유효하려면 서로 다른 기술을 조화시켜 성과를 추적해보고, 그에 따라 조정하고 변화를 주어야 한다. 순서를 염두에 두고 우리에게 자기대화 질문을 던져보면 각 단계를 잘 통과할 수 있다.

자기대화를 더 알아보고 연습하고 싶은 독자들을 위하여 유연성 마인드셋과 유연화 단계의 사례를 작성해보았다. 다른 표현도 제시했으니 원하는 것을 고르면 된다.

유연성 마인드셋	자기대화문	거리를 둔 자기대화문	대체 문구
낙관주의	미래는 나아질 거야.	(당신의 이름), 미래는 나아질 거야.	이 또한 지나가리. 꼭 내가 원하는 결과가 아니더라도 괜찮아. 다 잘 될 거야. 살다 보면 다 잘 풀릴 거야.
문제해결에 대한 자신감	난 할 수 있어.	(이름)은 할 수 있어.	난 할 수 있어. 난 이겨낼 수 있어. 난 대처할 수 있어. 난 대부분의 문제를 해결할 수 있어. 난 거의 항상 해결방법을 찾아내.
도전지향성	난 필요한 조치를 취할 거야.	(이름)은 필요한 조치를 취할 거야.	난 필요한 조치를 취할 거야. 난 최선을 다할 거야. 난 어려움을 이겨낼 수 있어. 어떻게든 해낼 거야. 난 극복할 수 있어.

유연화 단계	자기대화문	거리를 둔 자기대화문	대체 문구
맥락 민감성	무슨 일이야? 어떻게 해야 하지?	(이름)야, 무슨 일이야? (이름)은 어떻게 해야 하지?	왜 이런 일이 생겼지? 어떻게 하면 해결할 수 있을까? 어떻게 상황을 변화시킬 수 있을까?
대응목록	내가 뭘 할 수 있지?	(이름)은 뭘 할 수 있지? (이름)야, 넌 무얼 할 수 있어?	내가 사용할 줄 아는 전략은 뭐지? 어떤 자원을 사용할 수 있지?
피드백 모니터링	효과가 있나?	(이름)야, 효과가 있니?	내가 문제를 해결했나? 내가 잘하고 있는 거야? 기분이 좀 나아졌나? 방법을 수정해야 하나? 다른 방법을 시도해야 하나? 새로운 전략을 도입해야 하나?

자기대화 사례 중에는 당신이라는 2인칭 대명사를 사용하거나 때로는 자신의 이름을 넣어서 사용할 수도 있다. 이런 방식을 '거리를 둔 자기대화distanced self-talk'라고 한다. 예를 들면 "내게는 그 일을 처리할 능력이 있어"라고 말하는 대신 이름을 넣어 "조지는 그 일을 처리할 능력이 있어" "조지, 너에게는 그 일을 처리할 능력이 있어"라고 말해본다. "내가 뭘 할 수 있을까?"라고 스스로에게 질문하는 대신 "조지는 뭘 할 수 있을까?" "조지, 넌 뭘 할 수 있어?"라고 물어본다. 자신에게 이런 식으로 말하는 것이 조금 민망할 수는 있으나, 심리학자 이선 크로스Ethan Kross의 연구에 따르면 이렇게 거리를 둔 자기대화가 슬픈 상황을 극복하는 데 도움이 된다. 그 이유는 2인칭 관점의 언어가 심리적인 거리를 만들어 마치 멀리서 자신을 관찰하거나 자신에게 말을 하는 것처럼 느끼므로 현재 벌어지는 사태의 의미를 재해석하기가 쉬워지기 때문이다. 기억할지 모르겠지만 폴 역시 거리를 둔 자기대화를 사용해서 정서적인 침체에서 벗어나 유연한 태도를 가질 수 있었다(예를 들면 '자…… 폴, 잘 생각해봐. 넌 할 수 있어. 너 똑똑하잖아. 극복할 수 있어').[15]

이 책에서 일관되게 주장한 대로 자기대화 방식에서 가장 중요한 것은 무엇을 하느냐가 아니라 정말로 효과가 있느냐다. 이런 측면에서 여러 가지 자기대화 방식 중에서 맞는 것을 적용해보고 선택해야 한다. 맞는 것이 없으면 자신만의 방식을 새롭게 만들어도 된다.

다시 제드 이야기: 희미한 빛

마지막으로 봤을 때 제드는 상태가 굉장히 안 좋았다. 뇌척수액 누출로 많이 힘들어했고 어떤 방법을 써도 평정심을 회복하기 어려웠다. 할 수 있는 모든 방법을 동원했지만 효과가 없었다.

    순전히 감정적인 고통은 차치하고서라도 끝없이 가라앉는 기분 때문에 제드가 오랫동안 의지했던 유연성 마인드셋이 조금씩 녹아 사라지기 시작했다. 처음으로 실망감이 몰려와 제드가 여태까지 극복했던 모든 것을 뒤덮어버리고 질식시킬 듯했다. 마치 밝은 빛을 담요로 덮는 것 같았다. 여전히 빛이 새어 나오기는 했지만 이제는 잘 보이지도 않았다. 물론 유연화 단계를 이용해서 위기를 넘기려고 해볼 수 있었다. 제드도 자신이 무엇을 할 수 있는지 알고 있었다. 그러나 낙관적이고 자신만만하며 도전지향적인 마인드셋의 동기부여가 없다면 훨씬 더 힘들어질 것이었다.

미래엔 다 괜찮아질 거야. 내겐 그럴 능력이 있잖아.
필요한 일을 할 거야.

제드는 결코 포기하지 않았다. 희망의 빛이 약해지긴 했지만 완전히 꺼지지는 않았다. 힘들게 노력해서 원점으로 되돌아왔다. 나름의 자기대화 방법을 개발해 점차 유연성 마인드셋을 다시 가동시켰다. 제드는 힘든 경험을 점진적으로 개선하면서 조금씩 탈바꿈했다.

    "여동생이 정말 많은 도움을 줬어요. 내게 이렇게 말하곤 했죠.

'오빠, 힘든 건 알지만 좀 있으면 의사도 보러 가야 하고 다른 일들도 해야 하잖아.' 여동생이랑은 툭 터놓고 이야기했어요. 여동생이 내가 인지왜곡을 저지르지 않게 도와줬죠. 상황이 나아지고 있다는 걸 보게 해줬어요. '나아지지 않을 거야' 같은 생각이 제일 안 좋아요. 반대로 '잘하면 될 것 같아' '점점 나아지고 있군' '생각했던 것보다 훨씬 나은데' 같은 생각은 자신감을 주었죠. 의식적으로 그런 생각들을 한 건 아니에요. '다르게 생각해봐야겠다'라고 자기대화를 하지는 않았죠. 하지만 고통이 얼마나 오래갈지 몰라 암담한 상태에서 '계속 이 상태가 지속될까?'를 생각하면 정말로 암담해졌어요. 하지만 '지금은 나쁘지만 앞으로는 잘 될 거야' 같은 생각은 스스로 나아가고 있다는 느낌을 줬죠."

무슨 일이야? 어떻게 해야 하지?

사고를 당하고 다리가 절단된 뒤 제드는 가장 잘 아는 수단과 방법을 동원해 어려움을 극복했다. 그런데 이번 난관은 혼란스러웠다. 새로운 상황에서 필요한 대응책이 전부 달랐고 훨씬 어려웠다. 제드는 유연화 단계를 통해 어려움을 극복한 적이 있지만 그 사실을 거의 인식하지 못했다. 그런데 새로운 문제가 생기자 어쩔 수 없이 깊이 생각하게 되었다. 과거에 어떤 방식으로 문제를 잘 극복했는지 탐구하지 않을 수 없었다. 예를 들면 현재 닥친 어려움에 따라 어떤 대책으로 노선을 변경해야 하는지에 대해서 세심하게 생각했다. 또한 점점 변화를 민감하게 받아들이게 되면서 이를 보는 통찰력이 더욱 확고해졌다.

나중에 제드는 이렇게 말했다. "사고를 극복하는 과정을 생각해보니 두 가지가 확연히 드러나더군요. 첫째는 문제가 명확했다는 것이고, 둘째는 사고가 나의 인지능력과 사고능력에 어떤 영향도 주지 못했다는 점입니다. 지독한 통증만 빼면 상반신은 멀쩡했으니까요. 좋은 때도 있었고 힘든 때도 있었지만 전체적으로 보면 확실히 더 나아졌어요. 그런데 새로운 증상인 뇌척수액 누출이 생기고 나서부터 어떤 일이 일어난 건지, 어떻게 치료해야 하는지 정말 모르겠더라고요. 수많은 전문의를 만나 진료를 받고 치료방법을 찾았지만 모두 다른 이야기를 했어요. 어떤 의사는 바로 수술을 해야 한다고 했고 다른 의사는 더 지켜보자고 했어요. 마치 안개 속을 헤매는 것처럼 내 머릿속은 항상 뿌옇고, 병원을 옮겨 다닐 때마다 이게 무슨 짓이지? 하는 생각이 들었어요."

내가 할 수 있는 일이 뭘까?

제일 힘들었던 일은 가장 효과가 큰 대응전략이었던 사회적 지지가 더는 유효하지 않다는 사실을 깨달았을 때였다.

"어떻게 보면 사고를 당하고 나서 트라우마 증상이 없었던 이유는 사회적 지지 덕분인 것 같아요. 같이 일하던 식당 동료들과 친구들, 여러 지인이 너나없이 다가와 모든 어려움을 이겨낼 수 있도록 도와주었어요. 그게 가장 컸던 것 같아요. 그런데 뇌척수액 누출이 생기고부터는 마치 내가 나 자신이 아닌 것 같았어요. 사람들과 어울리려고 했지만 잘 되지 않았어요. 아마 스스로가 보잘것없다고 느껴졌기 때문일 거예요. 문제가 없는 척하고 싶지 않았어요. 사고 후 병원에 누워 있다 보니 사람들이 올 때마다 좋은 모습만 보여주어야 한다는 부담감이 있어서 그런지 점차 지치더군요. 그래도 어떻게든 해냈고, 당시엔 그게 상호적인 반응이었어요. 사람들이 나에게 잘해준 만큼 나도 잘하고 싶었어요. 그땐 그 마음이 순수하게 인간적인 감정이었어요. 그런데 이 누출 증상이 나타나고부터 내가 할 수 있는 일이라고는 통증을 줄이기 위해 가만히 누워 있는 일밖에 없었어요. 사람들이 나를 보러 와도 별로 아는 체하고 싶지 않더라고요. 내가 무슨 생각을 하는지도 모르겠고 마치 안개 낀 것처럼 제대로 생각을 할 수가 없었죠."

타인의 지지가 늘 도움이 되는 것은 아니라고 생각하기는 쉽지 않다. 사람은 사회적 동물이기 때문에 늘 타인에게 의지하고 매우 높은 수준의 상호협조를 하며 살아간다. 좋아하는 사람, 애정과 유대감을 느끼는 사람과 함께하면 협력의 수준은 훨씬 높아진다. 우리에게는 남들에게 더 많이 주려고 하고 그 대가로 더 많은 것을 받길 기대한다. 도움이 필요할 때, 단지 위로가 필요할 때 우리는 보통 가장 가까운 사람에게 의지한다.

인간 행동의 이러한 특성이 익히 알려진 만큼 사회적 지지가 회복탄력적인 결과를 예측하는 확실한 지표라는 점은 놀라운 일이 아니다. 사회적 지지가 회복에 지속적인 도움을 준다는 연구 결과도 많다. 그러나 여러 차례 확인한 대로 사회적 지지가 회복에 끼치는 영향의 범위는 그렇게 크지 않다. 왜냐하면 사회적 지지가 항상 효과가 있지는 않기 때문이다. 친구나 친척들과의 교류가 때로는 해로울 때도 있다. 오랜 기간 병마와 싸우다 보면 도와주려고 했

던 친구나 친척들도 좌절하고 부정적인 감정이 지속되는 것이 너무 힘들어 서서히 멀어진다.[16]

제드는 이런 일이 일어날 수 있다는 것을 잘 알고 있다. 비록 한 방향으로만 지지해주는 관계라 하더라도 사회적 교류에서는 최소한으로라도 받는 것이 있으면 주는 것이 있어야 한다. 그런데 특히 최근에 여러 가지 어려움을 겪다 보니 제드는 더는 줄 것이 없음을 깨달았다. 또한 사고 발생 뒤 오랜 기간 지인들의 지지에 깊이 의존하다가 최근에 와서야 조금 덜 의존하게 되었는데, 또다시 옛날로 돌아가기가 쉽지 않았다. "지인들에게 공감피로compassion fatigue(간호사, 상담사, 사회복지사 등 사회적 지지과 관련한 업무 종사자들이 내담자의 심리상태에 전염되어 우울감, 불안감 등을 경험하는 현상 – 옮긴이)를 유발하고 싶지 않았어요."

제드가 거리를 두려고 한다는 것은 내 쪽에서 먼저 느낄 수 있었다. 같이 연구를 하면서 제드와 나는 친밀한 멘토 관계를 형성했다. 어찌 보면 견고한 우정이라고 할 만도 했다. 나는 항상 학생들과 어울렸다. 지도하는 학생들과 식사를 하고 술도 마셨다. 때로는 시내로 나가 콘서트를 보기도 했다. 그중에서도 제드와는 정말로 특별한 관계였다. 사고로 인한 고통을 극복하고, 모든 어려움에도 불구하고 타인과 인간적인 관계를 유지하는 모습을 보며 깊은 존경심이 생겼기 때문이다. 지독한 고통도 그를 무너뜨리지 못했다. 세상을 향한 원망 같은 것도 없었다. 오히려 그는 고난을 계기로 더 따뜻하고 친절해졌다. 그래서 사람들은 그에게 더 많은 것을 주고 싶어했던 것 같다. 제드의 멘토이자 친구로서 확실히 느낄 수 있었다. 그러나 최근에 어려움이 닥친 뒤로는 나를 포함해 그 누구의 도움도 원하지 않는다는 것이 보였다. 아니, 정확히 말하면 도움을 외면하고 있었다. 처음에는 눈치채지 못했지만 제드는 점차 우리와 소원해졌다. 나뿐만 아니라 연구실의 그 누구도 제드를 보지 못했고, 심지어 이메일로도 연락이 되지 않았다. 마치 제드의 머릿속 안개가 베일처럼 그의 주변까지 뒤덮은 것 같았다. 어느 순간이 되자, 제드가 직접 말하지 않았어도 그가 그렇게 지내야 한다는 것이 공공연해졌다.

효과가 있나?

새로운 위기에서 진정으로 제드를 구해낸 것은 피드백 모니터링 단계를 활용한 주의분산 전략이었다. 그는 문제가 무엇인지 알았고("내가 나처럼 느껴지지 않았어요") 자신이 가지고 있는 최고의 도구인 지인의 도움이 더는 유효하지 않음을 깨달았다("다른 사람들과 교류하고 싶지 않았어요"). 그래서 다른 방법을 모색했다. 도움을 받는 사람의 범위를 가족으로 한정했고, 여전히 타인의 지지가 도움이 된다는 것을 깨달았다.

"마치 나 스스로를 꽁꽁 감싼 채 인큐베이터 안에 있는 것 같았어요. 내 정신은 전적으로 내 몸의 상태에 따라 왔다 갔다 했어요. 그런데 내 몸이 이걸 이겨내려면 아내와 아이들과 함께 보호막 안으로 들어가는 방법밖에 없었어요. 가족이 내 인생의 전부니까요. 보호막 안은 동그란 세상이죠. 당시는 막 학생용 주택에 입주했던 때였어요. 조그맣고 네모난 아파트인데 전에 살던 곳보다 훨씬 좁

앉죠. 난 병원에 있었고 메건은 내 옆에서 꼼짝을 못 하니 처남과 그의 친구들이 이사를 다 해줬어요. 메건은 말 그대로 모든 걸 다 지휘했죠. 나는 증상으로부터 주의를 분산시키기 위해 다른 활동에 몰두하려고 했지만 불가능했어요. 정말 미치겠더군요. 일어나거나 앉기만 해도 바로 증상이 나타났으니까요. 몇 달 동안 갓 태어난 아들을 가슴 위에 올려놓고 시간을 보냈어요. 요람 같은 곳에 뉘어 놓고 조금씩 흔들어주면서 같이 낮잠을 자고는 했어요."

생각을 제대로 하기가 어려운 데다 현기증까지 겹쳐 노력을 많이 들여야 하는 일은 너무 힘들었다. 장시간 집중해서 정신적인 작업을 하는 것은 거의 불가능했다.

"책을 읽어보려 했는데 너무 힘들더군요."

주의력을 다른 곳으로 분산해야만 했다.

"그때 기분전환용으로 휴대폰 게임을 해보면 어떨까 생각했어요. 정신을 좀 차리고 싶었거든요. 넋 놓고 하는 게임이 좋겠다고 생각했어요. 처음에는 휴대폰으로 직접 게임을 했어요. 그러다가 다른 사람이 하는 게임을 보기 시작했죠. 일종의 취미처럼요. 지금 생각하면 창피한 일이지만(웃음)."

나는 잘 이해가 가지 않아 제드에게 어떻게 다른 사람이 하는 게임을 봤냐고 물었다.

'트위치'라고 대답했지만 내가 그래도 잘 모르겠다는 표정을 짓자 그가 활짝 웃으며 놀리듯이 물었다. "트위치가 뭔지 모르죠?"

그의 설명에 따르면 트위치는 게이머들이 게임을 하는 장면을 스트리밍 서비스를 통해 누구나 볼 수 있도록 해주는 온라인 플랫

폼이다.

"엄청나더라고요. 새로운 DJ 같았어요. 게임 방송에 딱 맞는 사람들이 있어요. 그럼 수천 명이 방문해 그 게이머가 게임하는 걸 보죠. 게임을 보면서 자기 의견을 적기도 하고 채팅도 하고. 모든 게 다 있죠. 그래서 나도 순수하게 재미로 보기 시작했어요. 그런데 효과가 최고였죠. 나를 완전히 잊고 몰두할 수 있었어요. 그렇게 누워서 게임을 보거나 영화를 보는 게 최고였어요. 주의를 다른 곳으로 돌리고 가족과 시간을 보냈죠. 메건은 정말 믿을 수 없을 만큼 대단했어요. 생각만 해도 눈물이 나요. 이 여자는 한마디로 전사였어요. 그러면서도 나한테 싫은 소리를 단 한 번도 한 적이 없어요. 물론 메건도 힘든 때가 있었겠죠. 상황이 나아질 기미는 보이지 않는데 애는 둘이나 낳아놓고 남편이라는 사람은 침대에 누워만 있으니 얼마나 답답하겠어요? 나중에 조금씩 나아지기는 했지만 최악의 상태가 2년이나 지속되었으니 정말 힘들었을 거예요."

제드는 또 다른 방법도 찾았다.

"지금 생각해보면 그땐 집 안에 활기가 넘쳤어요. 딸을 정말 사랑했죠. 딸아이는 에너지가 넘쳤어요. 말을 참 재밌게 잘해서 주위 사람들이 자지러졌죠. 아이들한테 해줄 수 있는 건 다 해줬어요. 둘째가 아직 어렸기 때문에 기저귀를 갈아주곤 했어요. 침대에 누워 있어도 할 수 있는 일이 많아요."

뉴 노멀: 새로운 일상

증상이 좀 나아질 때도 있었지만 금세 악화되곤 했다. 조금 나아졌다 싶으면 다시 원점으로 돌아갔다. 2월 언제쯤에는 경막외 자가혈액 봉합술epidural blood patch, EBP을 시도한 적이 있었다. 결코 간단한 수술이 아니다. 환자의 혈액을 채취해서 누출이 생긴 곳 바로 밑, 척수를 둘러싸고 있는 경막외강에 주입하는 방식이다. 제드의 사례가 말해주듯이 척수와 관련된 수술에는 항상 위험이 뒤따른다. 그런데 이 수술이 효과가 있었고, 제드는 눈에 띄게 증상이 호전되었다. 그러나 오래가지 못했다. 그래서 두 번째, 세 번째 수술을 했지만 마찬가지로 잠깐 좋아졌다 다시 이전 상태로 돌아갔다.

그해 연말이 되자 회복은 더욱 멀어진 것 같았다. 제드는 자포자기한 심정이었다.

"뭐를 어떻게 해야 할지 모르겠더라고요. 이것저것 다 시도했지만 다시 침대에 누운 상태로 돌아왔고 두통만 더 심해졌어요."

특히 인생의 목표를 생각하면 더욱 고통스러웠다.

"차츰 건강을 회복해 박사학위를 따겠다는 굳건한 인생의 목표를 버릴 수밖에 없었어요. 이젠 불가능하다고 느껴졌죠. 아주 힘들었어요. 특히 박사학위를 포기하는 건 정말로 고통스러웠어요. 면접을 못 했으니 이미 1년은 뒤처진 거예요. 학외 연수생 신분은 유지하고 있었지만 특별히 눈에 띌 만한 성과가 없었어요. 프로젝트에 참여할 수 없었으니까요. 어쩌다 한 번씩 증상이 호전되었다가 다시 악화되니 다른 방법이 없었죠."

그때 제드는 서부의 유명한 척추신경 전문의와 상담을 했다. 누출이 발생한 척수를 따라 혹이 생겼다. 그 의사는 광범위한 수술기법을 사용해 혹을 제거하는 것으로 유명했다. 물론 그 수술은 EBP보다도 위험했다. 그리고 수술을 받으려면 미대륙을 가로질러 이동해야 하는 수고를 감수해야 했다. 하지만 다른 대안이 없었기 때문에 그해 봄 서부로 가서 수술을 받았다. 길고 고통스러운 투병생활 중에서도 가장 힘든 경험이었다.

"수술 후 회복하는 과정이 정말로 힘들었어요. 두통이 말도 못하게 심했죠. 고통의 임계점이 점점 높아지는 느낌이었어요. 누가 머리를 탕탕 때리는 것처럼 아팠어요. 병원에서 아편인가 뭔가를 주었는데 약간 마비되는 느낌 말고는 딱히 효과가 없었어요."

수술로 혹은 제거되었지만 그것이 전부였다. 제드의 증상은 크게 나아지지 않았고 두통은 오히려 악화되었다.

실망감은 말로 표현하지 못할 정도였다.

"두통 때문에 뇌 기능이 약해졌어요. 예상치도 못한 문제였어요. 게다가 이 증상이 죽을 때까지 계속된다는 것도 받아들이기 어려웠어요. 조금 있으면 증상이 없어질 거라고 생각했죠."

무슨 일이야? 어떻게 해야 하지?

제드는 갈림길에 섰다. 할 수 있는 것은 다 해보았다. 하지만 재발한 증상은 그를 완전히 지배했다. 죽을 만큼 고통스러웠다. 그러나 자신의 미래에 관해 생각해보며 제드는 도전과제가 바뀌었음을 인정하기 시작했다.

"여름쯤인 것 같아요. 생각이 바뀌기 시작했어요. '그래, 이제 할 수 있는 건 다 해봤어.' 이런 생각이 들더군요. 여전히 증상이 남아 있는 이유를 몰랐죠. 하지만 이제 전환점이 왔다고 생각했어요. 그걸 인정하고 새로운 일상을 받아들여야 했죠. '조만간 이전에 있던 어떤 증상들보다도, 심지어 사고 때보다도 안 좋은 증상이 나타날 거야. 증상 때문에 제대로 집중하고, 일하고, 생각하지를 못하니까'라고 생각했어요."

그 생각은 고통스럽긴 했지만 새로운 시각을 트여줬다. 폴을 집 밖으로 끄집어낸 섬광 같은 깨달음과는 다른 종류였다. 하지만 비슷한 측면도 있었다. 그는 새로운 증상이 영구적일 수도 있으며 치료되지 못할 수도 있음을 서서히 깨달았다. 그가 원하든 원하지 않든 그것이 현실이라면, 그로 인해 바뀔 미래의 현실을 받아들이는 수밖에 없었다.

"다른 방법이 없었어요. 무슨 일이 일어나든 이게 나의 현실이다, 이게 나의 새로운 시작점이다, 그렇게 생각했죠."

제드의 깨달음은 아프지만 상황을 있는 그대로 받아들였기 때문에 가능했다. 이제 제드는 문제를 다시 생각하기 시작했다. 의식적으로 마음을 고쳐먹었다. 증상이 얼마나 나쁜지에 대한 생각을 멈추고 '치료방법' 찾기를 그만두기로 했다. 어떻게 해도 찾을 수 없었기 때문이다. 대신 증상을 다루는 더 나은 방법을 찾는 데 집중하기로 했다. 개선할 수 있는 곳에 에너지를 쏟기로 했다.

내가 할 수 있는 일이 뭘까?

제드는 새로운 도전과제를 설정했다. 이전에는 자신이 무엇을 해야 할지 알았다. 시련을 겪으며 그는 자신의 대응전략을 제법 파악했고 어떤 방법이 효과가 있었는지 알았다. 하지만 새로운 문제는 확실히 달랐다. 이전에 한 번도 경험해본 적이 없었다. 명확한 원인이 없다는 모호함이 사람을 지치게 했다. 무엇보다 힘든 점은 증상이 사라지지 않는다는 점이었다. 제드는 이렇게 표현했다. "과거에 머무르지 않고 지금 여기서부터 계속 앞으로 나아가는 겁니다." 제드는 지속되는 문제를 해결하기 위해 새로운 방법을 찾아야 한다는 것을 점점 명확하게 깨달았다.

효과가 있나?

제드는 증상을 약화시키기 위해 생각나는 것은 모두 시도했고 결과를 지켜보았다. 효과가 있으면 대응목록에 추가했고 효과가 없으면 버리거나 수정하며 다시 시도했다.

그가 시도한 한 가지 방법은 최대한 세상으로 나오는 것이었다. 처음에는 천천히 시작해보고 잘 풀리면 속도를 낼 계획이었다. 그 여정은 기복이 심하고 엄청나게 힘들 것임을 알고 있었다. 그러나 그는 앞으로 나아갔고 조금씩 자신의 삶을 거의 정상 수준까지 돌려놓을 수 있었다.

그렇다고 해서 과거를 전부 버릴 필요는 없었다. 사실 점차 바깥세로로 나가면서 얻은 것 중 가장 좋았던 점은 그를 도와주었던 사람들과 다시 편하게 만나게 된 것이었다. 가족의 유대는 점점 더

끈끈해졌고 가까이 다가가 더욱 많은 책임을 떠맡았다. 외부적으로도 접촉 범위를 확대했다. 서서히 친구들을 다시 만나 교류를 즐기고 기꺼이 도움을 받았다.

또한 속도를 조절하는 법도 배웠다. 하루 일과가 끝나거나 할 일이 없을 때면 재충전을 위해 계획적으로 휴식을 취했다. 가족과 친구들과 다시 만나기 시작하면서는 종종 잠깐(15분 정도) 양해를 구하고 조용한 방을 찾아 누워서 통증을 줄이는 것이 큰 도움이 되었다.

운동도 마찬가지 방식으로 시작했다. 처음에는 엉망이었다. 조금만 힘든 운동을 하면 증상이 바로 악화되었다. 그래도 실내 자전거를 잠깐 타는 것은 견딜 만했다. 점차 시간을 늘려갔다. 운동을 하며 기력이 회복됐고, 시간이 지날수록 운동은 긍정적인 기분을 유지하는 필수요소가 되었다. 또한 마음챙김 명상을 하면서 생각을 가다듬었고 호흡으로 신체를 이완하는 연습을 했다. 항상 효과가 있는 것은 아니었지만 시행착오를 거치면서 언제 가장 효과가 있는지 파악했다.

그러다가 우연한 기회에 그가 고통받고 있는 복합증상을 전공하는 신경과 전문의를 만나 도움을 받게 되었다. 그 의사는 제드의 방식이 옳다고 거듭 확인해주었다. 제드는 커다란 자신감을 얻었다. 또한 의사는 머리가 깨질 것 같은 두통을 포함한 여러 가지 증상을 완화시키는 방법을 알려주기도 했다. 그때 제드는 모든 방법이 다 효과가 있지는 않다는 걸 깨달은 상태였다. 그는 시행착오를 거치면서 새롭게 배운 방법을 시도했으며, 효과가 있는 방법은 무엇이든 대응 전략에 포함했다.

순환하며 앞으로 나아가기

제드는 정말로 나아졌다. 지난 몇 년간은 고통과 치료가 어지럽게 교차했지만, 이제는 중심을 잡았다. 드디어 제드가 증상을 극복하기 시작한 것이다.

'두통이 없던 시절'을 생각하며 이를 발판으로 과거의 사회생활로 조금씩 돌아갔다. 언젠가부터 우리 연구실도 찾아오기 시작했다. 그냥 잠시 놀다 가기도 하고 어떤 때는 뒤편에 있는 조그만 방에서 작업을 하기도 했다. 간간이 회의에도 참석하더니 언제부턴가 정기적으로 나오기 시작했다. 그러면 어떻게 지내는지 물어보며 전처럼 웃기도 하고 같이 시간을 보냈다.

점차 적응해나가자 제드는 전에 참여했던 연구 프로젝트를 다시 시작했다. 그가 연구실에 나오는 날이 많아지면서 우리는 2년 전에 중단했던 논문에 관해 정기적으로 토론했다. 속도는 느렸지만 꾸준히 진행한 결과 모든 어려움을 극복하고 마침내 논문을 완성했다. 그러고는 몇 달 뒤, 논문 발표가 승인되었다는 놀라운 소식이 들려왔다. 이는 제드에게 커다란 발판이 되었다. 또한 그의 노력을 말해주는 사건이었다.

더욱 큰 발판이 되어준 일은 2년 전에 중단된 임상 인턴십을 다시 시작한 것이다. 가끔 증상이 너무 악화되면 출근하지 못하기도 했지만 병원 직원들의 배려로 마침내 모든 과정을 수료할 수 있었다. 그리고 다른 연수 과정을 시작했다. 이번에는 신경심리학 분야에서 더욱 고된 실무 수습을 하게 된 것이다. 일주일에 이틀은 전일 근무를 하는 조건이었다. 어찌나 힘든지 버티기가 어려웠다. "하루종일 일하고 오후 5시가 되면 머리가 터질 것 같았죠. 극심한 두통 때문에 제대로 생각하기도 힘들었어요." 하지만 익혔던 방법으로 대응해나가면서 참는 시간을 점차 늘렸다. 마침내 실무 수습도 마칠 수 있었다.

"정확히 생각나지는 않지만, 여하튼 이 모든 과정이 쉽지만은 않았어요. 적극적으로 참여한 게 큰 도움이 된 것 같아요. 마치 내가 멋있어진 기분이 들곤 했죠. 사회로 다시 돌아오면서 기분이 바뀌더군요. 머리를 똑바로 들고 당당히 걸어가는 느낌이 들었죠. 다시 나 자신으로 돌아온 느낌이었죠. 내가 쓸모 있는 사람이라는 생각이 다시 들었어요."

10장
그리고 세계적 팬데믹이 있었다

그에게 다른 선택지는 없었다. 유연성 마인드셋을 유지하는 것만이 살아남을 수 있는 유일한 길이었고, 유일한 돌파구였다. 아직도 고통스럽기는 하지만 이제 삶의 중심을 잡았으니 앞으로 나아갈 일만 남았다.

이 책을 쓰고 있던 2019년 가을, 나는 이듬해 봄에 안식년 휴가를 유럽에서 보낼 계획을 하고 있었다. 기차를 타고 여행을 하면서 글을 쓰고 강의를 할 계획이었다. 아내 폴레트도 같이 가기로 했다. 그녀 역시 책을 쓸 요량이었다.

이런 계획을 세우고 있는 와중에 중국 우한에서 이상한 증상이 나타났다는 이야기가 들렸다. 12월 말 우한에 있는 진인탄병원에서 폐렴과 비슷하지만 발병 원인을 알 수 없는 증상에 관한 보고가 나오기 시작했다.[1] 이 질병에는 2019 신종 코로나바이러스2019-nCoV라는 명칭이 부여되었다. 당시만 해도 큰 문제가 아니었다. 적어도 미국과 유럽에서는 그랬다. 그런데 점점 확산하면서 중증급성 호흡기증후군 코로나바이러스 2SARS-CoV-2라는 명칭이 새로 부여되었다.

그 이름이 눈에 들어왔다. 나는 2003년에 홍콩에서 발생한 중증급성 호흡기증후군, 곧 사스SARS를 겪은 사람들에 관한 연구를 한 적이 있었다. 그 질병은 사망률이 매우 높아 위험했다. 주로 아시아에서 영향이 컸지만 전 세계로 퍼져나간 다음 소멸되었다.[2]

이 질병의 변종인 새로운 바이러스에 대한 정보는 별로 알려지지 않았지만 중국 이외의 지역에서 감염 사례가 보고되면서 전 세계적인 이목을 끌기 시작했다. 2020년 1월 말, 세계보건기구WHO는 국제 공중보건 비상사태를 선언했고, 이 질병에 코로나바이러스 감염증-19COVID-19(이하 코로나)라는 명칭을 부여했다. 2월 말에는 이미 확진자 수와 사망자 수에서 사스를 넘어섰다.[3] 곧이어 내 여행의 목적지 중 하나인 이탈리아 롬바르디아에서도 환자가 발생했다. 확산세가 매우 빨랐다.

우리 부부는 걱정을 했지만 설마 하며 계획을 강행했다. 제네바에서 WHO 회의가 있었는데, 그곳에서 강연 일정이 잡혀 있었다. WHO에서 취소 통지를 하지 않았기 때문에 곧 질병이 퇴치된다고 생각했다. 게다가 이탈리아는 우리의 최종 목적지였으므로 그때까지도 변화가 없으면 남은 여행을 취소하고 일찍 귀국하면 될 것이라고 생각했다.

3월 3일에 출발해서 첫 기착지인 노르웨이 베르겐에 도착했다. 베르겐은 모든 것이 일상적으로 돌아가고 있었다. 바이러스 이야기를 하기는 했지만 아무도 마스크를 쓰지 않았고 '사회적 거리두기'라는 말조차 아직 없었다. 우리는 대학 근처 구시가지의 조용한 골목에 있는 작은 아파트를 얻었다. 비가 많이 내렸다. 낮에는 강연을 하고 저녁에는 친구들과 함께 저녁을 먹으러 다녔다. 주말에는 모달렌 피요르드까지 유람선을 타기도 했다.

하지만 나와 아내는 점점 걱정이 되기 시작했다. 22살짜리 아들은 뉴욕에 혼자 있었다. 미국에도 바이러스가 퍼지면서 식료품 사재기에 대한 뉴스가 들렸다. 딸은 대학에 다니고 있었는데 휴교령이 내려졌다고 했다. 이때까지만 해도 임시조치라고 생각했다.

아직 학교가 폐쇄되지는 않았고, 상황이 나아질 때까지 온라인 강의로 대체했다.

일주일 후 우리는 오슬로로 가는 야간열차를 탔다. 기차를 좋아하는 나로서는 꼭 해보고 싶은 일이었다. 침대칸을 얻었지만 거의 잠을 자지 않고 달빛에 비친 들판과 눈 덮인 산이 지나치는 모습을 창밖으로 지켜보았다. 아침이 되니 조금 피곤했지만 오슬로대학교에서 강연을 하지 못할 정도는 아니었다. 바이러스 때문에 사람이 많이 모이지 않을 수도 있다는 말을 들었지만 강연장은 꽉 찼다. 코로나에 대한 예방책은 거의 보이지 않았다. 마스크를 쓴 사람도 없었고 사회적 거리두기도 제대로 지켜지지 않았다. 강연이 끝나고 나서야 WHO가 이제 막 바이러스를 팬데믹으로 선언했음을 알게 되었다. 대학은 정책을 바꾸어 다음 날부터 완전 폐쇄를 선언했다. 소식을 들은 나는 몹시 혼란스러웠고 받아들이기 힘들었다.

다음 날은 코펜하겐으로 이동하기로 일정이 짜여 있었다. 그곳에는 환자 발생 보고가 많지 않았기 때문에 코펜하겐에 도착해서 상황을 좀 더 지켜보기로 했다. 그런데 그날 밤 덴마크의 교수에게서 오지 말라는 연락을 받았다. 국경이 폐쇄되고 있었다. 미국이 유럽에서 오는 비행기의 입국을 금지한다는 뉴스가 1면 머리기사로 나오기 시작했다. 믿을 수 없을 만큼 빠른 속도로 긴급상황이 펼쳐졌다. 우리는 공항으로 급히 달려갔고 가까스로 뉴욕으로 돌아오는 비행기를 탈 수 있었다.

*

바이러스는 기발한 생명체다. 코로나는 사스와 비슷하지만 전염 방식은 다르다. 사스는 호흡기를 통해 전염된다. 사스에 감염된 사람은 호흡을 통해 바이러스를 퍼뜨린다. 초기 연구에 따르면 코로나바이러스는 호흡을 통해 전파되지만 감염자에게 증상이 나타나려면 시간이 걸린다. 이 바이러스는 거의 즉시 전염된다. 다시 말해 바이러스와 접촉한 사람은 경중을 떠나 누구나 전염의 매개체가 된다.[4] 그래서 전파가 매우 빨랐다. 하지만 코로나 발생 초기, 증상이 없던 사람들은 코로나에 전혀 관심이 없었고 바이러스에 노출되지 않기 위한 그 어떤 예방 조치도 취하지 않았다.

뉴욕으로 돌아와보니 아직 아무 일 없는 듯이 일상이 펼쳐지고 있었다. 우리는 유럽에서 귀국했기 때문에 2주간 아파트에서 자가격리를 해야 했다. 처음에는 너무 심한 조치라고 생각했다. 창밖으로 오가는 사람들을 부러운 눈으로 바라봐야 했다. 그러나 감염자 수가 이미 급격하게 증가하고 있었다. 격리가 끝날 때쯤에는 그런 생각이 들지 않았다. 도시 전체에 봉쇄령이 내려졌다.

나중에 밝혀졌지만 뉴욕은 완벽한 바이러스 온상지였다. 뉴욕은 미국으로 들어오는 여행자의 입국장이자 문화적·인종적으로 다양한 집단이 모여 사는 인구 밀집 지역이다. 매년 1억 명 이상의 여행객이 공항을 통해 입국하며, 뒷날 추적 연구가 밝힌 바에 따르면 뉴욕으로 들어오는 여행객으로부터 전파된 바이러스가 미국 전역으로 퍼진 사례가 많았다.[5]

미국으로 돌아온 지 불과 몇 주 만에 뉴욕의 코로나 감염자는 충격적인 수준으로 늘었다. 신규 감염자 수가 6,000명에 달했고

2,000명이 입원했으며 일일 사망자 수는 600명에 이르렀다. 내가 사는 아파트 인근의 병원은 한 블록 전체를 봉쇄하고 대형 텐트를 설치했으며 냉동 트럭에 시신을 보관했다. 이런 일은 뉴욕시 전체에서 발생했다. 수용 능력을 초과하자 센트럴파크 인근에는 임시 병동 텐트가 추가되었다.

*

지금 이 글을 쓰는 순간에도 코로나는 진행형이다. 백신이 출시된 지 얼마 되지 않았지만 일상 회복의 가능성이 보인다. 다만 그 시기가 언제일지 정확히 예측하기 어렵다. 그때까지는 현재 상황에 대처하는 수밖에 없다.

코로나가 진행되는 동안 이 책에서 강조한 부분이 충분히 입증되었다. 예상대로 회복탄력성 맹점은 일찍 나타났다. 환자 수가 증가함에 따라 당연히 언론에서는 경고 신호를 내보냈다. 2020년 5월 초 한 유력지는 이런 기사를 실었다. "연방 정부와 전문가들은 정신건강에 유례 없는 위기가 다가오고 있다고 경고한다. 우울증, 약물 남용, PTSD, 자살 같은 문제다." 이 기사는 우리 사회의 정신건강 보호체계가 이런 문제를 다룰 준비가 되어 있지 않다고 결론 내리고 이를 입증하기 위해 "미국 국민의 거의 절반이 코로나바이러스로 인해 정신건강이 나빠졌다고 생각한다"는 여론조사 결과를 인용했다.[6]

물론 코로나는 고통스럽다. 그러나 이런 식의 비참한 예상을 들으니 이상하게도 9·11테러 사태 뒤 널리 퍼졌던 잘못된 예측이 떠올랐다. 앞으로 정신건강에 문제가 생긴다는 증거로 인용한 여론조사 자료는 더욱 자세하게 분석해야 한다. 미국인의 19퍼센트만이 코로나가 자신들의 정신건강에 상당한 영향을 끼칠 것으로 예상했으며, 81퍼센트인 대다수의 응답자는 영향이 크지 않거나 전혀 없을 것으로 응답했다.[7] 19퍼센트는 다섯 명 중 한 명이므로 결코 적다고 할 수 없다. 그러나 바이러스가 가져올 충격과 불확실성을 고려한다면 그 정도는 예상할 수 있지 않을까?

여태까지 우리가 배운 것을 감안해볼 때 고통스러운 사건에 노출된 대부분의 사람이 초기 단계에 어느 정도의 트라우마성 스트레스를 경험하리라는 것은 자명하다. 그렇다고 해서 모든 사람이 트라우마에 빠진다거나 PTSD 증상이 생긴다는 뜻은 아니다. 오히려 트라우마성 스트레스가 고통스러운 사건에 대한 자연스러운 반응임을 의미한다. 대부분의 사람에게 코로나는 지속적인 공포의 대상이었고, 이는 어려움과 과제를 야기했다. 이런 맥락에서 사람들은 적어도 조금은 걱정하고 불안해하기 마련이다. 여론조사 데이터를 접하고 난 뒤 국립정신건강연구소의 조슈아 고든Joshua Gordon 소장은 이렇게 말했다. "이런 상황에서 불안감을 느끼는 건 현재의 문제에 대한 자연스러운 반응의 일부입니다."[8]

이 책의 앞부분에서 보았듯이 잠재적 트라우마 사건을 겪은 사람들 중 트라우마성 반응을 지속적으로 보이는 사람은 별로 없다. 대부분 회복탄력성을 보인다. 다시 말해 사건 뒤에 발생하는 문제에 유연하게 적응하면 트라우마성 스트레스가 사라진다는 뜻이다. 코로나 팬데믹 사태에서도 마찬가지다. 코로나 위기가 지속되자 많은 사람이 이에 대응할 방법을 찾으면서 초기에 겪었던 불안감이나 우울감, 스트레스는 점차 희미해지기 시작했다.

    게다가 항상 그랬듯이 모든 사람이 느끼는 스트레스가 똑같지는 않다. 모든 끔찍한 사건은 같은 것이 없으며 코로나 역시 우리가 살면서 부딪히는 다른 사건과 마찬가지로 다양하고 다면적이다. 특히 처음에는 분류하기가 어렵다. 트라우마인가? 만성 스트레스 요인인가? 우울한 사별인가? 곧 발생할 대재앙인가? 더욱 복잡한 점은 그 결과가 사람들에게 끼치는 영향이 엄청나게 다르다는 것이다.

*

    유행 초기에 사람들은 모이기만 하면 코로나에 관해 이야기했다. 직업이 직업인 만큼 나는 매일 기자들의 질문을 처리해야 했다. 내 답변은 주로 다음과 같았다.

    무엇보다 스트레스를 적게 받아야 합니다. 바이러스 전파와 전염에 대한 공포, 자가격리에서 받은 스트레스, 생필품 부족, 사랑하는 사람을 돌봐야 하는 의무감, 불확실한 미래에 대한 걱정. 이와 더불어 바이러스 감염에 따른 죽음에 대한 공포, 사랑하는 사람의 건강에 대한 염려, 재산 손실에 대한 걱정 등으로 가득 찬 현실에 적응해야 합니다. 이런 어려움을 극복하고 회복탄력성을 얻기 위해서는 변화하는 상황을 파악하고, 가용한 도구는 무엇이든 활용해야 합니다. 다시 말해 우리는 유연성을 가져야 합니다.[9]

하지만 이런 내 의견에 귀 기울이는 사람은 거의 없었다. 특히 초반기에 바이러스가 확산할수록 혼란과 공포심은 커져갔고, 언론이 유포하는 비극적인 미래는 공포심만 키울 뿐이었다. 이미 눈치챘겠지만 스트레스를 떨쳐버리기 위해 내가 내린 처방은 바로 유연성 마인드셋이다. 기회가 있을 때마다 나는 똑같은 주문을 반복했다.

이번 팬데믹은 만만치 않지만 우리는 감당할 수 있습니다. 결국 우리는 이겨낼 것입니다. 인류는 상상할 수 있는 그 어떤 역경에 직면해서도 언제나 풍부한 심리적 회복탄력성을 보여왔으며, 이번에도 그럴 것입니다.

회복탄력성의 역설을 강조하는 것 역시 중요했다. 이미 어떤 특성이 회복탄력성에 중요한지에 대한 이야기가 나돌기 시작했다. 의도는 좋지만 이런 충고는 사람들을 호도하고 도리어 좋지 않은 결과를 낳을 수도 있다. 나는 대신 다른 방법을 제안했다.

모든 사람에게 바로 효과가 있는 '특효약' 같은 것은 없습니다. 모든 특성과 자원, 행동에는 이득만큼 손실도 있습니다. 어떤 사람에게 어떤 상황에서 효과적인 방법이 다른 사람에게는 맞지 않을 수 있으며, 같은 사람이라도 상황이 바뀌고 시간이 흐르면 방법의 효과가 사라질 수 있습니다.

또한 이런 모순을 해결하는 데 유연화 단계가 필요하다고 강조했다.

우리에게 발생하는 사태에 주의를 기울여 상황에 맞는 대책을 수립하고 실행해야 합니다. 그리고 그 대책이 제대로 작동하는지 스스로를 모니터링해야 합니다. 만약 효과가 없다면 다른 방법으로 바꿔야 합니다. 이 과정을 반복해야 합니다. 우리의 삶은 계속 변화하고 바이러스 역시 변화합니다. 그러므로 계속해서 바로잡아 나가야 합니다.

*

레이나는 9·11의 힘든 기억을 이겨내고 일상으로 되돌아갔지만 코로나 위기는 유난히 넘기기 힘들어했다. 테러 이후 레이나의 삶에는 여러 가지 굴곡이 있었다. 계속 뉴욕에 남아 일을 하면서 최대한 가족을 돌보았다. 직장에서도 능력을 인정받아 잘나갔지만 남편과 이혼하는 아픔을 겪었다. 그사이 면역체계에 문제가 생겨 건강이 몹시 나빠졌다. 하지만 이런 어려움에도 불구하고 삶의 중심을 잘 잡았고 재혼도 했다. 모든 것이 쉽지는 않았지만 이제 바라던 심리적 안정을 얻었다고 생각했다.

코로나 사태는 레이나에게 커다란 충격을 주었다. 면역체계가 손상되었기 때문에 바이러스에 감염되지 않도록 특별한 주의를 기울여야 했다. 뉴욕시에서 봉쇄조치를 더욱 강화하자 레이나의 불안도 커졌고, 결국 더는 참을 수 없는 상태로까지 악화했다. 하지만 다른 도리가 없었다. 전에 겪어보지 못한 힘든 상황이었다. 그전에는 항상 유연성 마인드셋을 가지려고 노력해서 낙관적이고 자신감이 있었으며 어떤 문제든 유연한 해결방법을 찾았다. 이 정도로 무력감에 빠진 적은 처음이었다. 그래서 더욱 당황했다.

그러나 레이나는 포기하지 않았다. 유연성 마인드셋으로 극복해나가겠다고 스스로 다짐했고, 마침내 유연한 해결방법을 찾아냈다. 전에는 한 번도 가능하다고 생각하지 못했던 새로운 방법을 시도한 덕분이었다. 바로 심리치료사의 도움을 받는 것이었다.

레이나는 이런 방법을 좋아하지 않았다. 심리치료요법 같은 것에는 전혀 관심이 없었고 그런 치료를 받는 사람들을 우습게 보기도 했다. 하지만 레이나는 도움이 필요했고 현명하게도 이를 인정했다. 코로나가 만연한 상황에서 치료사를 찾아갈 수는 없었으므로 온라인으로 상담과 치료를 받았다. 레이나는 치료사에게서 여러 가지 새로운 방법을 배워 불안감을 해소했고 자신감과 낙관적인 태도를 되찾을 수 있었다.

마지막으로 치료사는 도시를 떠나는 것이 레이나가 진정 원하는 것임을 깨닫게 해주었다. 레이나는 태어날 때부터 자신을 뉴욕 시민이라고 생각했기 때문에 다른 곳으로 이주한다는 것은 스스로를 배신하는 것이나 다름없었다. 하지만 치료사는 잠시 떠나는 것도 좋은 방법이라고 조언했다. 아이들은 다 컸고 남편과 레이나 모두 재택근무를 할 여건이 되었다. 면역체계 이상으로 인한 스트레스로 건강이 더욱 안 좋아졌기 때문에 휴식이 필요한 상황이었다.

부부는 상의 끝에 도시에서 차로 몇 시간 걸리는 곳에 주택을 임대하기로 결정했다. 코로나가 창궐하고 건강이 나빠진 지금 이 순간, 현명한 결정이었다. 계속 교외에서 살지는 더 두고 봐야 하겠지만 레이나는 때가 되면 결정을 내릴 수 있을 거라고 자신했다.

*

전염병의 유행으로 봉쇄령이 내려졌을 때 특히 효과가 있는 대책도 있다. 예를 들면 다른 사람들에게 의지하기, 가까운 사람과의 유대감을 더욱 굳히기, 새로운 소식에 항상 귀 기울이되 미디어에 지나치게 빠지지 않기, 주의 돌리기 전략 이용하기, 영화를 보거나 책을 읽으며 웃고 긴장 풀기 등이다. 연구 결과에서도 밝혀졌듯이 가족과 어울리고 전화나 화상채팅을 이용해 친구들과 관계를 유지하는 것은 필수적이다. 이 전략의 핵심은 유연화의 각 단계를 얼마나 충실히 밟느냐에 달려 있다. 닥친 상황에 필요한 전략을 생각해보고 대응목록에서 가장 적합한 전략을 선택해 적용한 다음, 결과를 모니터링하며 계속 적용하거나 필요하다면 다른 전략으로 바꾸면 된다.

코로나 사태가 장기화하면서 극복해야겠다는 의지를 가지고 유연성 마인드셋으로 지속적으로 유연화 단계를 거치는 것이 매우 중요해졌다. 유행은 끝나지 않을 것처럼 보였고 이에 따라 상황별 대응전략 역시 바뀌어야 했다. 어떤 사람에게 잘 작동했던 전략이 다른 사람, 다른 상황에서는 잘 작동하지 않았다. 심지어 같은 사람도 상황이 바뀌면 마찬가지였다. 유행병 초기에는 모든 사람에게 사회적 교류와 유대가 가장 중요하다고 생각했다. 그러나 점차 가족 구성원들이 좁은 장소에서 격리에 들어가면서 혼자 조용히 명상을 할 개인 시간과 공간이 더욱 중요해졌다.

우리 가족에게도 어려움이 닥쳤다. 97세 노모에게 가벼운 뇌졸중이 와서 병원에 입원해야 했다. 워낙 고령이라 걱정이 많이 되었다. 다행히 두 형 프레드와 알렌의 극진한 간호 덕분에 바이러스에 걸리지 않고 며칠 후 무사히 퇴원했다. 그런데 2차 유행인 2020년 11월, 어머니와 프레드 형이 코로나에 감염되었다. 형은 큰 증상이 없었으나 어머니는 상태가 급격히 악화되었다. 고령임에도 항상 적극적이고 활력이 넘치는 분이었는데 너무 힘들어 고개도 들지 못할 정도였다. 구급차로 병원에 실려가는 모습을 보며 우리 가족은 최악의 상황까지도 생각했다.

가장 힘들었던 것은 가족 중 누구도 병원에 가볼 수 없다는 점이었다. 게다가 어머니는 몸이 너무 쇠약해지고 청력이 나빠져 전화통화도 거의 불가능했다. 간호사에게서 어머니가 모든 것을 포기한 것 같다는 이야기를 듣고도 가볼 수 없어 정말 힘들었다. 의식 없이 사경을 헤매는 어머니가 옆에 돌볼 사람 없이 혼자 병원 침대에 누워 계시는 것이 너무나 가슴 아팠다.

그러나 두 형이 가만히 있지 않았다. 심리학자라고 해서 내가 가족회의할 때 발언권이 센 것도 아니었으므로, 프레드 형은 내 의사를 물어보지도 않고 정기적으로 가족화상회의를 하며 대처방안을 강구하고 문제를 해결하려 노력했다. 우리는 자주 의료진과 연락하며 어떻게 하면 어머니와 의사소통을 할 수 있을지 고민했다. 어머니의 우울한 기분을 북돋아드리고 희망을 갖도록 하기 위한 여러 가지 방법을 생각했다. 또한 바이러스와 치료법에 대한 새로운 정보가 생길 때마다 서로 공유했다.

희망적인 부분도 있었다. 병원에 입원하고 얼마 후 어머니에게 항체가 풍부한 혈장을 주입했는데 효과가 있는 것 같았다. 며칠 뒤, FDA가 막 승인한 렘데시비르remdesivir라는 새로운 약물을 처방받았다. 임상 실험에 따르면 이 약은 회복시간을 획기적으로 줄여주고 사망률을 낮췄다. 우리는 이 약으로 어머니가 힘을 되찾기를 기원했다.

다행히 온갖 어려움에도 불구하고 어머니는 건강이 나아지면서 기력을 회복했다. 몇 주 뒤에는 코로나 재활 병동으로 이송되었고, 정말 기적처럼 완치 판정을 받고 퇴원했다. 워낙 고령이라 완전히 마음을 놓을 수 없지만 아직까지 코로나 감염으로 인한 후유증은 발견되지 않았다. 가장 다행인 점은 어머니가 그렇게 바라던 집으로 돌아와 다시 가족들과 함께할 수 있는 것이다.

*

코로나 확산 기간 내내 나를 지탱해준 것은 운동이었다. 격렬하게 에어로빅을 하고 바깥 공기를 쐬면서 한참 동안 공원을 돌면 건강이 유지되고 정신도 맑아졌다. 그런데 뜻하지 않게 병원에, 그것도 한 번도 아니고 두 번씩이나 입원하게 되었다. 첫 번째는 원래 예정되었던 수술 때문이었고, 두 번째는 급성맹장염 수술 때문이었다. 둘 다 코로나와 직접적인 연관은 없었지만 바이러스가 온 세계를 강타하는 와중에 사람들로 북적이는 병원에 입원한다는 것은 신경이 곤두서는 일이었다. 그런데 진짜 문제는 수술이 아니라 회복기간 중에 운동을 하지 못한다는 것이었다. 수술을 받은 뒤 달리기나 점프는 말할 것도 없고 걷기도 힘들었다. 그래서 거울에 비친 내 얼굴을 보면서 유연해지자고 다짐했다. 그 상황에서 할 수 있는 것이 무엇인지 생각해보고 다른 전략을 이용해 스트레스를 줄이고 다시 중심을 잡았다. 그리고 그 전략이 얼마나 잘 작동하는지 모니터링했더니 그럭저럭 힘든 시간을 버틸 수 있었다.

*

팬데믹과 관련하여 부상과 입원에 대해 생각하다 보니 마렌이 떠올랐다. 척수부상에서 회복하는 동안 마렌은 한 번도 외상성 스트레스에 굴복한 적이 없고, 우울증이나 불안증을 호소한 적도 없었다. 물론 좋을 때도 있고 나쁠 때도 있었지만 전반적으로 안정을 유지했다. 도전이라고 생각하고 긍정적으로 생각했으며 자신감이 있었고 항상 해결책을 찾기 위해 모든 가능성을 포용했다. 마렌에게는 확실히 회복탄력성이 있었다.

내가 이런 이야기를 하자 마렌이 선뜻 동의했다.

"맞아요. 전부 다 사실이죠."

그러면서도 마렌은 겸손하게 덧붙였다. "불안감이나 우울감을 한 번도 느끼지 않았다면 거짓말이겠죠." 그러나 마렌은 우울증이나 불안증이 나타나도 전혀 이상할 것이 없는, 사고 발생 뒤 처음 몇 년간을 이야기하는 것이 아니었다. 오히려 그때는 굳은 결심이 서 있었고 흐트러지지 않았다. 마렌이 이야기하는 것은 걷는 능력을 회복하고 공부를 마치러 케임브리지대학교로 돌아갔던 그때였다. 학교로 돌아오니 학업에서 오는 정상적인 스트레스뿐 아니라 계속되는 후유증과 통증도 이겨내야 했다.

마렌의 오른다리는 정상으로 완전히 돌아오지는 못했다. 오늘날까지도 걸음걸이가 불안하고 약간 절기까지 한다. 몇 블록을 산책한다거나 한 층을 걸어 올라가는 것처럼 우리가 당연하게 생각하는 간단한 일도 마렌에게는 매우 힘든 모험이었다. 그러나 항상 긍정적인 태도로 역경을 극복했기 때문에 마렌은 계속해서 융통성 있는 해결방안을 찾아 인생의 더욱 많은 면을 경험했다. 먼 거리를 걷는 것이 힘들어지자 마렌은 자전거나 킥보드를 이용해서 이동 거리를 늘렸고 건강도 챙겼다.

케임브리지대학교를 졸업하고 마렌은 미국으로 유학을 가서 임상심리학 박사과정을 공부했다. 결혼을 했고 애나 소피아라는 예쁜 딸도 얻었다. 누가 봐도 행복하고 부러울 만한 삶을 살고 있다. 하지만 이 모든 것을 얻기 위해 마렌은 다른 사람들보다 훨씬 많은 노력을 해야 했다. 회복탄력성이 있었지만 그렇다고 슈퍼맨은 아니었다. 때로는 여태껏 이룩한 모든 것의 무게를 힘들어할 때도 있었다. 그럼에도 여전히 마렌은 전진한다.

코로나가 발발했을 때 마렌도 다른 사람들과 마찬가지로 이에 적응했다. 마렌이 겪는 어려움 역시 다른 사람들의 어려움과 크게 다르지 않았다. 이를 극복하기 위해 질병에 감염되지 않도록 조심하면서 직업을 유지했고 홈 스쿨링으로 딸을 가르쳤다. 어떤 형태로든 친구들과 가족과 계속 연락을 유지했다. 또한 재정 면에서는 빚을 지지 않으려 노력했다.

나는 마렌에게는 자신만의 신체적 약점이 있었으므로 그것 때문에 코로나 위기를 극복하기가 더 어렵지 않을까 생각했다. 그러나 마렌의 답변에서 긍정적인 태도와 융통성 있는 방식으로 잘 극복했음을 바로 알 수 있었다.

"사실 코로나 때문에 다른 사람들보다 더 힘든 건 없었어요. 오히려 어떻게 생각하면 사고가 나고 7개월간 재활병동에서 지냈던 경험 덕분에 봉쇄령이 내려지고 집에 갇혀 지낼 때도 잘 이겨낼 수 있다는 자신감이 있었죠. 재활하는 동안 항상 나 자신을 바쁘게 만들었어요. 운동하며 여러 가지 치료를 받았고, 전화를 하거나 책을 읽거나 오디오북을 들었고, 면회객을 만나거나 다른 환자들과 수다를 떨었죠."

마렌에게 코로나 확산 기간 중의 자가격리는 이때의 경험에 비하면 아무것도 아니었다.

"격리기간 중 딸하고 여러 가지를 하면서 시간을 보냈어요. 예를 들면 같이 실내정원을 만들고 서로에게 쪽지를 보내기도 했죠. 여름 내내 집에 갇혀 같이 보낸 시간이 너무나 아름다웠어요."

스트레스가 생기기도 했지만 마렌은 해소법을 찾았다.

"무슨 이유인지 우리가 사는 아파트 풀장은 폐쇄되지 않았어요. 그곳에서 매일 수영을 했어요. 하루에 두 번을 간 적도 있죠. 스트레스 해소에 많은 도움이 되었어요."

∗

제드에게 코로나는 끝없이 이어지는 장애물 중 하나였다. 코로나가 확산하기 직전, 제드는 재활병원에서 1년 기간의 임상인턴을 막 시작했다. 박사학위를 따기 위해 필요한 마지막 필수 경력이었다. 전일제였고 요구사항이 많았지만 그럭저럭 버티고 있었다. 그런데 코로나가 발발하면서 모든 것이 엉망이 되어버렸다. 다른 사람들과 마찬가지로 재택근무를 시작했다. 환자들과는 온라인으로 상담했다. 처음에는 이런 변화가 혼란스러웠고 여러 가지 면에서 몹시 힘들었다. 하지만 제드는 이번에도 잘 적응해나갔다.

제드가 인턴 과정을 시작했다는 이야기를 들었다. 그가 신체적으로 아직 완치가 되지 않아 증상이 남아 있는 것을 알고 있었기 때문에 나는 괜찮은지 물었다. "예, 아직은 조금 불편한데 그래도 전보다 나아졌어요. 사실은 지금도 심한 두통에 시달리고 있기는 합니다."

항상 그렇듯 제드는 이를 당연한 일로 받아들이고 있었다. "안고 살아가기를 배우는 과정이죠."

'안고 살아가기를 배우는' 마음가짐 덕분에 제드는 많은 것을 깨달았다.

사고가 나기 전 석사과정을 시작한 지 1년쯤 되었을 때 트라우마와 관련된 문헌에서 의미 있는 삶의 중요성에 대해 읽은 적이 있었다. 그대로 실천하고 싶었다. 신과 우주에 대한 자신의 생각을 글로 적고 신조로 삼았다.

그런데 사고가 나고 그 뒤의 고난으로 모든 것이 바뀌었다. 제드는 자신에 대한 정의를 다시 내려야 했다.

"모든 걸 버려야 했어요. 기꺼이 그렇게 했어요. '그런 생각은 이제 더는 안 통해' 같은 의식적인 행동이었죠. 기존에 가지고 있던 인과관계에 대한 관점을 다시 수립했어요. 아시겠지만 '안 좋은 일은 생기게 마련'이잖아요. 그래서 기존에 세상을 보는 눈을 바꾸어 가족과 인류에 대한 사랑과 봉사, 내 전공과 학문, 직업에 대한 헌신을 가장 중요하게 생각했어요. 그리고 쓸모 있는 존재가 되자고 다짐했죠."

삶이 어느 정도 안정을 찾아가자 제드는 자신의 분야에 대한 이런 세계관을 끔찍한 부상을 겪은 사람들에게 알려주기 위해 노력했고 지금도 하고 있다. 그가 이런 관점을 가지게 된 것은 자신의 직접적인 경험 덕분이었다. 하지만 처음에는 그도 확신이 없었다. 정말 그 길이 가고 싶은 길인가에 대한 의심이 들었다. 그러나 시간이 지나면서 만족할 만한 균형을 찾았다. 재활병원에서 근무하는 동안 제드는 학문 연구에 몰두하면서 지적으로 충족되는 동시에 다른 사람에게 받은 것을 돌려주는 봉사의 기회를 얻었다. 중요한 것은 제드가 이 일에 매우 뛰어났다는 점이다. 그는 자신의 경험 덕분에 환자들의 고통에 쉽게 공감할 수 있었다.

"제 경험을 다른 용도로 쓰기로 마음먹었어요. 알코올중독 치유 모임에서 다른 중독자를 봐주는 알코올중독자 역할 같은 것이죠. 내 경험을 이용할 방법을 찾은 거죠."

이를 설명하기 위해 제드는 내게 한 가지 이야기를 해주었다. 코로나 확산 전 재활병원에서 근무할 때 새로운 환자가 들어왔는데, 괴로워하며 눈물을 멈추지 못하는 것이 사고로 인한 후유증을 극복하지 못하는 것을 한눈에 알 수 있었다고 한다. 병원에서는 그 환자를 담당하던 치료사가 휴가 중이라 누군가 돌봐줄 사람이 필요하니 제드에게 가능한지 물어보았다고 한다.

제드는 목발을 짚은 채 그 환자의 방으로 갔다.

"간단히 서로 인사를 하고 나서 그 환자가 나를 빤히 보더라고요. 마치 이렇게 말하는 것 같았어요. '좋아. 당신이라면 내가 이야기를 할 만해. 입장이 비슷하니까.' 그 사람이 무슨 말을 하는지 바로 알아들었어요. 하지만 그는 혹시나 내가 이해하지 못할까 봐 몇 번이고 다시 설명해주더군요. 그러고는 이렇게 말했어요. '(크게 손짓하더니) 세상 사람들은 나한테 설문지를 주고 어떠냐고 물어보는데, 난 그거 읽어보지도 않아요. 그들은 잃은 게 아무것도 없잖아요.'"

제드는 확실히 많은 것을 잃었다. 하지만 그가 여러 번 내게 이야기했듯 얻은 것도 많다. 사고가 있었던 운명의 그날 밤(벌써 10년 전 일이다)에서 회복 과정의 우여곡절을 거쳐 점진적인 현실 수용, 심지어 코로나19 팬데믹에 이르는 긴 여정은 제드에게 자신을 재창조하고 자신에게 벌어진 일에 적응하는 진화 과정이었다. 그 과정에서 유연성이 큰 역할을 했음은 물론이다.

초기에는 자신이 그렇게 잘 적응하리라고는 생각하지 않았다. 유연성 마인드셋을 동원한다는 생각도 없었고 유연화 단계 비슷한 것도 생각해본 적이 없었다. 사실 그런 개념이 있는지조차 몰랐다. 자신의 회복탄력성에 대한 의문이 그를 바꾸었고 계속되는 재활운동은 그를 더욱더 바꾸었다. 고통스러웠던 경험 때문에 그는 자신에게 일어난 일과 다가올 미래, 고통과 함께 살아가는 방법을 생각하지 않을 수 없었다.

그러던 중 제드는 해법을 찾았다. 자신이 변화에 유연하게 대처할 능력이 있음을 깨닫기 시작했다. 점차 (이미 가지고 있는 도구와 회복 과정에서 습득한 도구를 이용해) 그 능력을 좀 더 의식적이고 계획적이고 효과적으로 활용할 수 있게 되었다. 심리학을 공부한 것이 도움이 되기도 했지만 대부분 자신의 경험을 통해 깨달았다고 생각한다. 그런 면에서 그에게 다른 선택지는 없었다. 유연성 마인드셋을 유지하는 것만이 살아남을 수 있는 유일한 길이었고, 유일한 돌파구였다. 아직도 고통스럽기는 하지만 이제 삶의 중심을 잡았으니 앞으로 나아갈 일만 남았다. 앞으로 어떤 고난이 닥치더라도 그때마다 극복할 방법을 찾을 것이다.

주석

서문: 왜 나는 괜찮았을까요?

1. 이런 사례는 다음의 기사에서 확인하라. David Biello, "What Is a Medically Induced Coma and Why Is It Used?," *Scientific American*, January 10, 2011, www.scientificamerican.com/article/what-is-a-medically-induced-coma.
2. D. M. Wade, C. R. Brewin, D. C. J. Howell, E. White, M. G. Mythen, and J. A. Weinman, "Intrusive Memories of Hallucinations and Delusions in Traumatized Intensive Care Patients: An Interview Study," *British Journal of Health Psychology* 20, no. 3 (2015): 613–631, https://doi.org/10.1111/bjhp.12109.
3. Susan A. Gelman, *The Essential Child: Origins of Essentialism in Everyday Thought* (New York: Oxford University Press, 2003).

1장. PTSD의 발명

1. Albert B. Lord, *The Singer of Tales* (Cambridge, MA: Harvard University Press, 1960).
2. Jonathan Shay, *Achilles in Vietnam: Combat Trauma and the Undoing of Character* (New York: Simon and Schuster, 1994).
3. Shay, *Achilles in Vietnam*.
4. Samuel Pepys, *The Diary of Samuel Pepys*, vol. 4, ed. Henry B. Wheatley (London: Bell and Sons, 1904 [1663]), 225.
5. Pepys, *Diary*, 4:190.
6. John Eric Erichsen, *On Railway and Other Injuries of the Nervous System* (Philadelphia: Henry C. Lea, 1867).
7. F. Lamprecht and M. Sack, "Posttraumatic Stress Disorder Revisited," *Psychosomatic Medicine* 64, no. 2 (2002): 222–237.

8. Hermann Oppenheim, *Die traumatischen Neurosen nach den in der Nervenklinik der Charité in den letzten 5 Jahren gesammelten Beobachtungen* (Berlin: Verlag von August Hirschwald, 1889). 2판은 1892년, 3판은 1918년에 발간되었다.
9. Richard Norton-Taylor, "Executed World War I Soldiers to Be Given Pardons," *Guardian*, August 15, 2006.
10. Norton-Taylor, "Executed World War I Soldiers."
11. Jon Stallworthy, *Wilfred Owen* (Oxford: Oxford University Press, 1974).
12. The Great War and the Shaping of the 20th Century, episode 5, "Mutiny," KCET Television/British Broadcasting Company, 1996.
13. Wilfred Owen, *Wilfred Owen: Complete Works*, Delphi Poets Series (Hastings, UK: Delphi Classics, 2012).
14. Owen, *Complete Works*.
15. S. N. Garfinkel, J. L. Abelson, A. P. King, R. K. Sripada, X. Wang, L. M. Gaines, and I. Liberzon, "Impaired Contextual Modulation of Memories in PTSD: An fMRI and Psychophysiological Study of Extinction Retention and Fear Renewal," *Journal of Neuroscience* 34, no. 40 (2014): 13435.
16. 정신질환과 내과적 질환의 차이점 및 정신질환 증상의 발전 과정에 관한 자세한 논의는 다음을 참조하라. R. J. McNally, "The Ontology of Posttraumatic Stress Disorder: Natural Kind, Social Construction, or Causal System?," *Clinical Psychology: Science and Practice* 19, no. 3 (2012): 220 – 228, https://doi.org/10.1111/cpsp.12001; R. J. McNally, D. J. Robinaugh, G. W. Y. Wu, L. Wang, M. K. Deserno, and D. Borsboom, "Mental Disorders as Causal Systems: A Network Approach to Posttraumatic Stress Disorder," *Clinical Psychological Science* 3, no. 6 (2015): 836 – 849, https://doi.org/10.1177/2167702614553230; D. Borsboom and A. O. J. Cramer, "Network Analysis: An Integrative Approach to the Structure of Psychopathology," *Annual Review of Clinical Psychology* 9 (2013): 91 – 121; D. Borsboom, A. O. J. Cramer, and A. Kalis, "Reductionism in Retreat," *Behavioral and Brain Sciences* 42 (2019): e32.
17. PTSD 진단과 관련한 사례는 다음을 참조하라. J. J. Broman-Fulks, K. J. Ruggiero, B. A. Green, D. W. Smith, R. F. Hanson, D. G. Kilpatrick, and B. E. Saunders, "The Latent Structure of Posttraumatic Stress Disorder Among Adolescents," *Journal of Traumatic Stress* 22, no. 2 (2009): 146 – 152, https://doi.org/10.1002/jts.20399; J. J. Broman-Fulks, K. J. Ruggiero, B. A. Green, D. G. Kilpatrick, C. K. Danielson, H. S. Resnick, and B. E. Saunders, "Taxometric Investigation of PTSD: Data from Two Nationally Representative Samples," *Behavior Therapy* 37, no. 4 (2006): 364 – 380, https://doi.org/10.1016/j.beth.2006.02.006. 정신질환의 다차원적 특징에 관한 더욱 폭넓은 모델을 보고 싶다면 다음을 참조하라. R. Kotov, C. J. Ruggero, R. F. Krueger, D. Watson,

Q. Yuan, and M. Zimmerman, "New Dimensions in the Quantitative Classification of Mental Illness," *Archives of General Psychiatry* 68, no. 10 (2011): 1003–1011, https://doi.org/10.1001/archgenpsychiatry.2011.107; A. Caspi and T. Moffitt, "All for One and One for All: Mental Disorders in One Dimension," *American Journal of Psychiatry* 175, no. 9 (2018): 831–844, https://doi.org/10.1176/appi.ajp.2018.17121383; C. C. Conway, M. K. Forbes, K. T. Forbush, E. I. Fried, M. N. Hallquist, R. Kotov, S. N. Mullins-Sweatt, et al., "A Hierarchical Taxonomy of Psychopathology Can Transform Mental Health Research," *Perspectives on Psychological Science* 14, no. 3 (2019): 419–436, https://doi.org/10.1177/1745691618810696.

18. I. R. Galatzer-Levy and R. A. Bryant, "636,120 Ways to Have Posttraumatic Stress Disorder," *Perspectives on Psychological Science* 8, no. 6 (2013): 651–662, https://doi.org/10.1177/1745691613504115.

19. R. J. McNally, "Progress and Controversy in the Study of Posttraumatic Stress Disorder," *Annual Review of Psychology* 54 (2003): 229–252.

20. McNally, "Progress and Controversy."

21. G. M. Rosen, "Traumatic Events, Criterion Creep, and the Creation of Pretraumatic Stress Disorder," *Scientific Review of Mental Health Practice* 3, no. 2 (2004).

22. 보수적으로 본다는 뜻은 과거의 보고서를 참조해서 트라우마의 정의를 좁은 의미로 한정해 명확한 경우만 포함시켰다는 의미다. 다음을 참조하라. N. Breslau, H. D. Chilcoat, R. C. Kessler, and G. C. Davis, "Previous Exposure to Trauma and PTSD Effects of Subsequent Trauma: Results from the Detroit Area Survey of Trauma," *American Journal of Psychiatry* 156, no. 6 (1999): 902–907, https://doi.org/10.1176/ajp.156.6.902; F. H. Norris, "Epidemiology of Trauma: Frequency and Impact of Different Potentially Traumatic Events on Different Demographic Groups," *Journal of Consulting and Clinical Psychology* 60, no. 3 (1992): 409–418. 이러한 보수적 관점의 연구는 한계가 있다. 사람들이 트라우마를 잊어버리기도 하고, 연구 목록에 포함되지 않은 트라우마 사건을 경험하기도 하기 때문이다. 더욱 섬세한 측정법을 이용한 연구들, 예를 들어 수년간에 걸쳐 매주 트라우마의 영향을 측정한 연구들을 보면 잠재적 트라우마 사건은 우리가 생각하는 것 이상으로 자주 발생한다. 다음을 참조하라. K. M. Lalande and G. A. Bonanno, "Retrospective Memory Bias for the Frequency of Potentially Traumatic Events: A Prospective Study," *Psychological Trauma-Theory Research Practice and Policy* 3, no. 2 (2011): 165–170, https://doi.org/10.1037/a0020847.

23. NBC's show Trauma aired in 2009–2010 (www.nbc.com/trauma). The online video game Trauma was designed by Krystian Majewski (www.traumagame.com).

24. 예를 들어 다음을 보라. Psychology Today's page "Trauma," www.psychologytoday.com/basics/trauma.

25. David J. Morris, *The Evil Hours* (New York: Houghton Mifflin Harcourt, 2015), 2, 42.

2장. 회복탄력성을 찾아서

1. C. S. Holling, "Resilience and Stability of Ecological Systems," *Annual Review of Ecology and Systematics* (1973): 1–23.
2. N. Garmezy and K. Neuchterlein, "Invulnerable Children: The Fact and Fiction of Competence and Disadvantage," *American Journal of Orthopsychiatry* 42 (1972): 328; J. Kagan, "Resilience in Cognitive Development," *Ethos* 3, no. 2(1975): 231–247; L. B. Murphy, "Coping, Vulnerability, and Resilience in Childhood," in *Coping and Adaptation*, ed. G. V. Coelho, D. A. Hamburg, and J. E. Adams, 69–100 (New York: Basic Books, 1974); Emmy E. Werner, Jessie M. Bierman, and Fern E. French, *The Children of Kauai: A Longitudinal Study from the Prenatal Period to Age Ten* (Honolulu: University of Hawaii Press, 1971).
3. M. Rutter, "Protective Factors in Children's Responses to Stress and Disadvantage," in *Primary Prevention of Psychopathology*, vol. 3, Social Competence in Children, ed. M. W. Kent and J. E. Rolf, 49–74 (Lebanon, NH: University Press of New England, 1979); Emmy E. Werner and Ruth S. Smith, *Vulnerable but Invincible: A Study of Resilient Children* (New York: McGraw-Hill, 1982); E. E. Werner, "Risk, Resilience, and Recovery: Perspectives from the Kauai Longitudinal Study," *Development and Psychopathology* 5, no. 4 (1993): 503–515.
4. Herbert G. Birch and Joan Dye Gussow, *Disadvantaged Children: Health, Nutrition, and School Failure* (New York: Harcourt, Brace, and World, 1970); *Children's Defense Fund, Maternal and Child Health Date Book: The Health of America's Children* (Washington, DC: US Government Printing Office, 1986); N. Garmezy, "Resiliency and Vulnerability to Adverse Developmental Outcomes Associated with Poverty," *American Behavioral Scientist* 34 (1991): 416–430.
5. J. G. Noll, L. A. Horowitz, G. A. Bonanno, P. K. Trickett, and F. W. Putnam, "Revictimization and Self-Harm in Females Who Experienced Childhood Sexual Abuse: Results from a Prospective Study," *Journal of Interpersonal Violence* 18, no. 12 (2003): 1452–1471; Judith Herman, *Trauma and Recovery* (New York: Basic Books, 1992).
6. A. S. Masten, K. M. Best, and N. Garmezy, "Resilience and Development: Contributions from the Study of Children Who Overcome Adversity," *Development and Psychopathology* 2, no. 4 (1990): 425–444; Werner, "Risk, Resilience, and Recovery"; E. E. Werner, "Resilience in Development," *Current Directions in Psychological Science* 4, no. 3 (1995): 81–85; Suniya S. Luthar, ed., *Resilience and Vulnerability: Adaptation in the Context of Childhood Adversities* (New York: Cambridge University Press, 2003); M. Rutter,

"Psychosocial Resilience and Protective Mechanisms," *American Journal of Orthopsychiatry* 57, no. 3 (1987): 316-331; S. Fergus and M. A. Zimmerman, "Adolescent Resilience: A Framework for Understanding Healthy Development in the Face of Risk," *Annual Review of Public Health* 26, no. 1 (2004): 399-419, https://doi.org/10.1146/annurev.publhealth.26.021304.144357; A. DiRago and G. Vaillant, "Resilience in Inner City Youth: Childhood Predictors of Occupational Status Across the Lifespan," *Journal of Youth and Adolescence* 36, no. 1 (2007): 61-70, https://doi.org/10.1007/s10964-006-9132-8

7. A. M. Masten, "Ordinary Magic: Resilience Processes in Development," *American Psychologist* 56 (2001): 227-238. '슈퍼키드'라는 용어는 회복탄력성을 다룬 아래의 글 제목에서 가져왔다. S. E. Buggie, "Superkids of the Ghetto," *Contemporary Psychology* 40 (1995): 1164-1165.
8. Ann S. Masten, *Ordinary Magic: Resilience in Development* (New York: Guilford Publications, 2014).
9. Masten, "Ordinary Magic."
10. Masten et al., "Resilience and Development," 434.
11. Masten et al., "Resilience and Development."
12. Masten et al., "Resilience and Development," 434; M. S. Burton, A. A. Cooper, N. C. Feeny, and L. A. Zoellner, "The Enhancement of Natural Resilience in Trauma Interventions," *Journal of Contemporary Psychotherapy* 45, no. 4 (2015): 193-204.
13. George A. Bonanno, *The Other Side of Sadness*, rev. ed. (New York: Basic Books, 2019).
14. C. B. Wortman and R. C. Silver, "The Myths of Coping with Loss," *Journal of Consulting and Clinical Psychology* 57, no. 3 (1989): 349-357.
15. 다음을 참조하라. G. A. Bonanno, D. Keltner, A. Holen, and M. J. Horowitz, "When Avoiding Unpleasant Emotions Might Not Be Such a Bad Thing: Verbal-Autonomic Response Dissociation and Midlife Conjugal Bereavement," *Journal of Personality and Social Psychology* 69, no. 5 (1995): 975-989; G. A. Bonanno and D. Keltner, "Facial Expressions of Emotion and the Course of Conjugal Bereavement," *Journal of Abnormal Psychology* 106, no. 1 (1997): 126-137; D. Keltner and G. A. Bonanno, "A Study of Laughter and Dissociation: Distinct Correlates of Laughter and Smiling During Bereavement," *Journal of Personality and Social Psychology* 73, no. 4 (1997): 687-702; G. A. Bonanno, H. Znoj, H. I. Siddique, and M. J. Horowitz, "Verbal-Autonomic Dissociation and Adaptation to Midlife Conjugal Loss: A Follow-up at 25 Months," *Cognitive Therapy and Research* 23, no. 6 (1999): 605-624.
16. 다음을 참조하라. Bonanno, *Other Side of Sadness*.
17. Erica Goode and Emily Eakin, "Threats and Responses: The Doctors; Mental Health: The

Profession Tests Its Limits," *New York Times*, September 11, 2002. 18. Sarah Graham, "9/11: The Psychological Aftermath," *Scientific American*, November 12, 2001.
19. Goode and Eakin, "Threats and Responses."
20. Graham, "9/11."
21. M. A. Schuster, B. D. Stein, L. H. Jaycox, R. L. Collins, G. N. Marshall, M. N. Elliott, A. J. Zhou, D. E. Kanouse, J. L. Morrison, and S. H. Berry, "A National Survey of Stress Reactions After the September 11, 2001, Terrorist Attacks," *New England Journal of Medicine* 345, no. 20 (2001): 1507–1512, https://doi.org/10.1056/NEJM200111153452024.
22. S. Galea, H. Resnick, J. Ahern, J. Gold, M. Bucuvalas, D. Kilpatrick, J. Stuber, and D. Vlahov, "Posttraumatic Stress Disorder in Manhattan, New York City, After the September 11th Terrorist Attacks," *Journal of Urban Health* 79, no. 3 (2002): 340–353.
23. S. Galea, J. Ahern, H. Resnick, D. Kilpatrick, M. Bucuvalas, J. Gold, and D. Vlahov, "Psychological Sequelae of the September 11 Terrorist Attacks in New York City," *New England Journal of Medicine* 346, no. 13 (2002): 982–987.
24. S. Galea, D. Vlahov, H. Resnick, J. Ahern, E. Susser, J. Gold, M. Bucuvalas, and D. Kilpatrick, "Trends of Probable Post-Traumatic Stress Disorder in New York City After the September 11 Terrorist Attacks," *American Journal of Epidemiology* 158, no. 6 (2003): 514–524.
25. Galea et al., "Trends of Probable Post-Traumatic Stress Disorder in New York City."
26. Goode and Eakin, "Threats and Responses."
27. Goode and Eakin, "Threats and Responses."
28. "Mycosis Fungoides: A Rash That Can Be Cancer," *Stanford Health Care*, March 24, 2014, https://stanfordhealthcare.org/newsroom/articles/2014/mycosis-fungoides.html.
29. H. S. Resnick, D. G. Kilpatrick, B. S. Dansky, B. E. Saunders, and C. L. Best, "Prevalence of Civilian Trauma and Posttraumatic Stress Disorder in a Representative National Sample of Women," *Journal of Consulting and Clinical Psychology* 61, no. 6 (1993): 984–991, https://doi.org/10.1037/0022-006X.61.6.984; C. Blanco, "Epidemiology of PTSD," in *Post-Traumatic Stress Disorder*, ed. D. J. Stein, M. Friedman, and C. Blanco, 49–74 (West Sussex, UK: Wiley Online Library, 2011); R. C. Kessler, A. Sonnega, E. Bromet, M. Hughes, and C. B. Nelson, "Posttraumatic Stress Disorder in the National Comorbidity Survey," *Archives of General Psychiatry* 52, no. 12 (1995): 1048–1060.
30. Patricia Resick, in Jennifer Daw, "What Have We Learned Since 9/11? Psychologists Share Their Thoughts on Lessons Learned and Where to Go from Here," *Monitor on Psychology* 33, no. 8 (September 2002), www.apa.org/monitor/sep02/learned.
31. 트라우마를 유발할 가능성이 있는 끔찍한 사고를 당한 처음 몇 주간 극도의 트라우마성

스트레스 반응을 보인 환자들을 임상 추적해보면 PTSD로 발전할 가능성이 높다고 주장하는 전문가가 많다. 그 결과 초기 단계의 중증 트라우마성 스트레스 반응을 신속히 진단하고 치료하기 위해 급성스트레스장애(acute stress disorder, ASD)라는 별도의 진단 기준까지 만들었다. 그러나 ASD 환자가 나중에 PTSD 환자로 발전한다는 주장은 입증되지 않았다. 잠재적 트라우마 사건을 겪은 사람들의 약 20퍼센트만이 ASD 진단기준을 충족했고 이들 대부분은 PTSD 증상을 보이지도 않았다. 한마디로 ASD 증상의 유무로 PTSD 증상의 발현을 예측할 수 없다는 뜻이다. 다만 극도의 트라우마성 스트레스 반응을 보이는 환자를 초기에 진단하여 조기에 치료할 수 있기 때문에 ASD가 나름 유용하다는 주장도 있다. 그러나 이런 주장의 바탕이 된 연구는 치료가 필요한 환자만을 대상으로 조사했기 때문에 ASD 진단을 받은 환자 대부분이 저절로 치유가 된다는 사실을 고려하지 않고 있으며, 이로 인해 일부 환자는 불필요한 치료 과정을 겪을 수도 있다. ASD에 대해 더 알고 싶으면 다음을 참조하라. R. A. Bryant, "The Current Evidence for Acute Stress Disorder," *Current Psychiatry Reports* 20, no. 12 (2018): 111. 심리치료의 잠재적인 폐해에 대해 더 알고 싶으면 다음을 참조하라. S. O. Lilienfeld, "Psychological Treatments That Cause Harm," *Perspectives on Psychological Science* 2, no. 1 (2007): 53–70.

32. Elizabeth F. Howell, *The Dissociative Mind* (New York: Routledge, 2013), 4.
33. Jasmin Lee Cori, *Healing from Trauma: A Survivor's Guide to Understanding Your Symptoms and Reclaiming Your Life* (New York: Da Capo, 2008).
34. Mark Epstein, *The Trauma of Everyday Life* (New York: Penguin, 2013), 1.
35. J. Shedler, M. Mayman, and M. Manis, "The Illusion of Mental Health," *American Psychologist* 48, no. 11 (1993): 1117–1131.
36. A. Tversky and D. Kahneman, "Judgment Under Uncertainty: Heuristics and Biases," *Science* 185, no. 4157 (1974): 1124–1131, https://doi.org/10.1126/science.185.4157.1124.
37. Amos Tversky and Daniel Kahneman, "Evidential Impact of Base Rates," in *Judgment Under Uncertainty: Heuristics and Biases*, ed. Daniel Kahneman, Paul Slovic, and Amos Tversky, 153–163 (Cambridge: Cambridge University Press, 1982).
38. Tversky and Kahneman, "Evidential Impact of Base Rates"; Derek J. Koehler, Lyle Brenner, and Dale Griffin, "The Calibration of Expert Judgment: Heuristics and Biases Beyond the Laboratory," in *Heuristics and Biases: The Psychology of Intuitive Judgment*, ed. Thomas Gilovich, Dale W. Griffin, and Daniel Kahneman, 686–715 (Cambridge: Cambridge University Press, 2002); S. Ægisdóttir, M. J. White, P. M. Spengler, A. S. Maugherman, L. A. Anderson, R. S. Cook, C. N. Nichols, et al., "The Meta-Analysis of Clinical Judgment Project: Fifty-Six Years of Accumulated Research on Clinical Versus Statistical Prediction," *Counseling Psychologist* 34, no. 3 (2006): 341–382; J. Z. Ayanian and D. M. Berwick, "Do Physicians Have a Bias Toward

Action? A Classic Study Revisited," *Medical Decision Making* 11, no. 3 (1991): 154–158, https://doi.org/10.1177/0272989X9101100302; P. Msaouel, T. Kappos, A. Tasoulis, A. P. Apostolopoulos, I. Lekkas, E.-S. Tripodaki, and N. C. Keramaris, "Assessment of Cognitive Biases and Biostatistics Knowledge of Medical Residents: A Multicenter, Cross-Sectional Questionnaire Study," *Medical Education Online* 19 (2014), https://doi.org/10.3402/meo.v19.23646; A. S. Elstein, "Heuristics and Biases: Selected Errors in Clinical Reasoning," *Academic Medicine* 74, no. 7 (1999); H. N. Garb, "The Representativeness and Past-Behavior Heuristics in Clinical Judgment," *Professional Psychology: Research and Practice* 27, no. 3 (1996): 272–277, https://doi.org/10.1037/0735-7028.27.3.272.

39. Garb, "Representativeness and Past-Behavior Heuristics."
40. K. Hek, A. Demirkan, J. Lahti, A. Terracciano, A. Teumer, M. C. Cornelis, N. Amin, et al., "A Genome-Wide Association Study of Depressive Symptoms," *Biological Psychiatry* 73, no. 7 (2013): 667–678, https://doi.org/10.1016/j.biopsych.2012.09.033; S. Tomitaka, Y. Kawasaki, K. Ide, H. Yamada, H. Miyake, and T. A. Furukawa, "Distribution of Total Depressive Symptoms Scores and Each Depressive Symptom Item in a Sample of Japanese Employees," *PLoS ONE* 11, no. 1 (2016): e0147577–e0147577, https://doi.org/10.1371/journal.pone.0147577.
41. G. A. Bonanno, "Loss, Trauma, and Human Resilience: Have We Underestimated the Human Capacity to Thrive After Extremely Aversive Events?" *American Psychologist* 59, no. (2004): 20–28.
42. I. R. Galatzer-Levy, S. A. Huang, and G. A. Bonanno, "Trajectories of Resilience and Dysfunction Following Potential Trauma: A Review and Statistical Evaluation," *Clinical Psychology Review* 63 (2018): 41–55.
43. Naval Health Research Center, "The Largest DoD Population-Based Military Health Study Launched Next Survey Cycle, Hopes to Enroll Military Members and Spouses," press release, July 19, 2011.
44. 다음을 보라. G. A. Bonanno, A. D. Mancini, J. L. Horton, T. Powell, C. A. Leard-Mann, E. J. Boyko, T. S. Wells, T. I. Hooper, G. Gackstetter, and T. C. Smith, "Trajectories of Trauma Symptoms and Resilience in Deployed U.S. Military Service Members: A Prospective Cohort Study," *British Journal of Psychiatry* 200 (2012): 317–323. 다음도 참조하라. C. J. Donoho, G. A. Bonanno, B. Porter, L. Kearney, and T. M. Powell, "A Decade of War: Prospective Trajectories of Posttraumatic Stress Disorder Symptoms Among Deployed US Military Personnel and the Influence of Combat Exposure," *American Journal of Epidemiology* 186, no. 12 (2017): 1310–1318, https://doi.org/10.1093/aje/kwx318.

45. T. A. DeRoon-Cassini, A. D. Mancini, M. D. Rusch, and G. A. Bonanno, "Psychopathology and Resilience Following Traumatic Injury: A Latent Growth Mixture Model Analysis," *Rehabilitation Psychology* 55, no. 1 (2010): 1–11, https://doi.org/10.1037/a0018601; R. A. Bryant, A. Nickerson, M. Creamer, M. O'Donnell, D. Forbes, I. Galatzer-Levy, A. C. McFarlane, and D. Silove, "Trajectory of Post-Traumatic Stress Following Traumatic Injury: 6-Year Follow-up," *British Journal of Psychiatry* 206, no. 5 (2015): 417–423, https://doi.org/10.1192/bjp.bp.114.145516; G. A. Bonanno, P. Kennedy, I. R. Galatzer-Levy, P. Lude, and M. L. Elfström, "Trajectories of Resilience, Depression, and Anxiety Following Spinal Cord Injury," *Rehabilitation Psychology* 57, no. 3 (2012): 236–247, https://doi.org/10.1037/a0029256.

46. 암 치료 궤적에 관해서는 다음을 참조하라. C. L. Burton, I. R. Galatzer-Levy, and G. A. Bonanno, "Treatment Type and Demographic Characteristics as Predictors for Cancer Adjustment: Prospective Trajectories of Depressive Symptoms in a Population Sample," *Health Psychology* 34 (2015): 602–609, https://doi.org/10.1037/hea0000145; W. W. T. Lam, G. A. Bonanno, A. D. Mancini, S. Ho, M. Chan, W. K. Hung, A. Or, and R. Fielding, "Trajectories of Psychological Distress Among Chinese Women Diagnosed with Breast Cancer," *Psycho-Oncology* 19, no. 10 (2010): 1044–1051, https://doi.org/10.1002/pon.1658. 심장마비의 궤적에 관해서는 다음을 참조하라. I. R. Galatzer-Levy and G. A. Bonanno, "Optimism and Death: Predicting the Course and Consequences of Depression Trajectories in Response to Heart Attack," *Psychological Science* 24, no. 12 (2014): 2177–2188, https://doi.org/10.1177/0956797614551750; L. Meli, J. L. Birk, D. Edmondson, and G. A. Bonanno, "Trajectories of Posttraumatic Stress Symptoms in Patients with Confirmed and Rule-Out Acute Coronary Syndrome," *General Hospital Psychiatry* 2 (2019).

47. 최근에 발표된 사별에 관한 연구는 다음을 참조하라. F. Maccallum, I. R. Galatzer-Levy, and G. A. Bonanno, "Trajectories of Depression Following Spousal and Child Bereavement: A Comparison of the Heterogeneity in Outcomes," *Journal of Psychiatric Research* 69 (2015): 72–79, https://doi.org/10.1016/j.jpsychires.2015.07.017; G. A. Bonanno and M. Malgaroli, "Trajectories of Grief: Comparing Symptoms from the DSM-5 and ICD-11 Diagnoses," *Depression and Anxiety* 37, no. 1 (2020): 17–25. 최근에 발표된 이혼과 실업에 관한 연구는 다음을 참조하라. M. Malgaroli, I. R. Galatzer-Levy, and G. A. Bonanno, "Heterogeneity in Trajectories of Depression in Response to Divorce Is Associated with Differential Risk for Mortality," *Clinical Psychological Science* 5, no. 5 (2017): 843–850, https://doi.org/10.1177/2167702617705951; C. A. Stolove, I. R. Galatzer-Levy, and G. A. Bonanno, "Emergence of Depression Following Job Loss Prospectively Predicts Lower Rates of Reemployment," *Psychiatry Research* 253 (2017):

79–83.

3장. 보이는 것이 전부가 아니다

1. I. R. Galatzer-Levy, S. H. Huang, and G. A. Bonanno, "Trajectories of Resilience and Dysfunction Following Potential Trauma: A Review and Statistical Evaluation," *Clinical Psychology Review* 63 (2018): 41–55, https://doi.org/10.1016/j.cpr.2018.05.008.
2. F. H. Norris, M. J. Friedman, and P. J. Watson, "60,000 Disaster Victims Speak. Part II: Summary and Implications of the Disaster Mental Health Research," *Psychiatry-Interpersonal and Biological Processes* 65, no. 3 (2002): 240–260, https://doi.org/10.1521/psyc.65.3.240.20169.
3. G. A. Bonanno, S. Galea, A. Bucciarelli, and D. Vlahov, "Psychological Resilience After Disaster: New York City in the Aftermath of the September 11th Terrorist Attack," *Psychological Science* 17, no. 3 (2006): 181–186, https://doi.org/10.1111/j.1467-9280.2006.01682.x.
4. C. J. Donoho, G. A. Bonanno, B. Porter, L. Kearney, and T. M. Powell, "A Decade of War: Prospective Trajectories of Posttraumatic Stress Disorder Symptoms Among Deployed US Military Personnel and the Influence of Combat Exposure," *American Journal of Epidemiology* 186, no. 12 (2017): 1310–1318, https://doi.org/10.1093/aje/kwx318.
5. 트라우마 결과와 중증도 사이의 효과 크기(effect size, 비교하려는 집단들 사이의 차이 또는 관계를 나타내는 표준화된 지표-옮긴이)를 알고 싶으면 다음을 참조하라. C. R. Brewin, B. Andrews, and J. D. Valentine, "Meta-Analysis of Risk Factors for Posttraumatic Stress Disorder in Trauma-Exposed Adults," *Journal of Consulting and Clinical Psychology* 68, no. 5 (2000): 748–766; E. J. Ozer, S. R. Best, T. L. Lipsey, and D. S. Weiss, "Predictors of Posttraumatic Stress Disorder and Symptoms in Adults: A Meta-Analysis," *Psychological Bulletin* 129, no. 1 (2003): 52–73. 다른 요소에 의해 트라우마가 변화하는 사례는 다음을 참조하라. E. Levy-Gigi, G. A. Bonanno, A. R. Shapiro, G. Richter-Levin, S. Kéri, and G. Sheppes, "Emotion Regulatory Flexibility Sheds Light on the Elusive Relationship Between Repeated Traumatic Exposure and Posttraumatic Stress Disorder Symptoms," *Clinical Psychological Science* 4, no. 1 (2015): 28–39. 트라우마의 중증도가 영향이 없다는 주장은 다음을 참조하라. A. Boals, Z. Trost, E. Rainey, M. L. Foreman, and A. M. Warren, "Severity of Traumatic Injuries Predicting Psychological Outcomes: A Surprising Lack of Empirical Evidence," *Journal of Anxiety Disorders* 50, (2017): 1–6, https://doi.org/10.1016/j.janxdis.2017.04.004; Y. Neria, A. Besser, D. Kiper, and M. Westphal, "A Longitudinal Study of Posttraumatic Stress Disorder, Depression, and Generalized Anxiety Disorder in Israeli Civilians Exposed to War

Trauma," *Journal of Traumatic Stress* 23, no. 3 (2010): 322 – 330.

4장. 회복탄력성의 역설

1. 회복탄력성에 관한 참고도서는 다음과 같다. Sheryl Sandberg and Adam Grant, *Option B: Facing Adversity, Building Resilience, and Finding Joy* (New York: Knopf, 2017); Zelana Montminy, *21 Days to Resilience: How to Transcend the Daily Grind, Deal with the Tough Stuff, and Discover Your Inner Strength* (New York: Harper-One, 2016); Elaine Miller-Karas, *Building Resilience to Trauma: The Trauma and Community Resiliency Models* (New York: Routledge, 2015); Steven M. Southwick and Dennis S. Charney, *Resilience: The Science of Mastering Life's Greatest Challenges* (Cambridge: Cambridge University Press, 2012); Glenn R. Schiraldi, *The Resilience Workbook: Essential Skills to Recover from Stress, Trauma, and Adversity* (Oakland, CA: New Harbinger, 2017); Donald Robertson, *Build Your Resilience: CBT, Mindfulness and Stress Management to Survive and Thrive in Any Situation* (London: Hodder Education, 2012); Kelly Ann McNight, *The Resilience Way: Overcome the Unexpected and Build an Extraordinary Life ... on Your Own Terms!* (독립출판, 2019). 웹사이트와 잡지 기사는 다음과 같다. Romeo Vitelli, "What Makes Us Resilient?," *Psychology Today*, April 10, 2018, www.psychologytoday.com/us/blog/media-spotlight/201804 /what-makes-us-resilient; Kendra Cherry, "Characteristics of Resilient People," *Very Well Mind*, April 28, 2020, www.verywellmind.com/characteristics-of-resilience-2795062; Brad Waters, "10 Traits of Emotionally Resilient People," *Psychology Today*, May 21, 2013, www.psychologytoday.com/us/blog/design-your-path/201305/10-traits-emotionally-resilient-people; Kendra Cherry, "10 Ways to Build Your Resilience," *Very Well Mind*, January 24, 2020, www.verywellmind.com/ways-to-become-more-resilient-2795063; Leslie Riopel, "Resilient Skills, Factors and Strategies of the Resilient Person," *Positive Psychology*, September 19, 2020, https://positivepsychology.com/resilience-skills; "What Makes Some People More Resilient Than Others," *Exploring Your Mind*, June 5, 2016, https://exploringyourmind.com/makes-people-resilient-others; Allan Schwartz, "Are You Emotionally Resilient?," Mental Help (블로그), October 12, 2019, www.mentalhelp.net/blogs/are-you-emotionally-resilient; LaRae Quy, "4 Powerful Ways You Can Make Yourself More Resilient—Now," *The Ladders*, January 11, 2019, www.theladders.com/career-advice/4-powerful-ways-you-can-make-yourself-more-resilient-now; "5 Steps to a More Resilient You," *Psych Central*, January 30, 2011, https://psychcentral.com/blog/5-steps-to-a-more-resilient-you#1; "Being Resilient," *Your Life Your Voice*, October 16, 2019, www.yourlifeyourvoice.org/Pages/tip-being-resilient.aspx.
2. J. F. P. Peres, A. Moreira-Almeida, A. G. Nasello, and H. G. Koenig, "Spirituality and

Resilience in Trauma Victims," *Journal of Religion and Health* 46, no. 3 (2007): 343 – 350 (인용은 343쪽), https://doi.org/10.1007/s10943-006-9103-0.

3. Olivia Goldhill, "Psychologists Have Found That a Spiritual Outlook Makes Humans More Resilient," *Quartz*, January 30, 2016, https://qz.com/606564/psychologists-have-found-that-a-spiritual-outlook-makes-humans-universally-more-resilient-to-trauma.

4. 이 주제에 관해 더 알고 싶으면 다음을 참조하라. H. R. Moody, "Is Religion Good for Your Health?," *Gerontologist* 46, no. 1 (2006): 147 – 149; J. T. Moore and M. M. Leach, "Dogmatism and Mental Health: A Comparison of the Religious and Secular," *Psychology of Religion and Spirituality* 8, no. 1 (2016): 54.

5. 다음을 보라. J. H. Wortmann, C. L. Park, and D. Edmondson, "Trauma and PTSD Symptoms: Does Spiritual Struggle Mediate the Link?," *Psychological Trauma: Theory, Research, Practice and Policy* 3, no. 4 (2011): 442 – 452, https://doi.org/10.1037/a0021413; N. Caluori, J. C. Jackson, K. Gray, and M. Gelfand, "Conflict Changes How People View God," *Psychological Science* 31, no. 3 (2020): 280 – 292, https://doi.org/10.1177/0956797619895286.

6. R. W. Thompson, D. B. Arnkoff, and C. R. Glass, "Conceptualizing Mindfulness and Acceptance as Components of Psychological Resilience to Trauma," *Trauma, Violence, and Abuse* 12, no. 4 (2011): 220 – 235.

7. R. A. Baer, G. T. Smith, J. Hopkins, J. Krietemeyer, and L. Toney, "Using Self-Report Assessment Methods to Explore Facets of Mindfulness," *Assessment* 13, no. 1 (2006): 27 – 45.

8. 마음챙김의 전반적인 건강 증진 효과에 관해서는 다음을 참조하라. R. J. Davidson, J. Kabat-Zinn, J. Schumacher, M. Rosenkranz, D. Muller, S. F. Santorelli, F. Urbanowski, A. Harrington, K. Bonus, and J. F. Sheridan, "Alterations in Brain and Immune Function Produced by Mindfulness Meditation," *Psychosomatic Medicine* 65, no. 4 (2003). 다음도 참조하라. K. W. Brown, R. M. Ryan, and J. D. Creswell, "Mindfulness: Theoretical Foundations and Evidence for Its Salutary Effects," *Psychological Inquiry* 18, no. 4 (2007): 211 – 237; J. D. Creswell, "Mindfulness Interventions," *Annual Review of Psychology* 68 (2017): 491 – 516; J. Suttie, "Five Ways Mindfulness Meditation Is Good for Your Health," *Greater Good Magazine*, October 2018, https://greatergood.berkeley.edu/article/item/five_ways_mindfulness_meditation_is_good_for_your_health.

9. 마음챙김의 의료적 효과에 관해서는 다음을 참조하라. J. D. Teasdale, Z. V. Segal, J. M. G. Williams, V. A. Ridgeway, J. M. Soulsby, and M. A. Lau, "Prevention of Relapse/Recurrence in Major Depression by Mindfulness-Based Cognitive Therapy," *Journal of Consulting and Clinical Psychology* 68, no. 4 (2000): 615; S. G. Hofmann, A. T. Sawyer,

A. A. Witt, and D. Oh, "The Effect of Mindfulness-Based Therapy on Anxiety and Depression: A Meta-Analytic Review," *Journal of Consulting and Clinical Psychology* 78, no. 2 (2010): 169–183, https://doi.org/10.1037/a0018555; B. Khoury, T. Lecomte, G. Fortin, M. Masse, P. Therien, V. Bouchard, M.-A. Chapleau, K. Paquin, and S. G. Hofmann, "Mindfulness-Based Therapy: A Comprehensive Meta-Analysis," *Clinical Psychology Review* 33, no. 6 (2013): 763–771; J. D. Creswell, "Mindfulness Interventions," *Annual Review of Psychology* 68 (2017): 491–516.

10. R. W. Thompson, D. B. Arnkoff, and C. R. Glass, "Conceptualizing Mindfulness and Acceptance as Components of Psychological Resilience to Trauma," *Trauma, Violence, and Abuse* 12, no. 4 (2011): 220–235.

11. 다음 논문의 초록에서 인용. N. T. Van Dam, M. K. van Vugt, D. R. Vago, L. Schmalzl, C. D. Saron, A. Olendzki, T. Meissner, et al., "Mind the Hype: A Critical Evaluation and Prescriptive Agenda for Research on Mindfulness and Meditation," *Perspectives on Psychological Science* 13, no. 1 (2018): 36–61. 마음챙김 명상이 초래할 수 있는 부작용에 관해서는 다음을 참조하라. M. K. Lustyk, N. Chawla, R. Nolan, and G. Marlatt, "Mindfulness Meditation Research: Issues of Participant Screening, Safety Procedures, and Researcher Training," *Advances in Mind-Body Medicine* 24, no. 1 (2009): 20–30.

12. 이런 요소들에 관해서는 이 책의 후반부에서 더 자세히 다룰 예정이다. 이에 관한 정보와 연구 결과를 더 알고 싶으면 다음을 참조하라. G. A. Bonanno, M. Westphal, and A. D. Mancini, "Resilience to Loss and Potential Trauma," *Annual Review of Clinical Psychology* 7 (2011), https://doi.org/10.1146/annurev-clinpsy-032210-104526; G. A. Bonanno, C. R. Brewin, K. Kaniasty, and A. M. La Greca, "Weighing the Costs of Disaster: Consequences, Risks, and Resilience in Individuals, Families, and Communities," *Psychological Science in the Public Interest* 11, no. 1 (2010): 1–49; G. A. Bonanno, S. A. Romero, and S. I. Klein, "The Temporal Elements of Psychological Resilience: An Integrative Framework for the Study of Individuals, Families, and Communities," *Psychological Inquiry* 26, no. 2 (2015): 139–169, https://doi.org/10.1080/1047840X.2015.992677. 유전적 특성에 따른 회복탄력성 궤적의 차이에 관한 증거는 다음을 참조하라. K. Schultebraucks, K. W. Choi, I. G. Galatzer-Levy, and G. A. Bonanno, "Discriminating Heterogeneous Trajectories of Resilience and Depression After Major Stressors Using Polygenic Scores: A Deep Learning Approach," *JAMA Psychiatry* (출판 예정).

13. 여기서는 이해를 돕기 위해 효과 크기를 단순화했지만 실제로는 더 복잡하다. 어떤 형태의 통계적 분석에서는 효과 크기를 결정하기 어렵다. 예를 들면 효과 크기의 대리지표만 측정할 수 있을 때다. 또한 단지 한두 개의 요소만 검토했을 때는 효과 크기가 더 커질 수 있는 점에도 유의해야 한다. 회복탄력성을 예측할 수 있는 다른 요소에 대한 검토가 이루

어지지 않았기 때문이다. 이른바 다변량 분석처럼 여러 요소를 검토했을 때는 분산이 더 커진다. 누가 회복하고 누가 회복하지 않는지를 더 잘 설명할 수 있다는 의미다. 그러나 각 요소가 상호연관되어 있기 때문에 어느 한 요소로 설명할 수 있는 부분은 점점 줄어든다.

14. 이 변수들 및 변수들의 근거 수준에 관한 논의는 다시 한번 다음을 참조하라. Bonanno et al., "Resilience to Loss and Potential Trauma"; Bonanno et al., "Weighing the Costs of Disaster"; and Bonanno et al., "The Temporal Elements of Psychological Resilience."

15. W. Mischel and Y. Shoda, "A Cognitive-Affective System Theory of Personality: Reconceptualizing Situations, Dispositions, Dynamics, and Invariance in Personality Structure," *Psychological Review* 102, no. 2 (1995): 246–268, https://doi.org/10.1037/0033-295X.102.2.246; W. Mischel, "Toward a Cognitive Social Learning Reconceptualization of Personality," *Psychological Review* 80, no. 4 (1973): 252–283, https://doi.org/10.1037/h0035002; W. Mischel, Y. Shoda, and R. Mendoza-Denton, "Situation-Behavior Profiles as a Locus of Consistency in Personality," *Current Directions in Psychological Science* 11, no. 2 (2002): 50–54; W. Mischel, *The Marshmallow Test: Why Self-Control Is the Engine of Success* (New York: Little, Brown, 2014).

16. 생물들의 비용-편익 분석에 대한 심도 있는 연구에 관해서는 다음을 참조하라. T. Kalisky, E. Dekel, and U. Alon, "Cost-Benefit Theory and Optimal Design of Gene Regulation Functions," *Physical Biology* 4, no. 4 (2007): 229; H. A. Orr, "The Genetic Theory of Adaptation: A Brief History," *Nature Reviews Genetics* 6, no. 2 (2005): 119–127, https://doi.org/10.1038/nrg1523; J. S. Brown and T. L. Vincent, "Evolution of Cooperation with Shared Costs and Benefits," *Proceedings of the Royal Society B: Biological Sciences* 275, no. 1646 (2008): 1985–1994; A. V. Georgiev, A. C. E. Klimczuk, D. M. Traficonte, and D. Maestripieri, "When Violence Pays: A Cost-Benefit Analysis of Aggressive Behavior in Animals and Humans," *Evolutionary Psychology* 11, no. 3 (2013): 678–699.

17. Charles Darwin, *On the Origin of Species, by Means of Natural Selection* (London: John Murray, 1859).

18. Letter from Darwin to botanist Asa Gray, April 3, 1860, The Darwin Correspondence Project, University of Cambridge, www.darwinproject.ac.uk/letter/DCP-LETT-2743.xml.

19. Charles Darwin, *The Descent of Man, and Selection in Relation to Sex* (London: John Murray, 1871).

20. Darwin, *Descent of Man*, 141.

21. Richard O. Prum, *The Evolution of Beauty: How Darwin's Forgotten Theory of Mate Choice Shapes the Animal World* (New York: Penguin Random House, 2017); M. Petrie

and T. Halliday, "Experimental and Natural Changes in the Peacock's (Pavo cristatus) Train Can Affect Mating Success," *Behavioral Ecology and Sociobiology* 35, no. 3 (1994): 213-217, https://doi.org/10.1007/BF00167962.

22. 치타가 멈추는 이유에 관한 오랜 학계의 정설은 체온상승 때문이라는 것이었다. 하지만 최근 연구들은 이것이 극심한 스트레스 반응과 관련 있다고 주장한다. 치타에 관한 자세한 연구는 다음을 참조하라. R. S. Hetem, D. Mitchell, B. A. de Witt, L. G. Fick, L. C. R. Meyer, S. K. Maloney, and A. Fuller, "Cheetah Do Not Abandon Hunts Because They Overheat," *Biology Letters* 9, no. 5 (2013): 20130472, https://doi.org/10.1098/rsbl.2013.0472; T. Y. Hubel, J. P. Myatt, N. R. Jordan, O. P. Dewhirst, J. W. McNutt, and A. M. Wilson, "Energy Cost and Return for Hunting in African Wild Dogs and Cheetahs," *Nature Communications* 7, no. 1 (2016): 11034, https://doi.org/10.1038/ncomms11034; R. Nuwer, "Cheetahs Spend 90 Percent of Their Days Sitting Around," *Smithsonian*, October 2014; "Adaptations to Speed," Dell Cheetah Center, Zambia, www.dccafrica.co.za/cheetah-facts/adaptations-to-speed.

23. 대응 및 정서조절 전략의 효과에 대한 분류에 관해서는 다음을 참조하라. A. Aldao and S. Nolen-Hoeksema, "When Are Adaptive Strategies Most Predictive of Psychopathology?," *Journal of Abnormal Psychology* 121, no. 1 (2012): 276-281, https://doi.org/10.1037/a0023598; C. A. Smith, K. A. Wallston, K. A. Dwyer, and W. Dowdy, "Beyond Good and Bad Coping: A Multidimensional Examination of Coping with Pain in Persons with Rheumatoid Arthritis," *Annals of Behavioral Medicine* 19, no. 1 (1997): 11-21.

24. 이 연구에 관한 자세한 내용은 다음을 참조하라. J. E. Schwartz, J. Neale, C. Marco, S. S. Shiffman, and A. A. Stone, "Does Trait Coping Exist? A Momentary Assessment Approach to the Evaluation of Traits," *Journal of Personality and Social Psychology* 77, no. 2 (1999): 360-369, https://doi.org/10.1037/0022-3514.77.2.360; A. A. Stone, J. E. Schwartz, J. M. Neale, S. Shiffman, C. A. Marco, M. Hickcox, J. Paty, L. S. Porter, and L. J. Cruise, "A Comparison of Coping Assessed by Ecological Momentary Assessment and Retrospective Recall," *Journal of Personality and Social Psychology* 74, no. 6 (1998): 1670.

25. 이 연구에 관한 자세한 내용은 다음을 참조하라. J. L. Austenfeld and A. L. Stanton, "Coping Through Emotional Approach: A New Look at Emotion, Coping, and Health-Related Outcomes," *Journal of Personality* 72, no. 6 (2004): 1335-1364, https://doi.org/10.1111/j.1467-6494.2004.00299; J. Smyth and S. J. Lepore, *The Writing Cure: How Expressive Writing Promotes Health and Emotional Well-Being* (Washington, DC: American Psychological Association, 2002); B. E. Compas, C. J. Forsythe, and B. M. Wagner, "Consistency and Variability in Causal Attributions and Coping with Stress," *Cognitive Therapy and Research* 12, no. 3 (1988): 305-320, https://doi.org/10.1007/bf01176192; D. G. Kaloupek, H. White, and M. Wong, "Multiple Assessment of Coping

Strategies Used by Volunteer Blood Donors: Implications for Preparatory Training," *Journal of Behavioral Medicine* 7, no. 1 (1984): 35–60, https://doi.org/10.1007/BF00845346.

26. T. L. Webb, E. Miles, and P. Sheeran, "Dealing with Feeling: A Meta-Analysis of the Effectiveness of Strategies Derived from the Process Model of Emotion Regulation," *Psychological Bulletin* 138, no. 4 (2012): 775–808, https://doi.org/10.1037/a0027600.

27. G. Hein, G. Silani, K. Preuschoff, C. D. Batson, and T. Singer, "Neural Responses to Ingroup and Outgroup Members' Suffering Predict Individual Differences in Costly Helping," *Neuron* 68, no. 1 (2010): 149–160, https://doi.org/10.1016/j.neuron.2010.09.003; James C. Coyne, Camille B. Wortman, and Darrin R. Lehman, "The Other Side of Support: Emotional Overinvolvement and Miscarried Helping," in *Marshaling Social Support: Formats, Processes, and Effects*, ed. Benjamin H. Gottlieb, 305–330 (Thousand Oaks, CA: Sage, 1988); J. C. Coyne, "Depression and the Response of Others," *Journal of Abnormal Psychology* 85 (1976): 186–193, https://doi.org/10.1037/0021-843X.85.2.186; E. D. Diminich and G. A. Bonanno, "Faces, Feelings, Words: Divergence Across Channels of Emotional Responding in Complicated Grief," *Journal of Abnormal Psychology* 123 (2014): 350–361.

28. A. S. Troy, A. J. Shallcross, and I. B. Mauss, "A Person-by-Situation Approach to Emotion Regulation: Cognitive Reappraisal Can Either Help or Hurt, Depending on the Context," *Psychological Science* 24, no. 2 (2013): 2505–2514, https://doi.org/10.1177/0956797613496434; G. Sheppes, S. Scheibe, G. Suri, P. Radu, J. Blechert, and J. J. Gross, "Emotion Regulation Choice: A Conceptual Framework and Supporting Evidence," *Journal of Experimental Psychology: General* 143, no. 1 (2014): 163–181, https://doi.org/10.1037/a0030831.

29. 대응전략에 대한 연구와 이론에 관해서는 다음을 참조하라. R. S. Lazarus and S. Folkman, *Stress, Appraisal, and Coping* (New York: Springer, 1984); S. Folkman and J. T. Moskowitz, "Coping: Pitfalls and Promise," *Annual Review of Psychology* 55, no. 1 (2004): 745–774; C. S. Carver and J. Connor-Smith, "Personality and Coping," *Annual Review of Psychology* 61, no. 1 (2009): 679–704; C. Cheng, "Assessing Coping Flexibility in Real-Life and Laboratory Settings: A Multimethod Approach," *Journal of Personality and Social Psychology* 80, no. 5 (2001): 814–833. 감정조절에 관해서는 다음을 참조하라. J. J. Gross, "The Emerging Field of Emotion Regulation: An Integrative Review," *Review of General Psychology* 2, no. 3 (1998): 271–299; J. J. Gross, "Emotion Regulation: Past, Present, Future," *Cognition and Emotion* 13, no. 5 (1999): 551–573; A. Aldao, G. Sheppes, and J. J. Gross, "Emotion Regulation Flexibility," *Cognitive Therapy and Research* 39, no. 3 (2015): 263–278. 대응 및 정서조절 전략 모

두에 대한 통합적 설명에 관해서는 다음을 참조하라. G. A. Bonanno and C. L. Burton, "Regulatory Flexibility: An Individual Differences Perspective on Coping and Emotion Regulation," *Perspectives on Psychological Science* 8, no. 6 (2013): 591–612, https://doi.org/10.1177/1745691613504116.

30. 다음을 참조하라. G. A. Bonanno, "Resilience in the Face of Loss and Potential Trauma," *Current Directions in Psychological Science* 14, no. 3 (2005): 135–138; G. A. Bonanno, *The Other Side of Sadness: What the New Science of Bereavement Tells Us About Life After Loss* (New York: Basic Books, 2009).

31. 이러한 자극의 대부분은 바버라 프레드릭슨(Barbara Fredrickson)의 뛰어난 연구에서 비롯되었다. 일례로 다음을 참조하라. Barbara L. Fredrickson and Laura E. Kurtz, "Cultivating Positive Emotions to Enhance Human Flourishing," in *Applied Positive Psychology: Improving Everyday Life, Health, Schools, Work, and Society*, ed. Stewart I. Donaldson, Mihaly Csikszentmihalyi, and Jeanne Nakamura, 35–47 (New York: Taylor and Francis, 2011); B. L. Fredrickson, "Cultivating Positive Emotions to Optimize Health and Well-Being," *Prevention and Treatment* 3, no. 1 (2000): 1a. 또한 토니 로빈스(Tony Robbins)의 Mind and Meaning 같은 유명 블로그도 참조하라. 로빈스는 이 사이트에 긍정적인 감정과 "마음의 정원에 감정의 씨앗을 뿌리면 당신의 삶에 성취감과 풍요함을 가져다준다"는 내용을 묘사해두었다. 이는 다음에서 인용한 것이다. Team Tony, "Cultivating Positive Emotions: 10 Emotional Seeds to Plant in Your Garden Now," Tony Robbins, www.tonyrobbins.com/mind-meaning/cultivating-positive-emotions.

32. 이에 관해서는 다음의 빼어난 문헌을 참조하라. J. Gruber, I. B. Mauss, and M. Tamir, "A Dark Side of Happiness? How, When, and Why Happiness Is Not Always Good," *Perspectives on Psychological Science* 6, no. 3 (2011): 222–233, https://doi.org/10.1177/1745691611406927. 다음도 참조하라. M. A. Davis, "Understanding the Relationship Between Mood and Creativity: A Meta-Analysis," *Organizational Behavior and Human Decision Processes* 108, no. 1 (2009): 25–38; M. Tamir, C. Mitchell, and J. J. Gross, "Hedonic and Instrumental Motives in Anger Regulation," *Psychological Science* 19, no. 4 (2008): 324–328, https://doi.org/10.1111/j.1467-9280.2008.02088.x; E. Diener, C. R. Colvin, W. G. Pavot, and A. Allman, "The Psychic Costs of Intense Positive Affect," *Journal of Personality and Social Psychology* 61, no. 3 (1991): 492; E. K. Kalokerinos, K. H. Greenaway, D. J. Pedder, and E. A. Margetts, "Don't Grin When You Win: The Social Costs of Positive Emotion Expression in Performance Situations," *Emotion* 14, no. 1 (2014): 180.

33. 다음을 참조하라. A. Papa and G. A. Bonanno, "Smiling in the Face of Adversity: The Interpersonal and Intrapersonal Functions of Smiling," *Emotion* 8, no. 1 (2008): 1–12. 긍정적인 감정과 그것이 어떻게 부정적인 감정을 없애는지에 관해서는 다음을 참조하라.

B. L. Fredrickson, "The Role of Positive Emotions in Positive Psychology: The Broaden-and-Build Theory of Positive Emotions," *American Psychologist* 56, no. 3 (2001): 218 – 226, https://doi.org/10.1037/0003-066x.56.3.218.

34. 더 자세한 내용을 알고 싶으면 다음을 참조하라. G. A. Bonanno, D. M. Colak, D. Keltner, M. N. Shiota, A. Papa, J. G. Noll, F. W. Putnam, and P. K. Trickett, "Context Matters: The Benefits and Costs of Expressing Positive Emotion Among Survivors of Childhood Sexual Abuse," *Emotion* 7, no. 4 (2007): 824 – 837, https://doi.org/10.1037/1528-3542.7.4.824. 학대 사실을 공개한 뒤 발생하는 결과에 관해서는 다음을 참조하라. D. Della Femina, C. A. Yeager, and D. O. Lewis, "Child Abuse: Adolescent Records vs. Adult Recall," *Child Abuse and Neglect* 14, no. 2 (1990): 227 – 231.

35. 다음을 보라. E. B. Blanchard, E. J. Hickling, N. Mitnick, A. E. Taylor, W. R. Loos, and T. C. Buckley, "The Impact of Severity of Physical Injury and Perception of Life Threat in the Development of Post-Traumatic Stress Disorder in Motor Vehicle Accident Victims," *Behaviour Research and Therapy* 33, no. 5 (1995): 529 – 534, https://doi.org/10.1016/0005-7967(94)00079-Y; L. Meli, J. Birk, D. Edmondson, and G. A. Bonanno, "Trajectories of Posttraumatic Stress in Patients with Confirmed and Rule-Out Acute Coronary Syndrome," *General Hospital Psychiatry* 62 (2020): 37 – 42, https://doi.org/10.1016/j.genhosppsych.2019.11.006.

36. 다음을 보라. T. L. Holbrook, D. B. Hoyt, M. B. Stein, and W. J. Sieber, "Perceived Threat to Life Predicts Posttraumatic Stress Disorder After Major Trauma: Risk Factors and Functional Outcome," *Journal of Trauma and Acute Care Surgery* 51, no. 2 (2001): 9·11테러에 관한 연구는 다음을 참조하라. G. A. Bonanno, C. Rennicke, and S. Dekel, "Self-Enhancement Among High-Exposure Survivors of the September 11th Terrorist Attack: Resilience or Social Maladjustment?," *Journal of Personality and Social Psychology* 88, no. 6 (2005): 984 – 998. 다음도 참조하라. C. N. Dulmus and C. Hilarski, "When Stress Constitutes Trauma and Trauma Constitutes Crisis: The Stress-Trauma-Crisis Continuum," *Brief Treatment and Crisis Intervention* 3, no. 1 (2003): 27 – 36.

37. 위험인식에 대해 읽어볼 만한 논문은 다음과 같다. Paul Slovic, "The Perception of Risk," in *Scientists Making a Difference: One Hundred Eminent Behavioral and Brain Scientists Talk About Their Most Important Contributions*, ed. Robert J. Sternberg, Susan T. Fiske, and Donald J. Foss, 179 – 182 (Cambridge: Cambridge University Press, 2016); V. J. Brown, "Risk Perception: It's Personal," *Environmental Health Perspectives* 122, no. 10 (2014): A276 – A279, https://doi.org/10.1289/ehp.122-A276. 비전문가의 위험인식에 대한 더욱 자세한 학술자료는 다음을 참조하라. P. Slovic, "Perception of Risk," *Science* 236, no. 4799 (1987): 280 – 285, https://doi.org/10.1126/science.3563507; P.

Slovic, ed., *The Feeling of Risk: New Perspectives on Risk Perception* (New York: Earthscan, 2010); G. F. Loewenstein, E. U. Weber, C. K. Hsee, and N. Welch, "Risk as Feelings," *Psychological Bulletin* 127, no. 2 (2001): 267–286, https://doi.org/10.1037/0033-2909.127.2.267.

38. Terri L. Messman-Moore and Selime R. Salim, "Risk Perception and Sexual Assault," in *Handbook of Sexual Assault and Sexual Assault Prevention*, ed. William T. O'Donohue and Paul A. Schewe, 211–228 (Cham, Switzerland: Springer, 2019), 211, https://doi.org/10.1007/978-3-030-23645-8_12.

39. A. E. Wilson, K. S. Calhoun, and J. A. Bernat, "Risk Recognition and Trauma-Related Symptoms Among Sexually Revictimized Women," *Journal of Consulting and Clinical Psychology* 67, no. 5 (1999): 705.

40. T. L. Messman-Moore and A. L. Brown, "Risk Perception, Rape, and Sexual Revictimization: A Prospective Study of College Women," *Psychology of Women Quarterly* 30, no. 2 (2006): 159–172.

41. 다음을 보라. R. A. Ferrer, W. M. P. Klein, A. Avishai, K. Jones, M. Villegas, and P. Sheeran, "When Does Risk Perception Predict Protection Motivation for Health Threats? A Person-by-Situation Analysis," *PLoS ONE* 13, no. 3 (2018): e0191994–e0191994, https://doi.org/10.1371/journal.pone.0191994; M. Caserotti, E. Rubaltelli, and P. Slovic, "How Decision Context Changes the Balance Between Cost and Benefit Increasing Charitable Donations," *Judgment and Decision Making* 14, no. 2 (2019): 187–199; P. D. Windschitl and E. U. Weber, "The Interpretation of 'Likely' Depends on the Context, but '70%' Is 70%—Right? The Influence of Associative Processes on Perceived Certainty," *Journal of Experimental Psychology: Learning, Memory, and Cognition* 25, no. 6 (1999): 1514.

42. R. Goodwin, M. Willson, and G. Stanley Jr., "Terror Threat Perception and Its Consequences in Contemporary Britain," *British Journal of Psychology* 96, no. 4 (2005): 389–406.

43. I. R. Galatzer-Levy, M. M. Steenkamp, A. D. Brown, M. Qian, S. Inslicht, C. Henn-Haase, C. Otte, R. Yehuda, T. C. Neylan, and C. R. Marmar, "Cortisol Response to an Experimental Stress Paradigm Prospectively Predicts Long-Term Distress and Resilience Trajectories in Response to Active Police Service," *Journal of Psychiatric Research* 56 (2014): 36–42, https://doi.org/10.1016/j.jpsychires.2014.04.020.

44. I. Wald, T. Shechner, S. Bitton, Y. Holoshitz, D. S. Charney, D. Muller, N. A. Fox, D. S. Pine, and Y. Bar-Haim, "Attention Bias Away from Threat During Life Threatening Danger Predicts PTSD Symptoms at One-Year Follow-Up," *Depression and Anxiety* 28, no. 5 (2011): 406–411, https://doi.org/10.1002/da.20808. 다음도 참조하라.

Y. Bar-Haim, D. Lamy, L. Pergamin, M. J. Bakermans-Kranenburg, and M. H. van IJzendoorn, "Threat-Related Attentional Bias in Anxious and Nonanxious Individuals: A Meta-Analytic Study," *Psychological Bulletin* 133 (2007): 1-24, https://doi.org/10.1037/0033-2909.133.1.1.

45. 다음을 보라. L. Meli et al., "Trajectories of Posttraumatic Stress in Patients with Confirmed and Rule-Out Acute Coronary Syndrome."

5장. 유연성 마인드셋

1. 다음에서 인용. C. Dweck, "What Having a 'Growth Mindset' Actually Means," *Harvard Business Review* 13 (2016): 213-226. 성장 마인드셋에 관한 더 자세한 내용은 다음을 참조하라. C. Dweck, "Carol Dweck Revisits the Growth Mindset," *Education Week* 35, no. 5 (2015): 20-24; Carol S. Dweck, *Mindset: The New Psychology of Success* (New York: Random House, 2008).

2. 다음을 보라. S. C. Kobasa, "Stressful Life Events, Personality, and Health: An Inquiry into Hardiness," *Journal of Personality and Social Psychology* 37, no. 1 (1979): 1-11.

3. S. C. Funk, "Hardiness: A Review of Theory and Research," *Health Psychology* 11 (1992): 335-345, https://doi.org/10.1037/0278-6133.11.5.335.

4. Kobasa, "Stressful Life Events"; S. R. Maddi, "Hardiness: The Courage to Grow from Stresses," *Journal of Positive Psychology* 1, no. 3 (2006): 160-168 (인용은 160쪽); V. Florian, M. Mikulincer, and O. Taubman, "Does Hardiness Contribute to Mental Health During a Stressful Real-Life Situation? The Roles of Appraisal and Coping," *Journal of Personality and Social Psychology* 68, no. 4 (1995): 687.

5. 강인성과 유연성 마인드셋 사이에는 근본적인 차이가 몇 가지 있다. 강인성 이론 주창자 중 한 명인 살바도르 마디(Salvador Maddi)는 이 두 개념의 특성과 낙관주의 같은 유사 개념과의 미세한 차이점에 대해 자세히 설명하고 있다. 다음을 참조하라. S. R. Maddi and M. Hightower, "Hardiness and Optimism as Expressed in Coping Patterns," *Consulting Psychology Journal: Practice and Research* 51 (1999): 95-105, https://doi.org/10.1037/1061-4087.51.2.95. 그는 또한 강인성의 세 가지 요소가 필수적이라고 강조하며 "이들 중 하나로는 부족하고 심지어 둘도 여전히 부족하다"라고 주장했다. 그러나 내가 생각하는 유연성 마인드셋은 더 일반적인 개념이다. 각 구성 요소보다는 전반적인 마인드셋이 더 중요하다.

6. M. F. Scheier, C. S. Carver, and M. W. Bridges, "Distinguishing Optimism from Neuroticism (and Trait Anxiety, Self-Mastery, and Self-Esteem): A Reevaluation of the Life Orientation Test," *Journal of Personality and Social Psychology* 67, no. 6 (1994): 1063-1078; M. F. Scheier and C. S. Carver, "Optimism, Coping, and Health: Assessment and Implications of Generalized Outcome Expectancies," *Health Psychology* 4,

no. 3 (1985): 219.

7. Emily Esfahani Smith, "The Benefits of Optimism Are Real," *The Atlantic*, March 1, 2013, www.theatlantic.com/health/archive/2013/03/the-benefits-of-optimism-are-real/273306; Steven M. Southwick and Dennis S. Charney, *Resilience: The Science of Mastering Life's Greatest Challenges* (Cambridge: Cambridge University Press, 2012); Martin E. P. Seligman, *Learned Optimism: How to Change Your Mind and Your Life* (New York: Vintage, 2012).

8. 일례로 다음을 보라. W. W. T. Lam, G. A. Bonanno, A. D. Mancini, S. Ho, M. Chan, W. K. Hung, A. Or, and R. Fielding, "Trajectories of Psychological Distress Among Chinese Women Diagnosed with Breast Cancer," *Psycho-Oncology* 19, no. 10 (2010): 1044-1051, https://doi.org/10.1002/pon.1658; F. Segovia, J. L. Moore, S. E. Linnville, R. E. Hoyt, and R. E. Hain, "Optimism Predicts Resilience in Repatriated Prisoners of War: A 37-Year Longitudinal Study," *Journal of Traumatic Stress* 25, no. 3 (2012): 330-336; A. J. Quale and A. K. Schanke, "Resilience in the Face of Coping with a Severe Physical Injury: A Study of Trajectories of Adjustment in a Rehabilitation Setting," *Rehabilitation Psychology* 55, no. 1 (2010): 12-22. 전향적 연구 결과에 관해서는 다음을 참조하라. I. R. Galatzer-Levy and G. A. Bonanno, "Optimism and Death: Predicting the Course and Consequences of Depression Trajectories in Response to Heart Attack," *Psychological Science* 25, no. 12 (2014): 2177-2188, https://doi.org/10.1177/0956797614551750. 이에 관한 연구로는 다음을 보라. G. A. Bonanno, M. Westphal, and A. D. Mancini, "Resilience to Loss and Potential Trauma," *Annual Review of Clinical Psychology* 7 (2011), https://doi.org/10.1146/annurev-clinpsy-032210-104526.

9. 다음을 참조하라. H. N. Rasmussen, M. F. Scheier, and J. B. Greenhouse, "Optimism and Physical Health: A Meta-Analytic Review," *Annals of Behavioral Medicine* 37, no. 3 (2009): 239-256, https://doi.org/10.1007/s12160-009-9111-x.

10. 낙관주의가 유의미하게 개선된 결과를 가져오지 못한 사례를 보려면 다음을 참조하라. Y. Benyamini and I. Roziner, "The Predictive Validity of Optimism and Affectivity in a Longitudinal Study of Older Adults," *Personality and Individual Differences* 44, no. 4 (2008): 853-864, https://doi.org/10.1016/j.paid.2007.10.016; A. Serlachius, L. Pulkki-Råback, M. Elovainio, M. Hintsanen, V. Mikkilä, T. T. Laitinen, M. Jokela, et al., "Is Dispositional Optimism or Dispositional Pessimism Predictive of Ideal Cardiovascular Health? The Young Finns Study," *Psychology and Health* 30, no. 10 (2015): 1221-1239; E. Schoen, E. M. Altmaier, and B. Tallman, "Coping After Bone Marrow Transplantation: The Predictive Roles of Optimism and Dispositional Coping," *Journal of Clinical Psychology in Medical Settings* 14, no. 2 (2007): 123-129; H. I. M. Mahler and J. A. Kulik, "Optimism, Pessimism and Recovery from Coronary Bypass Surgery:

Prediction of Affect, Pain and Functional Status," *Psychology, Health and Medicine* 5, no. 4 (2000): 347–358; K. R. Fontaine and L. C. Jones, "Self-Esteem, Optimism, and Postpartum Depression," *Journal of Clinical Psychology* 53, no. 1 (1997): 59–63.

11. A. Craig, Y. Tran, and J. Middleton, "Psychological Morbidity and Spinal Cord Injury: A Systematic Review," *Spinal Cord* 47, no. 2 (2009): 108–114.

12. 긍정적 사고와 음악이 고통 감소에 끼치는 영향을 연구한 최근의 사례는 다음을 참조하라. H. Nowak, N. Zech, S. Asmussen, T. Rahmel, M. Tryba, G. Oprea, L. Grause, et al., "Effect of Therapeutic Suggestions During General Anaesthesia on Postoperative Pain and Opioid Use: Multicentre Randomised Controlled Trial," *BMJ* 371, m4284 (2021), https://doi.org/10.1136/bmj.m4284.

13. 의학계에서 본 척수부상의 역사에 대해서는 다음을 참조하라. Roberta B. Trieschmann, *Spinal Cord Injuries: The Psychological, Social, and Vocational Adjustment* (New York: Pergamon Press, 1988), 68.

14. T. Sharot, A. M. Riccardi, C. M. Raio, and E. A. Phelps, "Neural Mechanisms Mediating Optimism Bias," *Nature* 450, no. 7166 (2007): 102–105, https://doi.org/10.1038/nature06280. See also A. Etkin, T. Egner, D. M. Peraza, E. R. Kandel, and J. Hirsch, "Resolving Emotional Conflict: A Role for the Rostral Anterior Cingulate Cortex in Modulating Activity in the Amygdala," *Neuron* 51, no. 6 (2006): 871–882, https://doi.org/10.1016/j.neuron.2006.07.029.

15. 낙관주의가 동기에 끼치는 영향에 관해 더 알고 싶으면 다음을 참조하라. C. S. Carver and M. F. Scheier, "Dispositional Optimism," *Trends in Cognitive Sciences* 18, no. 6 (2014): 293–299, https://doi.org/10.1016/j.tics.2014.02.003. 낙관주의가 동물에까지 끼치는 영향을 알고 싶으면 다음을 참조하라. R. Rygula, J. Golebiowska, J. Kregiel, J. Kubik, and P. Popik, "Effects of Optimism on Motivation in Rats," *Frontiers in Behavioral Neuroscience* 9 (2015): 32, https://doi.org/10.3389/fnbeh.2015.00032.

16. L. O. Lee, P. James, E. S. Zevon, E. S. Kim, C. Trudel-Fitzgerald, A. Spiro III, F. Grodstein, and L. D. Kubzansky, "Optimism Is Associated with Exceptional Longevity in 2 Epidemiologic Cohorts of Men and Women," *Proceedings of the National Academy of Sciences* (2019): 201900712, https://doi.org/10.1073/pnas.1900712116.

17. 다음을 보라. C. S. Carver, M. F. Scheier, and S. C. Segerstrom, "Optimism," *Clinical Psychology Review* 30, no. 7 (2010): 879–889; Carver and Scheier, "Dispositional Optimism."

18. M. M. Adams and A. L. Hicks, "Spasticity After Spinal Cord Injury," *Spinal Cord* 43, no. 10 (2005): 577–586, https://doi.org/10.1038/sj.sc.3101757.

19. R. D. Pentz, M. White, R. D. Harvey, Z. L. Farmer, Y. Liu, C. Lewis, O. Dashevskaya, T. Owonikoko, and F. R. Khuri, "Therapeutic Misconception, Misestimation, and

Optimism in Participants Enrolled in Phase 1 Trials," *Cancer* 118, no. 18 (2012): 4571 – 4578, https://doi.org/10.1002/cncr.27397.

20. 다음을 보라. K. Sweeny and J. A. Shepperd, "The Costs of Optimism and the Benefits of Pessimism," *Emotion* 10, no. 5 (2010): 750; M. W. Gallagher, L. J. Long, A. Richardson, and J. M. D'Souza, "Resilience and Coping in Cancer Survivors: The Unique Effects of Optimism and Mastery," *Cognitive Therapy and Research* 43, no. 1 (2019): 32 – 44; M. Cohen, I. Levkovich, S. Pollack, and G. Fried, "Stability and Change of Post-Chemotherapy Symptoms in Relation to Optimism and Subjective Stress: A Prospective Study of Breast Cancer Survivors," *Psycho-Oncology* 28, no. 10 (2019): 2017 – 2024.

21. Gerald G. Jampolsky, *Teach Only Love: The Seven Principles of Attitudinal Healing* (New York: Bantam Books, 1983).

6장. 시너지 작용

1. G. A. Bonanno, "Identity Continuity and Complexity in Resilience and Recovery from Loss," *Making Sense of the Unimaginable: How Meaning Making Dynamics Shape Recovery from Severe Stress Experiences*, symposium, E. de St. Aubin, chair, at the Association for Psychological Science 20th Annual Convention, Chicago, 2008.

2. G. A. Bonanno, P. Kennedy, I. Galatzer-Levy, P. Lude, and M. L. Elfström, "Trajectories of Resilience, Depression, and Anxiety Following Spinal Cord Injury," *Rehabilitation Psychology* 57, no. 3 (2012): 236 – 247; A. Craig, Y. Tran, and J. Middleton, "Psychological Morbidity and Spinal Cord Injury: A Systematic Review," *Spinal Cord* 47, no. 2 (2009): 108 – 114; K. M. Hancock, A. R. Craig, H. G. Dickson, E. Chang, and J. Martin, "Anxiety and Depression over the First Year of Spinal Cord Injury: A Longitudinal Study," *Spinal Cord* 31, no. 6 (1993): 349 – 357.

3. 다음을 보라. O. Vassend, A. J. Quale, O. Røise, and A.-K. Schanke, "Predicting the Long-Term Impact of Acquired Severe Injuries on Functional Health Status: The Role of Optimism, Emotional Distress and Pain," *Spinal Cord* 49, no. 12 (2011): 1193 – 1197, https://doi.org/10.1038/sc.2011.70; B. Akbari, S. F. Shahkhali, and R. G. Jobaneh, "Canonical Analysis of the Relationships of Religiosity, Hope, and Optimism with the Meaning of Life and Quality of Life in Spinal Cord Injury Patients," *Journal of Religion and Health* 7, no. 1 (2019): 11 – 19; Bonanno et al., "Trajectories of Resilience"; K. P. Arbour-Nicitopoulos, K. A. M. Ginis, and A. E. Latimer, "Planning, Leisure-Time Physical Activity, and Confidence in Coping in Persons with Spinal Cord Injury: A Randomized Controlled Trial," *Archives of Physical Medicine and Rehabilitation* 90, no. 12 (2009): 2003 – 2011, https://doi.org/10.1016/j.apmr.2009.06.019; I. R. Molton, M. P. Jensen, W. Nielson, D. Cardenas, and D. M. Ehde, "A Preliminary Evaluation of

the Motivational Model of Pain Self-Management in Persons with Spinal Cord Injury-Related Pain," *Journal of Pain* 9, no. 7 (2008): 606–612, https://doi.org/10.1016/j.jpain.2008.01.338.

4. 다음을 보라. A. Bandura, D. Cioffi, C. B. Taylor, and M. E. Brouillard, "Perceived Self-Efficacy in Coping with Cognitive Stressors and Opioid Activation," *Journal of Personality and Social Psychology* 55, no. 3 (1988): 479–488, https://doi.org/10.1037/0022-3514.55.3.479; C. Cozzarelli, "Personality and Self-Efficacy as Predictors of Coping with Abortion," *Journal of Personality and Social Psychology* 65, no. 6 (1993): 1224–1236, https://doi.org/10.1037/0022-3514.65.6.1224; E. J. Philip, T. V. Merluzzi, Z. Zhang, and C. A. Heitzmann, "Depression and Cancer Survivorship: Importance of Confidence in Coping in Post-Treatment Survivors," *Psycho-Oncology* 22, no. 5 (2013): 987–994, https://doi.org/10.1002/pon.3088; J. A. Turner, M. Ersek, and C. Kemp, "Self-Efficacy for Managing Pain Is Associated with Disability, Depression, and Pain Coping Among Retirement Community Residents with Chronic Pain," *Journal of Pain* 6, no. 7 (2005): 471–479, https://doi.org/10.1016/j.jpain.2005.02.011; M. W. G. Bosmans, H. W. Hofland, A. E. De Jong, and N. E. Van Loey, "Coping with Burns: The Role of Confidence in Coping in the Recovery from Traumatic Stress Following Burn Injuries," *Journal of Behavioral Medicine* 38, no. 4 (2015): 642–651, https://doi.org/10.1007/s10865-015-9638-1; M. W. G. Bosmans and P. G. van der Velden, "Longitudinal Interplay Between Posttraumatic Stress Symptoms and Confidence in Coping: A Four-Wave Prospective Study," *Social Science and Medicine* 134 (2015): 23–29, https://doi.org/10.1016/j.socscimed.2015.04.007; C. Benight and M. Harper, "Confidence in Coping Perceptions as a Mediator Between Acute Stress Response and Long-Term Distress Following Natural Disasters," *Journal of Traumatic Stress* 15 (2002): 177–186, https://doi.org/10.1023/A:1015295025950.

5. T. A. DeRoon-Cassini, A. D. Mancini, M. D. Rusch, and G. A. Bonanno, "Psychopathology and Resilience Following Traumatic Injury: A Latent Growth Mixture Model Analysis," *Rehabilitation Psychology* 55, no. 1 (2010): 1–11, https://doi.org/10.1037/a0018601. 다음도 참조하라. M. E. Wadsworth, C. D. Santiago, and L. Einhorn, "Coping with Displacement from Hurricane Katrina: Predictors of One-Year Post-Traumatic Stress and Depression Symptom Trajectories," *Anxiety, Stress, and Coping* 22, no. 4 (2009): 413–432, https://doi.org/10.1080/10615800902855781.

6. J. Tomaka, J. Blascovich, J. Kibler, and J. M. Ernst, "Cognitive and Physiological Antecedents of Threat and Challenge Appraisal," *Journal of Personality and Social Psychology* 73 (1997): 63–72.

7. Nate Chinen, "As a Crowdfunding Platform Implodes, a Legendary Composer

Rebounds," *NPR*, May 14, 2019, www.npr.org/2019/05/14/723225435/as-a-crowdfunding-platform-implodes-a-legendary-composer-rebounds.

8. Tomaka et al., "Cognitive and Physiological Antecedents."
9. J. Gaab, N. Rohleder, U. M. Nater, and U. Ehlert, "Psychological Determinants of the Cortisol Stress Response: The Role of Anticipatory Cognitive Appraisal," *Psychoneuroendocrinology* 30, no. 6 (2005): 599–610, https://doi.org/10.1016/j.psyneuen.2005.02.001; A. Harvey, A. B. Nathens, G. Bandiera, and V. R. LeBlanc, "Threat and Challenge: Cognitive Appraisal and Stress Responses in Simulated Trauma Resuscitations," *Medical Education* 44, no. 6 (2010): 587–594, https://doi.org/10.1111/j.1365-2923.2010.03634.x; K. Maier, S. Waldstein, and S. Synowski, "Relation of Cognitive Appraisal to Cardiovascular Reactivity, Affect, and Task Engagement," *Annals of Behavioral Medicine* 26, no. 1 (2003): 32–41, https://doi.org/10.1207/S15324796ABM2601_05.
10. Jim Blascovich and Wendy Berry Mendes, "Challenge and Threat Appraisals: The Role of Affective Cues," in *Feeling and Thinking: The Role of Affect in Social Cognition*, ed. Joseph P. Forgas, 59–82 (Cambridge: Cambridge University Press, 2000).
11. S. C. Hunter, J. M. E. Boyle, and D. Warden, "Help Seeking Amongst Child and Adolescent Victims of Peer-Aggression and Bullying: The Influence of School-Stage, Gender, Victimisation, Appraisal, and Emotion," *British Journal of Educational Psychology* 74, no. 3 (2004): 375–390, https://doi.org/10.1348/0007099041552378; J. M. Schaubroeck, L. T. Riolli, A. C. Peng, and E. S. Spain, "Resilience to Traumatic Exposure Among Soldiers Deployed in Combat," *Journal of Occupational Health Psychology* 16, no. 1 (2011): 18–37, https://doi.org/10.1037/a0021006.
12. 폴 케네디(Paul Kennedy)는 같이 저녁을 먹던 중에 벽돌공 이야기를 들려줬다. 이 이야기는 또한 다음에서도 언급됐다. Gary Marcus, "Dancing Without Feet," *New Yorker*, March 23, 2013, www.newyorker.com/culture/culture-desk/dancing-without-feet.
13. P. Kennedy, M. Evans, and N. Sandhu, "Psychological Adjustment to Spinal Cord Injury: The Contribution of Coping, Hope and Cognitive Appraisals," *Psychology, Health and Medicine* 14, no. 1 (2009): 17–33, https://doi.org/10.1080/13548500802001801.
14. Bonanno et al., "Trajectories of Resilience."
15. M. L. Elfström, A. Rydén, M. Kreuter, L.-O. Persson, and M. Sullivan, "Linkages Between Coping and Psychological Outcome in the Spinal Cord Lesioned: Development of SCL-Related Measures," *Spinal Cord* 40, no. 1 (2002): 23–29, https://doi.org/10.1038/sj.sc.3101238.
16. 다음을 보라. P. Schönfeld, F. Preusser, and J. Margraf, "Costs and Benefits of Self-Efficacy: Differences of the Stress Response and Clinical Implications,"

Neuroscience and Biobehavioral Reviews 75 (2017): 40–52, https://doi.org/10.1016/j.neubiorev.2017.01.031; A. A. Nease, B. O. Mudgett, and M. A. Quiñones, "Relationships Among Feedback Sign, Self-Efficacy, and Acceptance of Performance Feedback," *Journal of Applied Psychology* 84, no. 5 (1999): 806; E. S. Epel, B. S. McEwen, and J. R. Ickovics, "Embodying Psychological Thriving: Physical Thriving in Response to Stress," *Journal of Social Issues* 54 (1998): 301–322.

17. 다음을 보라. C. C. Benight, E. Swift, J. Sanger, A. Smith, and D. Zeppelin, "Confidence in Coping as a Mediator of Distress Following a Natural Disaster," *Journal of Applied Social Psychology* 29, no. 12 (1999): 2443–2464, https://doi.org/10.1111/j.1559-1816.1999.tb00120; I. Levkovich, M. Cohen, S. Pollack, K. Drumea, and G. Fried, "Cancer-Related Fatigue and Depression in Breast Cancer Patients Postchemotherapy: Different Associations with Optimism and Stress Appraisals," *Palliative and Supportive Care* 13, no. 5 (2015): 1141–1151.

18. R. Delahaij and K. Van Dam, "Coping with Acute Stress in the Military: The Influence of Coping Style, Coping Self-Efficacy and Appraisal Emotions," *Personality and Individual Differences* 119 (2017): 13–18, https://doi.org/10.1016/j.paid.2017.06.021.

19. Matthias Jerusalem and Ralf Schwarzer, "Self-Efficacy as a Resource Factor in Stress Appraisal Processes," in *Self-Efficacy: Thought Control of Action*, ed. Ralf Schwarzer, 195–213 (New York: Taylor and Francis, 1992); M. A. Chesney, T. B. Neilands, D. B. Chambers, J. M. Taylor, and S. Folkman, "A Validity and Reliability Study of the Coping Self-Efficacy Scale," *British Journal of Health Psychology* 11, no. 3 (2006): 421–437.

20. S. Chen and T. Jackson, "Causal Effects of Challenge and Threat Appraisals on Pain Self-Efficacy, Pain Coping, and Tolerance for Laboratory Pain: An Experimental Path Analysis Study," *PLoS ONE* 14, no. 4 (2019): e0215087, https://doi.org/10.1371/journal.pone.0215087. See also N. Skinner and N. Brewer, "The Dynamics of Threat and Challenge Appraisals Prior to Stressful Achievement Events," *Journal of Personality and Social Psychology* 83, no. 3 (2002): 678; E. C. Karademas, "Self-Efficacy, Social Support and Well-Being: The Mediating Role of Optimism," *Personality and Individual Differences* 40, no. 6 (2006): 1281–1290, https://doi.org/10.1016/j.paid.2005.10.019.

21. Hayden Herrera, *Frida: A Biography of Frida Kahlo* (New York: Harper and Row, 1983).

22. Herrera, *Frida*, 48.

23. Herrera, *Frida*, 49.

24. Frida Kahlo, *The Letters of Frida Kahlo: Cartas Apasionadas*, ed. Martha Zamora (San Francisco: Chronicle, 1995), 22.

25. Salomon Grimberg, *Frida Kahlo: Song of Herself* (London: Merrell, 2008).

26. Herrera, *Frida*; Grimberg, *Frida Kahlo*.

27. Herrera, *Frida*, 65.
28. Herrera, *Frida*.
29. Grimberg, *Frida Kahlo*, 65.
30. Herrera, *Frida*.
31. Grimberg, *Frida Kahlo*, 65 – 67.
32. Herrera, *Frida*, 63.
33. Grimberg, *Frida Kahlo*.
34. Diego Rivera, *My Art, My Life* (New York: Citadel, 1960), 103 – 104.
35. Rivera, *My Art, My Life*, 104.
36. J. Helland, "Aztec Imagery in Frida Kahlo's Paintings: Indigenity and Political Commitment," *Woman's Art Journal* 11, no. 2 (1990): 8 – 13, https://doi.org/10.2307/3690692; Grimberg, Frida Kahlo, 33 – 34.
37. Frida Kahlo, *The Diary of Frida Kahlo: An Intimate Self-Portrait*, with an introduction by Carlos Fuentes and essay and commentaries by Sarah M. Lowe (New York: Harry N. Abrams, 2005), 252.
38. Grimberg, *Frida Kahlo*, 105.
39. 다음의 다큐멘터리 영화에서 인용했다. *The Life and Times of Frida Kahlo*, written and directed by Amy Stechler, a production of Daylight Films and WETA in association with Latino Public Broadcasting, PBS Home Video, 2005.
40. 다음에서 인용. "Mexican Autobiography," *Time* 61, no. 17 (1953): 90.
41. 다음에서 인용. *Life and Times of Frida Kahlo*.
42. 다음에서 인용. Daniel Bullen, *The Love Lives of the Artists: Five Stories of Creative Intimacy* (Berkeley, CA: Counterpoint, 2013).
43. Herrera, *Frida*, 416.
44. Herrera, *Frida*, 419; Carole Maso, *Beauty Is Convulsive: The Passion of Frida Kahlo* (Washington, DC: Counterpoint, 2002), 146.
45. Frida Kahlo Museum, also known as La Casa Azul (The Blue House), Mexico City.
46. Herrera, *Frida*, 75.
47. Herrera, *Frida*, 75.
48. Herrera, *Frida*, 142.
49. Herrera, *Frida*, 142.
50. Kahlo, *Diary*, 274.

7장. 유연화 단계

1. 동료 연구진 준 그루버(June Gruber), 아이리스 모스(Iris Mauss), 메이야 타미르(Maya Tamir)에게 고마움을 전한다. 그들은 다음의 논문에서 아리스토텔레스를 언

급했다. "A Dark Side of Happiness? How, When, and Why Happiness Is Not Always Good," *Perspectives on Psychological Science* 6, no. 3 (2011): 222-233, https://doi.org/10.1177/1745691611406927. 다양한 번역이 있지만 나는 아래 번역본을 따랐다. *Nicomachean Ethics*, trans. H. Rachman, (Cambridge, MA: Harvard University Press, 1936), Book 2, chap. 9.

2. Seneca, "On the Tranquility of the Mind," in *Seneca: Dialogues and Essays*, ed. J. Davie and T. Reinhardt (New York: Oxford University Press, 2007), 133.

3. 다음을 보라. J. Rottenberg, J. J. Gross, and I. H. Gotlib, "Emotion Context Insensitivity in Major Depressive Disorder," *Journal of Abnormal Psychology* 114, no. 4 (2005): 627-639, https://doi.org/10.1037/0021-843X.114.4.627; K. G. Coifman and G. A. Bonanno, "When Distress Does Not Become Depression: Emotion Context Sensitivity and Adjustment to Bereavement," *Journal of Abnormal Psychology* 119, no. 3 (2010): 479-490, https://doi.org/10.1037/a0020113.

4. G. A. Bonanno, F. Maccallum, M. Malgaroli, and W. K. Hou, "The Context Sensitivity Index (CSI): Measuring the Ability to Identify the Presence and Absence of Stressor Context Cues," *Assessment* 27, no. 2 (2020), https://doi.org/10.1177/1073191118820131.

5. 다음을 보라. Coifman and Bonanno, "When Distress Does Not Become Depression."

6. S. Folkman and R. S. Lazarus, "If It Changes It Must Be a Process: Study of Emotion and Coping During Three Stages of a College Examination," *Journal of Personality and Social Psychology* 48, no. 1 (1985): 150-170, https://doi.org/10.1037/0022-3514.48.1.150; A. M. Malooly, J. J. Genet, and M. Siemer, "Individual Differences in Reappraisal Effectiveness: The Role of Affective Flexibility," *Emotion* 13, no. 2 (2013): 302.

7. E. Levy-Gigi, C. Szabo, G. Richter-Levin, and S. Kéri, "Reduced Hippocampal Volume Is Associated with Overgeneralization of Negative Context in Individuals with PTSD," *Neuropsychology* 29, no. 1 (2015): 151.

8. 심리학에서는 사람들이 목표를 위계를 나누어 설정한다고 주장한다. 단기적이고 구체적이며 상황에 따라 달라지는 하위 목표부터 더욱 추상적이고 장기적인 상위 목표까지 나뉜다. 사람들은 대부분 상호연관된 여러 개의 목표 위계도를 갖고 있다. 그러나 이 위계도 안에서도 개인에게는 일반적으로 상위 목표가 더 중요하며, 하위 목표 안에서도 상위의 목표를 달성하는 데 도움을 주는 하위 목표가 그렇지 않는 하위 목표보다 더 중요하게 취급된다. 목표의 위계에 관한 자세한 정보는 다음을 참조하라. H. N. Rasmussen, C. Wrosch, M. F. Scheier, and C. S. Carver, "Self-Regulation Processes and Health: The Importance of Optimism and Goal Adjustment," *Journal of Personality* 74, no. 6 (2006): 1721-1748. 다음도 참조하라. A. Duckworth and J. J. Gross, "Self-Control and Grit: Related but Separable Determinants of Success," *Current Directions in Psychological*

Science 23, no. 5 (2014): 319 – 325, https://doi.org/10.1177/0963721414541462.

9. E. A. Skinner and M. J. Zimmer-Gembeck, "The Development of Coping," *Annual Review of Psychology* 48 (2007): 119 – 144.

10. 다음을 보라. J. E. Heiy and J. S. Cheavens, "Back to Basics: A Naturalistic Assessment of the Experience and Regulation of Emotion," *Emotion* 14, no. 5 (2014): 878; G. Grommisch, P. Koval, J. D. X. Hinton, J. Gleeson, T. Hollenstein, P. Kuppens, and T. Lischetzke, "Modeling Individual Differences in Emotion Regulation Repertoire in Daily Life with Multilevel Latent Profile Analysis," *Emotion* 20, no. 8 (2020): 1462 – 1474, https://doi.org/10.1037/emo0000669.

11. 내가 한 실험은 제임스 그로스(James Gross)와 로버트 르벤슨(Robert Levenson)이 이미 했던 실험을 약간 변경한 것이다. 다음 연구를 참조하라. J. J. Gross and R. W. Levenson, "Emotional Suppression: Physiology, SelfReport, and Expressive Behavior," *Journal of Personality and Social Psychology* 64, no. 6 (1993): 970 – 986; J. J. Gross and R. W. Levenson, "Hiding Feelings: The Acute Effects of Inhibiting Negative and Positive Emotion," *Journal of Abnormal Psychology* 106, no. 1 (1997): 95 – 103. 내가 실험을 변형한 방식에 관해 자세히 알고 싶다면 다음을 참조하라. G. A. Bonanno, A. Papa, K. Lalande, M. Westphal, and K. Coifman, "The Importance of Being Flexible: The Ability to Both Enhance and Suppress Emotional Expression Predicts Long-Term Adjustment," *Psychological Science* 15, no. 7 (2004): 482 – 487.

12. Bonanno et al., "The Importance of Being Flexible."

13. 다음을 보라. C. L. Burton and G. A. Bonanno, "Measuring Ability to Enhance and Suppress Emotional Expression: The Flexible Regulation of Emotional Expression (FREE) Scale," *Psychological Assessment* 28, no. 8 (2016): 929 – 941, https://doi.org/10.1037/pas0000231.

14. 다음을 보라. C. Cheng, "Assessing Coping Flexibility in Real-Life and Laboratory Settings: A Multimethod Approach," *Journal of Personality and Social Psychology* 80, no. 5 (2001): 814 – 833. 이에 관한 전반적인 보고서는 다음을 참조하라. C. Cheng, H.-P. B. Lau, and M.-P. S. Chan, "Coping Flexibility and Psychological Adjustment to Stressful Life Changes: A Meta-Analytic Review," *Psychological Bulletin* 140, no. 6 (2014): 1582 – 1607, https://doi.org/10.1037/a0037913. 추가적으로 다음을 참조하라. G. A. Bonanno, R. Pat-Horenczyk, and J. Noll, "Coping Flexibility and Trauma: The Perceived Ability to Cope with Trauma (PACT) Scale," *Psychological Trauma-Theory Research Practice and Policy* 3, no. 2 (2011): 117 – 129, https://doi.org/10.1037/a0020921; M. Park, E. R. Chang, and S. You, "Protective Role of Coping Flexibility in PTSD and Depressive Symptoms Following Trauma," *Personality and Individual Differences* 82 (2015): 102 – 106, https://doi.org/10.1016/j.paid.2015.03.007; I. R. Galatzer-Levy, C. L. Burton, and

G. A. Bonanno, "Coping Flexibility, Potentially Traumatic Life Events, and Resilience: A Prospective Study of College Student Adjustment," *Journal of Social and Clinical Psychology* 31, no. 6 (2012): 542–567, https://doi.org/10.1521/jscp.2012.31.6.542; C. L. Burton, O. H. Yan, R. Pat-Horenczyk, I. S. F. Chan, S. Ho, and G. A. Bonanno, "Coping Flexibility and Complicated Grief: A Comparison of American and Chinese Samples," *Depression and Anxiety* 29, no. 1 (2012): 16–22, https://doi.org/10.1002/da.20888; R. Rodin, G. A. Bonanno, S. Knuckey, M. L. Satterthwaite, R. Hart, A. Joscelyne, R. A. Bryant, and A. D. Brown, "Coping Flexibility Predicts Post-Traumatic Stress Disorder and Depression in Human Rights Advocates," *International Journal of Mental Health* 46, no. 4 (2017): 327–338, https://doi.org/10.1080/00207411.2017.1345047; G. Boyraz, M. L. Cherry, M. A. Cherry, S. Aarstad-Martin, C. Cloud, and L. M. Shamp, "Posttraumatic Stress, Coping Flexibility, and Risky Drinking Among Trauma-Exposed Male and Female College Students: The Mediating Effect of Delay of Gratification," *Substance Use and Misuse* 53, no. 3 (2018): 508–520.

15. 다음을 보라. R. E. Morgan and B. A. Oudekerk, "Criminal Victimization, 2018," *US Department of Justice, Bureau of Justice Statistics*, September 2019, www.bjs.gov/content/pub/pdf/cv18.pdf; S. Bricknell, H. Boxall, and H. Andrevski, *Male Victims of Non-Sexual and Non-Domestic Violence: Service Needs and Experiences in Court*, Australian Institute of Criminology, Research and Public Policy Series, vol. 126, 2014, available at https://aic.gov.au/publications/rpp/rpp126.

16. 다음을 보라. Morgan and Oudekerk, "Criminal Victimization, 2018"; D. Freeman, C. Thompson, N. Vorontsova, G. Dunn, L.-A. Carter, P. Garety, E. Kuipers, et al., "Paranoia and Post-Traumatic Stress Disorder in the Months After a Physical Assault: A Longitudinal Study Examining Shared and Differential Predictors," *Psychological Medicine* 43, no. 12 (2013): 2673–2684, https://doi.org/10.1017/S003329171300038X; Bricknell et al., *Male Victims of Non-Sexual and Non-Domestic Violence*; V. Burcar, "Doing Masculinity in Narratives About Reporting Violent Crime: Young Male Victims Talk About Contacting and Encountering the Police," *Journal of Youth Studies* 16, no. 2 (2013): 172–190, https://doi.org/10.1080/13676261.2012.704992; Veronika Burcar, "Masculinity and Victimization: Young Men's Talk About Being Victims of Violent Crime," in *Masculinities in the Criminological Field: Control, Vulnerability and Risk-Taking*, ed. Ingrid Lander, Signe Ravn, and Nina Jon, 113–130 (London: Routledge, 2016).

17. 이 내용에 대한 요약은 다음을 참조하라. J. E. LeDoux, "Feelings: What Are They and How Does the Brain Make Them?," *Daedalus* 144, no. 1 (2015): 96–111. 다음도 참조하라. J. E. LeDoux and R. Brown, "A Higher-Order Theory of Emotional

Consciousness," *Proceedings of the National Academy of Sciences* (2017), https://doi.org/10.1073/pnas.1619316114; F. Rigoli, M. Ewbank, T. Dalgleish, and A. Calder, "Threat Visibility Modulates the Defensive Brain Circuit Underlying Fear and Anxiety," *Neuroscience Letters* 612 (2016): 7–13, https://doi.org/10.1016/j.neulet.2015.11.026.

18. 공포와 불안감에 대한 추가적인 자료는 다음을 참조하라. Arne Öhman, "Fear and Anxiety: Overlaps and Dissociations," in *Handbook of Emotions*, 3rd ed., ed. Michael Lewis, Jeannette M. Haviland-Jones, and Lisa Feldman Barrett, 709–729 (New York: Guilford Press, 2008); C. A. Hartley and E. A. Phelps, "Anxiety and Decision-Making," *Biological Psychiatry* 72, no. 2 (2012): 113–118, https://doi.org/10.1016/j.biopsych.2011.12.027; Y. Bar-Haim, A. Kerem, D. Lamy, and D. Zakay, "When Time Slows Down: The Influence of Threat on Time Perception in Anxiety," *Cognition and Emotion* 24, no. 2 (2010): 255–263, https://doi.org/10.1080/02699930903387603.

19. 우리는 또한 반대의 경로, 곧 실험 참가자에게 먼저 주의를 분산하도록 한 뒤 재평가 전략을 구사해보려고 했으나 전반적으로 재평가가 큰 효과가 없었고, 감정이 격한 상태에서는 이 전략을 잘 사용하지 않기 때문에 이 방향의 궤적은 거의 찾을 수 없었다. 더 자세한 내용은 다음을 참조하라. J. L. Birk and G. A. Bonanno, "When to Throw the Switch: The Adaptiveness of Modifying Emotion Regulation Strategies Based on Affective and Physiological Feedback," *Emotion* 16, no. 5 (2016): 657–670. 관련하여 실험 증거에 관해서는 다음 논문을 참조하라. S. D. Ilan, R. Shafir, J. L. Birk, G. A. Bonanno, and G. Sheppes, "Monitoring in Emotion Regulation: Behavioral Decisions and Neural Consequences," *Social Cognitive and Affective Neuroscience* 1 (2020): 1–11. 관련된 비실험적 증거에 관해서는 다음을 참조하라. T. Kato, "Development of the Coping Flexibility Scale: Evidence for the Coping Flexibility Hypothesis," *Journal of Counseling Psychology* 59, no. 2 (2012): 262–273, https://doi.org/10.1037/a0027770; T. Kato, "Testing of the Coping Flexibility Hypothesis Based on the Dual-Process Theory: Relationships Between Coping Flexibility and Depressive Symptoms," *Psychiatry Research* 230, no. 2 (2015): 137–142, https://doi.org/10.1016/j.psychres.2015.07.030.

20. Ilan et al., "Monitoring in Emotion Regulation," 11.

21. 다음을 보라. J. S. Beer, E. A. Heerey, D. Keltner, D. Scabini, and R. T. Knight, "The Regulatory Function of Self-Conscious Emotion: Insights from Patients with Orbitofrontal Damage," *Journal of Personality and Social Psychology* 85, no. 4 (2003): 594–604, https://doi.org/10.1037/0022-3514.85.4.594; A. Kitsantas, B. J. Zimmerman, and T. Cleary, "The Role of Observation and Emulation in the Development of Athletic Self-Regulation," *Journal of Educational Psychology* 92, no. 4 (2000): 811–817; C. G. Davey, N. B. Allen, B. J. Harrison, and M. Yücel, "Increased Amygdala Response to Positive Social Feedback in Young People with Major Depressive

Disorder," *Biological Psychiatry* 69, no. 8 (2011): 734–741, https://doi.org/10.1016/j.biopsych.2010.12.004; Katherine A. Loveland, "Social-Emotional Impairment and Self-Regulation in Autism Spectrum," in *Emotional Development: Recent Research Advances*, ed. Jacqueline Nadel and Darwin Muir, 365–376 (Oxford: Oxford University Press, 2005).

22. 기억의 강화 및 재강화에 관해서는 다음을 참조하라. R. Bisaz, A. Travaglia, and C. M. Alberini, "The Neurobiological Bases of Memory Formation: From Physiological Conditions to Psychopathology," *Psychopathology* 47, no. 6 (2014): 347–356, https://doi.org/10.1159/000363702; R. A. Bryant and S. Datta, "Reconsolidating Intrusive Distressing Memories by Thinking of Attachment Figures," *Clinical Psychological Science* 7, no. 6 (2019): 1249–1256, https://doi.org/10.1177/2167702619866387; D. Schiller, M.-H. Monfils, C. M. Raio, D. C. Johnson, J. E. LeDoux, and E. A. Phelps, "Preventing the Return of Fear in Humans Using Reconsolidation Update Mechanisms," *Nature* 463, no. 7277 (2010): 49–53; J. L. C. Lee, "Memory Reconsolidation Mediates the Strengthening of Memories by Additional Learning," *Nature Neuroscience* 11, no. 11 (2008): 1264.

23. S. Dekel and G. A. Bonanno, "Changes in Trauma Memory and Patterns of Posttraumatic Stress," *Psychological Trauma: Theory, Research, Practice, and Policy* 5, no. 1 (2013): 26–34, https://doi.org/10.1037/a0022750. 다른 사례로는 다음을 참조하라. C. F. Weems, J. D. Russell, D. M. Banks, R. A. Graham, E. L. Neill, and B. G. Scott, "Memories of Traumatic Events in Childhood Fade After Experiencing Similar Less Stressful Events: Results from Two Natural Experiments," *Journal of Experimental Psychology: General* 143, no. 5 (2014): 2046–2055, https://doi.org/10.1037/xge0000016.

24. Bryant and Datta, "Reconsolidating Intrusive Distressing Memories."

25. S. Chen and G. A. Bonanno, "Components of Emotion Regulation Flexibility: Linking Latent Profiles to Symptoms of Depression and Anxiety," *Clinical Psychological Science* 9(2), 236–251 (2021), https://doi.org/10.1177/2167702620956972.

8장. 유연해진다는 것

1. Amy Wolf, "Why Does It Take Humans So Long to Mature Compared to Other Animals? Look to Your Neurons!," Vanderbilt University, https://news.vanderbilt.edu/2018/10/30/why-does-it-take-humans-so-long-to-mature-compared-to-other-animals-look-to-your-neurons. 출판자료에서 더 많은 정보를 보고 싶다면 다음을 참조하라. S. Herculano-Houzel, "Longevity and Sexual Maturity Vary Across Species with Number of Cortical Neurons, and Humans Are No Exception," *Journal of Comparative Neurology* 527, no. 10 (2019): 1689–1705.

2. N. Emese, "Is Newborn Smiling Really Just a Reflex? Research Is Challenging Our Textbooks," *The Conversation*, n.d., https://theconversation.com/is-newborn-smiling-really-just-a-reflex-research-is-challenging-the-textbooks-105220. 다음도 참조하라. E. Nagy, "The Newborn Infant: A Missing Stage in Developmental Psychology," *Infant and Child Development* 20, no. 1 (2011): 3 – 19, https://doi.org/10.1002/icd.683.

3. 다음을 보라. G. D. Heyman and B. J. Compton, "Context Sensitivity in Children's Reasoning About Ability Across the Elementary School Years," *Developmental Science* 9, no. 6 (2006): 616 – 627; T. Imada, S. M. Carlson, and S. Itakura, "East – West Cultural Differences in Context-Sensitivity Are Evident in Early Childhood," *Developmental Science* 16, no. 2 (2013): 198 – 208; M. Köster, J. Castel, T. Gruber, and J. Kärtner, "Visual Cortical Networks Align with Behavioral Measures of Context-Sensitivity in Early Childhood," *NeuroImage* 163 (2017): 413 – 418, https://doi.org/10.1016/j.neuroimage.2017.08.008.

4. 더욱 자세한 내용을 알고 싶다면 다음을 참조하라. W. F. Arsenio, S. Cooperman, and A. Lover, "Affective Predictors of Preschoolers' Aggression and Peer Acceptance: Direct and Indirect Effects," *Developmental Psychology* 36, no. 4 (2000): 438; K. A. Buss, R. J. Davidson, N. H. Kalin, and H. H. Goldsmith, "Context-Specific Freezing and Associated Physiological Reactivity as a Dysregulated Fear Response," *Developmental Psychology* 40, no. 4 (2004): 583.

5. 이 연구의 내용에 관해서는 다음을 참조하라. E. A. Skinner and M. J. Zimmer-Gembeck, "The Development of Coping," *Annual Review of Psychology* 58 (2007): 119 – 144; K. A. Babb, L. J. Levine, and J. M. Arseneault, "Shifting Gears: Coping Flexibility in Children with and Without ADHD," *International Journal of Behavioral Development* 34, no. 1 (2010): 10 – 23; E. L. Davis, L. J. Levine, H. C. Lench, and J. A. Quas, "Metacognitive Emotion Regulation: Children's Awareness That Changing Thoughts and Goals Can Alleviate Negative Emotions," *Emotion* 10, no. 4 (2010): 498 – 510, https://doi.org/10.1037/a0018428.

6. 이 연구에 관해 더욱 자세한 내용은 다음을 참조하라. S. D. Espinet, J. E. Anderson, and P. D. Zelazo, "Reflection Training Improves Executive Function in Preschool-Age Children: Behavioral and Neural Effects," *Developmental Cognitive Neuroscience* 4 (2013): 3 – 15; P. D. Zelazo, "Executive Function: Reflection, Iterative Reprocessing, Complexity, and the Developing Brain," *Developmental Review* 38 (2015): 55 – 68; J. Shrager and R. S. Siegler, "SCADS: A Model of Children's Strategy Choices and Strategy Discoveries," *Psychological Science* 9, no. 5 (1998): 405 – 410; M. W. Alibali, "How Children Change Their Minds: Strategy Change Can Be Gradual or Abrupt," *Developmental Psychology* 35, no. 1 (1999): 127; Davis et al., "Metacognitive Emotion Regulation."

7. B. B. R. Rossman, "School-Age Children's Perceptions of Coping with Distress: Strategies for Emotion Regulation and the Moderation of Adjustment," *Journal of Child Psychology and Psychiatry* 33, no. 8 (1992): 1375.
8. B. E. Compas, J. K. Connor-Smith, H. Saltzman, A. H. Thomsen, and M. E. Wadsworth, "Coping with Stress During Childhood and Adolescence: Problems, Progress, and Potential in Theory and Research," *Psychological Bulletin* 127, no. 1 (2001): 87, 89.
9. 의식적 및 무의식적 과정에 대해 읽어볼 만한 과학서적이 엄청나게 많다. 그중에서 특히 설득력 있는 보고서로는 다음을 추천한다. Stanislas Dehaene, *Consciousness and the Brain: Deciphering How the Brain Codes Our Thoughts* (New York: Penguin, 2014).
10. 다음을 보라. W. Schneider and R. M. Shiffrin, "Controlled and Automatic Human Information Processing: I. Detection, Search, and Attention," *Psychological Review* 84, no. 1 (1977): 1; R. M. Shiffrin and W. Schneider, "Controlled and Automatic Human Information Processing: II. Perceptual Learning, Automatic Attending and a General Theory," *Psychological Review* 84, no. 2 (1977): 127.
11. A. G. Wheaton, D. P. Chapman, L. R. Presley-Cantrell, J. B. Croft, and D. R. Roehler, "Drowsy Driving-19 States and the District of Columbia, 2009 – 2010," *Morbidity and Mortality Weekly Report* 61, no. 51 (2013): 1033.
12. Heyman and Compton, "Context Sensitivity in Children's Reasoning About Ability."
13. 이 연구에 관해 더 알고 싶으면 다음을 참조하라. B. K. Payne, "Prejudice and Perception: The Role of Automatic and Controlled Processes in Misperceiving a Weapon," *Journal of Personality and Social Psychology* 81, no. 2 (2001): 181; B. K. Payne, A. J. Lambert, & L. L. Jacoby, (2002), "Best Laid Plans: Effects of Goals on Accessibility Bias and Cognitive Control in Race-Based Misperceptions of Weapons," *Journal of Experimental Social Psychology* 38, no. 4 (2002): 384 – 396, https://doi.org/10.1016/S0022-1031(02)00006-9; B. K. Payne, "Conceptualizing Control in Social Cognition: How Executive Functioning Modulates the Expression of Automatic Stereotyping," *Journal of Personality and Social Psychology* 89, no 4, (2005): 488.
14. L. E. Williams, J. A. Bargh, C. C. Nocera, and J. R. Gray, "The Unconscious Regulation of Emotion: Nonconscious Reappraisal Goals Modulate Emotional Reactivity," *Emotion* 9, no. 6 (2009): 847. 자동적 전략의 이용에 관한 연구가 궁금하다면 다음을 참조하라. I. B. Mauss, S. A. Bunge, and J. J. Gross, "Automatic Emotion Regulation," *Social and Personality Psychology Compass* 1, no. 1 (2007): 146 – 167, https://doi.org/10.1111/j.1751-9004.2007.00005.x; A. Gyurak, J. J. Gross, and A. Etkin, "Explicit and Implicit Emotion Regulation: A Dual-Process Framework," *Cognition and Emotion* 25, no. 3 (2011): 400 – 412, https://doi.org/10.1080/02699931.2010.544160.
15. 다음을 보라. I. S. Gallo, A. Keil, K. C. McCulloch, B. Rockstroh, and P. M. Gollwitzer,

"Strategic Automation of Emotion Regulation," *Journal of Personality and Social Psychology* 96, no. 1 (2009): 11.
16. 다음을 보라. A. Etkin, T. Egner, D. M. Peraza, E. R. Kandel, and J. Hirsch, "Resolving Emotional Conflict: A Role for the Rostral Anterior Cingulate Cortex in Modulating Activity in the Amygdala," *Neuron* 51, no. 6 (2006): 871–882.
17. 환지통에 대해서는 다음을 참조하라. B. Subedi and G. T. Grossberg, "Phantom Limb Pain: Mechanisms and Treatment Approaches," *Pain Research and Treatment* (2011): 864,605, https://doi.org/10.1155/2011/864605.

9장. 우리 자신에게 말 걸기

1. S. S. Carson, C. E. Cox, S. Wallenstein, L. C. Hanson, M. Danis, J. A. Tulsky, E. Chai, and J. E. Nelson, "Effect of Palliative Care–Led Meetings for Families of Patients with Chronic Critical Illness: A Randomized Clinical Trial," *JAMA* 316, no. 1 (2016): 51–62.
2. H. G. Prigerson, M. Viola, C. R. Brewin, C. Cox, D. Ouyang, M. Rogers, C. X. Pan, et al., "Enhancing and Mobilizing the Potential for Wellness and Emotional Resilience (EMPOWER) Among Surrogate Decision-Makers of ICU Patients: Study Protocol for a Randomized Controlled Trial," *Trials* 20, no. 1 (2019): 408.
3. 낙관주의를 강화하는 방법에 관한 연구로는 다음을 참조하라. J. M. Malouff and N. S. Schutte, "Can Psychological Interventions Increase Optimism? A Meta-Analysis," *Journal of Positive Psychology* 12, no. 6 (2017): 594–604, https://doi.org/10.1080/17439760.2016.1221122. '최선의 나'에 관한 방법론이 궁금하다면 다음을 참조하라. Y. M. C. Meevissen, M. L. Peters, and H. J. E. M. Alberts, "Become More Optimistic by Imagining a Best Possible Self: Effects of a Two Week Intervention," *Journal of Behavior Therapy and Experimental Psychiatry* 42, no. 3 (2011): 371–378, https://doi.org/10.1016/j.jbtep.2011.02.012.
4. 다음을 보라. N. Garnefski, V. Kraaij, M. Benoist, Z. Bout, E. Karels, and A. Smit, "Effect of a Cognitive Behavioral Self-Help Intervention on Depression, Anxiety and Coping Self-Efficacy in People with Rheumatic Disease," *Arthritis Care and Research* 65, no. 7 (2013): 1077–1084; M. A. Martin, C. D. Catrambone, R. A. Kee, A. T. Evans, L. K. Sharp, C. Lyttle, C. Rucker-Whitaker, K. B. Weiss, J. J. Shannon, and the CHIRAH investigative team, "Improving Asthma Self-Efficacy: Developing and Testing a Pilot Community-Based Asthma Intervention for African American Adults," *Journal of Allergy and Clinical Immunology* 123, no. 1 (2009): 153–159.e3; C. Laureano, H. W. Grobbelaar, and A. W. Nienaber, "Facilitating the Confidence in Coping and Psychological Well-Being of Student Rugby Players," *South African Journal of Psychology* 44, no. 4 (2014): 483–497, https://doi.org/10.1016/j.jaci.2008.10.057; S. R. Liu and

M. Kia-Keating, "Improving Confidence in Coping Among Distressed Students After Exposure to University Mass Violence: A Pilot Online Intervention," *Journal of College Student Psychotherapy* 32, no. 3 (2018): 199-219.

5. 다음을 보라. M. Boekaerts, "The Adaptable Learning Process: Initiating and Maintaining Behavioural Change," *Applied Psychology* 41, no. 4 (1992): 377-397; M. Gregoire, "Is It a Challenge or a Threat? A Dual-Process Model of Teachers' Cognition and Appraisal Processes During Conceptual Change," *Educational Psychology Review* 15, no. 2 (2003): 147-179.

6. J. Tomaka, J. Blascovich, J. Kibler, and J. M. Ernst, "Cognitive and Physiological Antecedents of Threat and Challenge Appraisal," *Journal of Personality and Social Psychology* 73 (1997): 63-72.

7. 다음을 참조하라. I. S. Gallo, A. Keil, K. C. McCulloch, B. Rockstroh, and P. M. Gollwitzer, "Strategic Automation of Emotion Regulation," *Journal of Personality and Social Psychology* 96, no. 1 (2009): 11; T. L. Webb and P. Sheeran, "How Do Implementation Intentions Promote Goal Attainment? A Test of Component Processes," *Journal of Experimental Social Psychology* 43, no. 2 (2007): 295-302, https://doi.org/10.1016/j.jesp.2006.02.001.

8. 감정의 기복을 정확히 파악하기 위해서 심장박동수나 안면근전도검사 수치 같은 객관적 측정방식을 이용했다. 다음을 참조하라. Z. Zhu and G. A. Bonanno, "Affective Flexibility: Relations to Expressive Flexibility, Feedback, and Depression," *Clinical Psychological Science* 5, no. 6 (2017), https://doi.org/10.1177/2167702617717337.

9. P. E. S. Schartau, T. Dalgleish, and B. D. Dunn, "Seeing the Bigger Picture: Training in Perspective Broadening Reduces Self-Reported Affect and Psychophysiological Response to Distressing Films and Autobiographical Memories," *Journal of Abnormal Psychology* 118, no. 1 (2009): 15.

10. S. Christou-Champi, T. F. D. Farrow, and T. L. Webb, "Automatic Control of Negative Emotions: Evidence That Structured Practice Increases the Efficiency of Emotion Regulation," *Cognition and Emotion* 29, no. 2 (2015): 319-331, https://doi.org/10.1080/02699931.2014.901213.

11. 다음을 보라. E.-W. Park, F. Tudiver, J. K. Schultz, and T. Campbell, "Does Enhancing Partner Support and Interaction Improve Smoking Cessation? A Meta-Analysis," *Annals of Family Medicine* 2, no. 2 (2004): 170-174; N. El-Bassel, A. Ivanoff, R. F. Schilling, L. Gilbert, D. Borne, and D.-R. Chen, "Preventing HIV/AIDS in Drug-Abusing Incarcerated Women Through Skills Building and Social Support Enhancement: Preliminary Outcomes," *Social Work Research* 19, no. 3 (1995): 131-141.

12. B. H. O'Connell, D. O'Shea, and S. Gallagher, "Enhancing Social Relationships Through

Positive Psychology Activities: A Randomised Controlled Trial," *Journal of Positive Psychology* 11, no. 2 (2016): 149–162.

13. 자기대화에 대해 더 자세히 알고 싶다면 다음을 참조하라. T. Latinjak, "Locating Self-Talk in the Knowledge Map of Sport and Exercise Psychology," in *Self-Talk in Sport*, ed. Alexander T. Latinjak and Antonis Hatzigeorgiadis, 1–10 (New York: Routledge, 2020); Julian Fritsch and Darko Jekauc, "Self-Talk and Emotion Regulation," in Latinjak and Hatzigeorgiadis, *Self-Talk in Sport*, 64–76; Ellen L. Usher and Dale H. Schunk, "Social Cognitive Theoretical Perspective of Self-Regulation," in *Handbook of Self-Regulation of Learning and Performance*, 2nd ed., ed. Dale H. Schunk and Jeffrey A. Greene, 19–35 (New York: Routledge, 2018).

14. I. Senay, D. Albarracín, and K. Noguchi, "Motivating Goal-Directed Behavior Through Introspective Self-Talk: The Role of the Interrogative Form of Simple Future Tense," *Psychological Science* 21, no. 4 (2010): 499–504, https://doi.org/10.1177/0956797610364751; P. K. Oleś, T. M. Brinthaupt, R. Dier, and D. Polak, "Types of Inner Dialogues and Functions of Self-Talk: Comparisons and Implications," *Frontiers in Psychology* 11 (2020): 227.

15. 자기대화, 그중에서도 객관적 자기대화에 관해서는 다음 서적이 읽을 만하다. Ethan Kross, *Chatter: The Voice in Our Head. Why It Matters, and How to Harness It* (New York: Crown, 2020). 객관적 자기대화에 관해 더 많은 연구가 궁금하다면 다음을 참조하라. E. Kross, E. Bruehlman-Senecal, J. Park, A. Burson, A. Dougherty, H. Shablack, R. Bremner, J. Moser, and O. Ayduk, "Self-Talk as a Regulatory Mechanism: How You Do It Matters," *Journal of Personality and Social Psychology* 106, no. 2 (2014): 304; A. Orvell, B. D. Vickers, B. Drake, P. Verduyn, O. Ayduk, J. Moser, J. Jonides, and E. Kross, "Does Distanced Self-Talk Facilitate Emotion Regulation Across a Range of Emotionally Intense Experiences?," *Clinical Psychological Science* (2020), https://doi.org/10.1177/2167702620951539; A. Orvell, Ö. Ayduk, J. S. Moser, S. A. Gelman, and E. Kross, "Linguistic Shifts: A Relatively Effortless Route to Emotion Regulation?," *Current Directions in Psychological Science* 28, no. 6 (2019): 567–573.

16. James C. Coyne, Camille B. Wortman, and Darrin R. Lehman, "The Other Side of Support: Emotional Overinvolvement and Miscarried Helping," in *Marshaling Social Support: Formats, Processes, and Effects*, ed. Benjamin H. Gottlieb, 305–330 (Thousand Oaks, CA: Sage, 1988); J. C. Coyne, "Depression and the Response of Others," *Journal of Abnormal Psychology* 85 (1976): 186–193, https://doi.org/10.1037/0021-843X.85.2.186; E. D. Diminich and G. A. Bonanno, "Faces, Feelings, Words: Divergence Across Channels of Emotional Responding in Complicated Grief," *Journal of Abnormal Psychology* 123 (2014): 350–361.

10장. 그리고 세계적 팬데믹이 있었다

1. "Report of the WHO-China Joint Mission on Coronavirus Disease 2019 (COVID-19)," February 16–24, 2020, www.who.int/docs/default-source/coronaviruse/who-china-joint-mission-on-covid-19-final-report.pdf. 다음도 참조하라. Derrick Bryson Taylor, "A Timeline of the Coronavirus," *New York Times*, January 10, 2021, www.nytimes.com/article/coronavirus-timeline.html.
2. "Cumulative Reported Cases of Probable SARS, 1 November 2002–11 July 2003," World Health Organization, www.who.int/csr/sars/country/2003_07_11/en.
3. K.-S. Yuen, Z.-W. Ye, S.-Y. Fung, C.-P. Chan, and D.-Y. Jin, "SARS-CoV-2 and COVID-19: The Most Important Research Questions," *Cell and Bioscience* 10, no. 40 (2020), https://doi.org/10.1186/s13578-020-00404-4.
4. R. Woelfel, V. M. Corman, W. Guggemos, M. Seilmaier, S. Zange, M. A. Müller, D. Niemeyer, et al., "Virological Assessment of Hospitalized Cases of Coronavirus Disease 2019," *MedRxiv*, 2020.03.05.20030502, https://doi.org/10.1101/2020.03.05.20030502.
5. B. Carey and J. Glanz, "Travel from New York City Seeded Wave of U.S. Outbreaks," *New York Times*, May 7, 2020, www.nytimes.com/2020/05/07/us/new-york-city-coronavirus-outbreak.html.
6. W. Wan, "The Coronavirus Pandemic Is Pushing America into a Mental Health Crisis," *Washington Post*, May 4, 2020, www.washingtonpost.com/health/2020/05/04/mental-health-coronavirus.
7. J. Aschenbach, "Coronavirus Is Harming the Mental Health of Tens of Millions of People in the U.S., New Poll Finds," *Washington Post*, April 2, 2020, www.washingtonpost.com/health/coronavirus-is-harming-the-mental-health-of-tens-of-millions-of-people-in-us-new-poll-finds/2020/04/02/565e6744-74ee-11ea-85cb-8670579b863d_story.html; A. Kirzinger, A. Kearney, L. Hamel, and M. Brodie, "KFF Health Tracking Poll—Early April 2020: The Impact of Coronavirus on Life in America," Kaiser Family Foundation (KFF), April 2, 2020, www.kff.org/coronavirus-covid-19/report/kff-health-tracking-poll-early-april-2020.
8. Aschenbach, "Coronavirus Is Harming the Mental Health of Tens of Millions."
9. 이 코멘트들은 심리과학학회(Association for Psychological Science) 홈페이지의 전문가 해설로 기재된, 내가 적은 질의응답 세션을 인용하거나 다른 말로 표현한 것이다. G. A. Bonanno, "APS Backgrounder Series, Psychological Science and COVID-19: Remaining Resilient During a Pandemic," Association for Psychological Science, March 30, 2020, www.psychologicalscience.org/news/backgrounders/backgrounder-1-resilient.html.